The Snow Leopard

穿 越 喜 馬 拉 雅 山 的 性 靈 探 索 之 旅

雪豹

Peter Matthiessen

彼得・馬修森——著　宋碧雲——譯

敬謝

中川宋淵禪師

嶋野榮道禪師

前角大山禪師

基本上我們需要的勇氣只有一種：就是勇於面對最陌生、最獨特、最難以言詮的際遇。這方面人類十分怯懦，對人生已造成無盡的損傷；俗稱為「幻相」的各種經驗、整個所謂的「性靈世界」、死亡……這一切與我們關係密切的事物都已因日常的迴避而被擠出人生之外，本可理解這一切的健全知能也衰退了。更遑論上帝。

里爾克（Rainer Maria Rilke）

推薦序

沒有一片雪花下錯了地方
——讀《雪豹》，一本啟靈之書

作家　陳德政

我嗑了LSD迷幻藥，有個念頭縈繞心頭，揮之不去：喜馬拉雅山區瑜伽士是我前往印度的部分原因。學習西塔琴只是我的藉口；雖然也很重要，但這趟旅程真正的目的是尋找靈性的連結。

——披頭四吉他手　喬治・哈里森

西方世界在一九六〇年代經歷過一場革命，以年輕人為主體，站在體制的對立面，把社會朝更理想的方向推。他們訴求投票權、種族平等、性別平權和反戰，那場反文化運動（Counterculture Movement）衝撞出風起雲湧的時代景觀，但激情的吶喊下，存在著更深層的內在求索——人的覺醒。

那不只是一場社會和政治上的革命，核心源自一整個世代的心靈解放。而人必須先有解放的「想法」，才會付諸「行動」，那些想法是從何而來？

嬉皮——現代人如此稱呼一九六〇年代的夢想家，在二戰結束後世局相對穩定、美英等戰勝國坐擁經濟紅利的背景下，靠著一點大麻或LSD藥物的幫忙，試圖推開意識的疆界，尋找一塊更自由的生存場域。

千年來牢牢箝制著西方道德觀的基督教，同樣被視為主流建制。沉思的嬉皮在東方哲思和典籍間找尋另一種出路——佛教、道家、密宗、《易經》與《吠陀經》，這些宗教或思維系統呈現出更個人的，追求內在平靜的宇宙觀。

並且，與自然同在一起。

當時掀起一波東方靈修的風潮，包括英國搖滾樂團披頭四在內的西方青年，跋涉到恆河邊的修道場，向瑜伽大師學習超覺靜坐（Transcendental Meditation）的法門。他們用身體去體驗那個泛靈的世界，而同一時刻，正如道家說的陰陽調和，也將心靈舒張到最大，去包容所有的神祕經驗。

當身、心與自然達到了平衡，一個人才有資格去談真正的解放。

不是外在呼喊口號式的改革，而是全然發自內心的，對議題和價值的深度翻土，所造成的實質改變。我們生活的當代猶能感受到當年的餘波，譬如反戰或藥物合法化的思辨，都持續引發響亮的對話，根本原因是文明世界裡人的處境不變——那種在科技壓迫下尋求歸屬感的本能。

如今來到比當時更「文明」的年代，閱讀《雪豹》會產生更強烈的刺激與深邃的宇宙意識。原來，神祕主義藏在一片自然的風光，而野性的智慧更勝人工智慧。

彼得．馬修森不能算是嬉皮世代的「年輕人」，一九二七年他生於曼哈頓，與艾倫．金斯堡、提摩西．李瑞都屬於嬉皮的導師輩（mentor）。戰後嬰兒潮出生的時候，他們已進入青春期，在平穩的物質條件下脫韁、闖蕩，受到有形無形的保護。

馬修森生於一個富裕的家庭，在紐約市上東城的私立男校接受教育，戰時服役海軍，駐紮在珍珠港。退伍後進入耶魯大學讀書，主修英國文學，也旁聽生物學和動物學的課程，對鳥類尤其感興趣。他對自己的上層階級出生很敏感，學生時代已燃起逃離它的念頭，後來成為最早一批的LSD使用者。

畢業後他在耶魯教創意寫作，也贏過文學獎，一九五〇年代和第一任妻子移居巴黎，與當地志同道合的美國作家創辦了深具影響力的文學雜誌《巴黎評論》。直到一九七三年接受動物學家喬治．夏勒的邀請，同赴西藏高原的「多爾泊」地區遠征前，馬修森已出版過十多部小說和非虛構作品，並是禪宗的信徒。

夏勒的邀約對馬修森是難以拒絕的。馬修森是個自然主義者，他的作品無論虛構或非虛構，主題洋溢著環保意識（他是環境議題的先行者，當時並不會特別強調「環保」這種說法）。他替原住民族發聲，以文字描繪有情的山水，幫野地裡的動物說有魔力的故事。

而世間還有什麼動物比美麗的雪豹更充滿魔性？那種獨來獨往的大貓，披著一層雪白蓬鬆的獸皮，在高寒的喜馬拉雅山脊間出沒，當地人眼中是神的化身。能看神一眼，就值得信仰虔誠的馬修森走這一遭。

那年他四十六歲，正是旅行家最能走的年紀。他與召募來的挑夫和雪巴嚮導為伴，一步一步，一天一天，一個村又一個村，往冰河的深處走。帶著對禪學豐富的理解和一顆堅韌的道心，繞過巍峨的八千公尺巨峰安娜普納和道拉吉里，瞄準尼泊爾西北部，那荒遠又神聖的水晶山。

紙頁間讀者感知到兩層旅行：一層是朝聖者的苦旅。他們在季風的追趕下辛勤地趕路，要提防陌異之地人情的凶險，要過隘口絕壁，要在團隊士氣低靡時提醒彼此入山的初衷。一層發生在意識的疆域，包含記憶、夢境、對神性的思索等形而上並且變幻無常的想法。

馬修森的旅程是身體的，同時也是性靈的，兩者互相牽動。當他越過森林線，跨上了雪原，感覺自己愈像走回時間喪失意義的「史前」，時光似乎倒著流。當整趟征途在幽深的山谷中成為某種倒敘法，他當下受苦中的身體與漂泊的心念反而愈分愈開，進到冥想的境界。

這種「愈分離愈真實」的經驗，幾乎只會在藥物啟動後的心智、宗教的光明領域和偉大的自然環境下發生。馬修森在孤高的雪峰間穿行，透過生動的文句記下了這些經驗。

他至今是唯一一位在美國國家圖書獎的虛構與非虛構類別都獲獎的作家，雖然寫小說起家，遊記卻寫得抒情懇切，毫無「姿態」。他在一篇篇日記中描述山嶺間的風息，大地萬物的生機，堪稱自然書寫的典範；對旅人心境的轉變與行到精疲力竭時再也按捺不住的負面情緒，也無所隱瞞。

我們和他一同行走，在五十年前的地景中徒步。行過寧靜的邊境小城，在古國寺廟裡聽喇嘛傳道，抬頭仰望壯觀的冰壁也擔心著腳底的水泡。無論漫長的黑夜或讓人盲眼的雪地，對亡妻的思念化為一道風，陪他越野。

而雪豹呢？雪豹成為生命的暗喻——有的事物你感應到它，比實際看見更有印象。當渴望之物終於現身時，幾乎可以選擇「不看」了，那是發自本心的放下期待，相信生命自有安排。

「沒有一片雪花下錯了地方。」是一句禪機語，要人坦然接受當前此刻，認真而活。《雪豹》是一本心思純淨之書，作者帶我們走上一條性靈之道，途中有雪人的影蹤、找路的靈感，更有解放後的眼光：所有荒原上的動物都是神獸。

目錄

歸鄉路

喜馬拉雅走訪圖

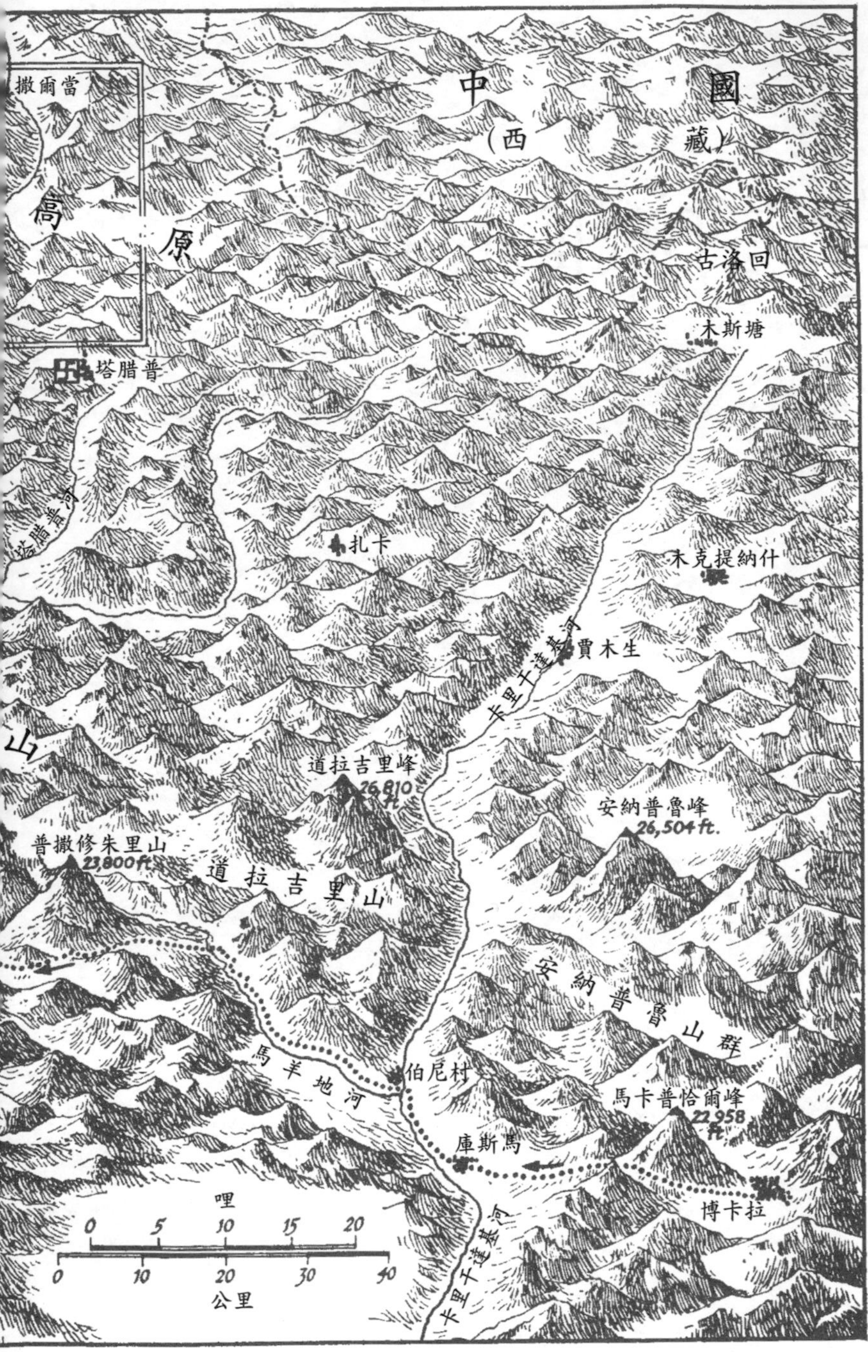

中國
（西藏）
撒爾當
高
原
山
古洛回
木斯塘
塔腊普
塔腊普河
扎卡
木克提納什
貫木生
卡里千達基河
道拉吉里峰
26,810 ft
安納普魯峰
26,504 ft.
普撒修朱里山
23,800 ft.
道拉吉里山
安納普魯山群
馬羊地河
伯尼村
馬卡普恰爾峰
22,958 ft.
庫斯馬
博卡拉
卡里千達基河
哩
0 5 10 15 20
0 10 20 30 40
公里

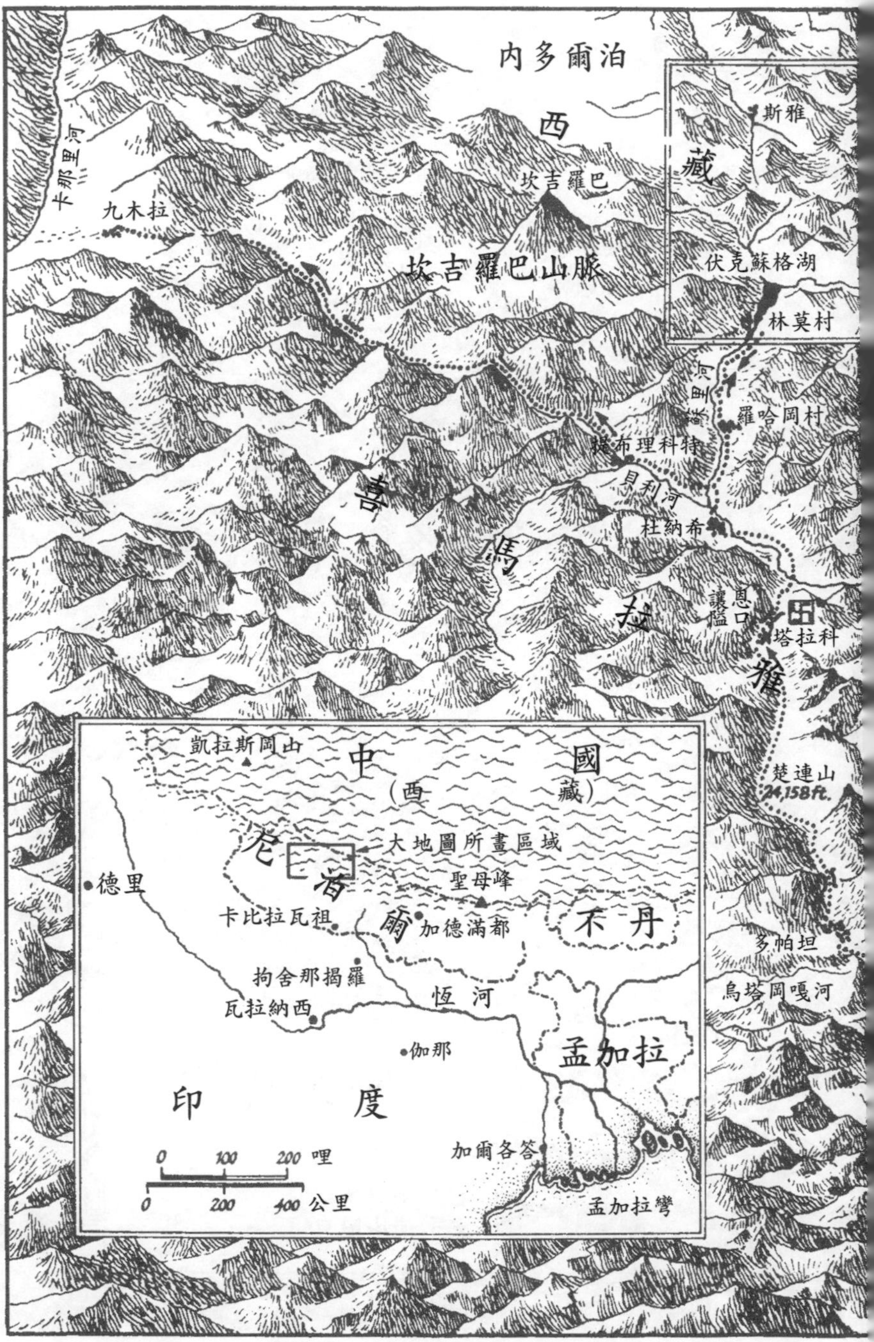

內多爾泊
西藏
卡那里河
九木拉
坎吉羅巴
坎吉羅巴山脈
斯雅
伏克蘇格湖
林莫村
蘇里河
羅哈岡村
提布理科特
貝利河
杜納希
喜馬拉雅
讓恩
隘口
塔拉科
楚連山
24,158 ft.
多帕坦
烏塔岡嘎河
凱拉斯岡山
中國
(西藏)
大地圖所畫區域
尼泊爾
聖母峰
不丹
德里
卡比拉瓦祖
加德滿都
拘舍那揭羅
恆河
瓦拉納西
伽那
孟加拉
印度
加爾各答
孟加拉灣
0 100 200 哩
0 200 400 公里

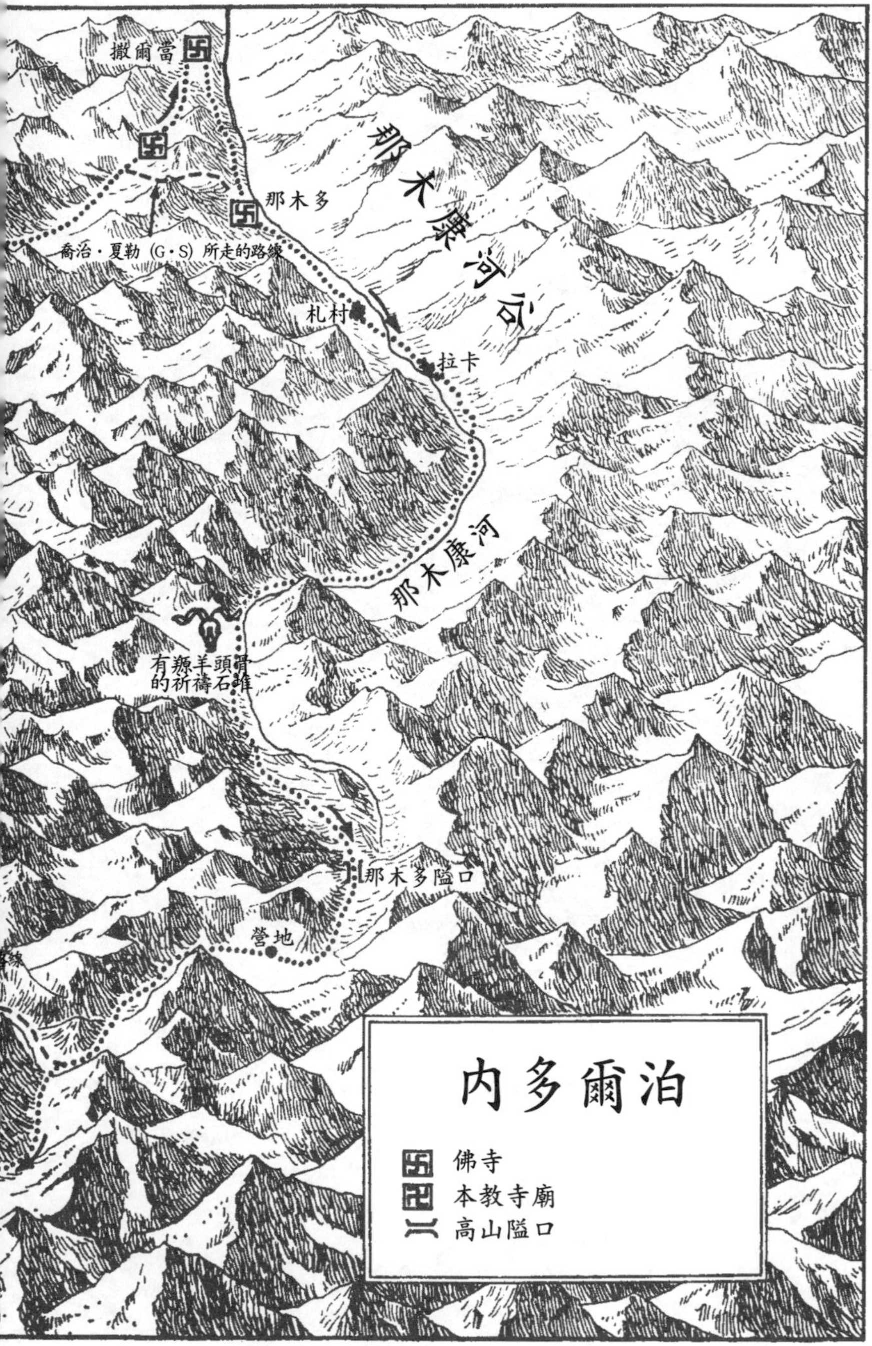
撒爾當
那木康河谷
那木多
喬治·夏勒（G·S）所走的路線
札村
拉卡
那木康河
有羱羊頭骨
的祈禱石堆
那木多隘口
營地
内多爾泊
佛寺
本教寺廟
高山隘口

耶朱—甘珠河
沙米林寺
撒爾當小徑
多爾瑪揚
札康
蘇木多山
斯雅精舍
水晶寺
水晶山
耶朱河(白河)
甘珠河(黑河)
黑池塘營地
岡恩隘口
雪地營地
洞窟營地
康吉拉巴峰
坎吉羅巴山脈的一部分
喬治・夏勒（G・S）所
銀樺林營地
發現雪豹處
伏克蘇木多湖
林莫村
彭莫村
木瓦村
布姑隘口
營地

前言

一九七三年九月底，我和ＧＳ動身前往「水晶山」，沿著安納普魯山下往西走，再順著卡里干達基河北行，然後往西彎又往北彎，繞著道拉吉里峰群，越過坎吉羅巴山，走了兩百五十多哩路，到達西藏高原的多爾泊地區。

ＧＳ就是動物學家喬治．夏勒。一九六九年我到東非的瑟倫蓋蒂平原，他正在從事著名的獅子研究[1]，因此認識。一九七二年春天，我在紐約市再見到他時，他已開始考察綿羊和山羊，以及牠們的近親斑羚。他問我次年願不願意跟他遠征尼泊爾西北部靠近西藏邊界的地方，去研究喜馬拉雅藍綿羊。他覺得這種遙遠山脊的怪「綿羊」其實不算綿羊，而比較接近山羊，說不定很接近兩者的原祖，他希望加以證實。由於藍羊在其他時節的吃睡等活動，幾乎找不出進化和比較行為的線索，我們打算秋天去觀察牠們發情期的情況。斯雅精舍（水晶山）的佛教喇嘛禁止民眾干擾附近的喜馬拉雅藍羊，那一帶的藍羊據說數目很多，而且很容易觀察。而藍羊眾多的地方，注定會出現貓科巨獸中最珍貴美麗的雪豹。ＧＳ知道過去二十五年間只有兩個西方人見過喜馬拉雅

1 喬治．B．夏勒《瑟倫蓋蒂之獅》（George B. Schaller. *The Serengeti Lion*. Chicago: University of Chicago Press, 1972）

雪豹——他是其中之一。光是有希望瞥見這種雪山神祕動物，此行的理由已夠充分了。

我十二年前到尼泊爾，曾見過北面那些驚人的雪峰，如今要千里迢迢走近去，一步一步橫越世上最大的山脊，到達名叫「水晶山」的地方，真的是「香旅」，是一段心靈朝聖的航程。自從西藏被中國人占領後，西方人至今幾乎還一無所知的多爾泊地區，據說是世上碩果僅存的純西藏文化淨土，而西藏文化又是「當今全人類一切渴望」的最後堡壘，「也許因為已經失去或尚未實現，也許因為可能從人類視野消失，顯得岌岌可危，才渴念更深：人類渴望一種不僅根植於歷史或文化的過去，也根植於人心最深處的傳統，能永久不變……[2]」十七年前，一位西藏宗教學者[3]抵達「水晶寺」的時候，多爾泊「上師」中最受敬重的斯雅活佛幽居未出。然而我們的運氣確實好多了。

前往尼泊爾途中，我在恆河邊的聖城瓦拉納西逗留，參觀菩提伽耶和沙納斯（古鹿野苑）兩地的佛寺。九月中的印度洋季風時節，印度黃濁濁的熱浪簡直嚇人，我在恆河平原待了幾天。很高興北飛到喜馬拉雅山牆下綠丘環繞的加德滿都，那天天氣晴朗，寺廟尖頂和多層寶塔巍巍聳立，黑色和紅色的風箏在其間隨風飛舞。飽嘗過印度溼熱之苦，海拔四千呎的乾空氣教人心曠神怡，但北面的山峰被密密的季風雲遮住了，傍晚更下起雨來。

我在旅館找到GS。我們已一年多沒見面，上回通訊是在仲夏。他看到我順利出現，舒了一口氣。我們暢談了兩個鐘頭，後來我簡直懷疑往後幾個月還有沒有話可談；除了我們倆，沒有別人可作伴，而我們彼此並不熟（早先我曾如此描述GS：「他一心一意，不容易了解」、「嚴厲的實用主義者，對不科學的態度毫不容情；總以嚴厲的目光看待每一件事」，又形容他是個「削瘦、專心的年輕人[4]」。這回我發現他瘦削依舊、專心依舊）。

我們在加德滿都的最後三天陰雨不斷。GS急著要上路，不只因為他討厭所有城市，也因為喜馬拉雅山冬天來得早，這陣子下季風雨，我們前往目的地必須經過的高山隘道會有雪水（我們後來聽說十月雨量創下空前的紀錄）。幾個月前他就申請進入多爾泊，到最後一天才獲得許可。我們把該寫的信件都寫好寄出，因為往後去的地方沒有郵政。一切多餘的裝備和衣物都捨棄了。山區居民不收大鈔，因此旅行支票都換成髒兮兮的一綑一綑小額盧比鈔票。我們跟雪巴族營地助手一起打包帳篷和炊具，在阿山市集東方人的吵嚷聲中討價還價買最後的補給品。一九六一年我曾在那兒買過一具老得泛青的銅質小佛像，當時我和內人正要學禪；去年冬天，內人黛博拉因癌症死在紐約的一家醫院，特地選這尊在加德買的青銅佛像，擺在她病房的一座小聖龕裡。

*

九月二十六日清晨下著大雨，我們帶一名司機、兩名雪巴人和所有的遠征裝備，登上「陸地海盜船」汽車，打算駛往博卡拉；次日，另有兩位雪巴嚮導和五位譚莽族挑夫搭公車過去，以趕

2 高聞達喇嘛《白雲之道》（Lama Angarika Govinda. *The Way of the White Clouds*. Boulder: Shambhala, 1971.）
3 大衛·史奈爾葛羅夫《喜馬拉雅廟聖行》（David Snellgrove. *Himalayan Pilgrimage*. Oxford: Cassirer, 1961.）
4 彼得·馬修森《人類誕生的樹居》（Peter Matthiessen. *The Where Man Was Born*. New York: E. P. Dutton, 1972.）

上二十八日從博卡拉動身遠征。能不能準時到達和出發，誰也不敢說。雨已經毫不留情地下了三十個鐘頭了，天候極慘，此行漸漸失去了真實感，而旅社櫃檯邊有位漂亮的觀光客笑得好甜，使我浮躁不安。我自以為要去那裡，目標何處，理由又何在呢？

從加德滿都有一條路穿過廓爾喀鄉到中央山麓矮丘間的博卡拉，再往西就沒有正規的道路了。那條路蜿蜒經過現在十分湍急的屈蘇里河陡峽谷，急流中滿是污濁的浪花，溪壁每隔一會兒就轟隆轟隆滾下一堆崩塌的土石，使褐色的洪流更加黃濁。岩石一再掉到路上，司機總要等崩塌漸緩，才在石礫堆中蛇行而過，此時所有的腦袋都伸出來探看懸在頭頂的大鵝卵石。下雨的山間，有一群裹著喪服的人抬棺經過，這樣的畫面給人一種模糊不安的預感。

中午過後，雨小了，「陸地海盜船」在風雨的亮光中駛進博卡拉。次日出太陽，陽光帶著水氣。南面的天空風雲變幻，但是北面的喜馬拉雅不見蹤影，只剩一團團深灰色在空中打轉。薄暮時分，白鷺啪啪地飛越因下雨而轉黑的低雲層；黑暗降臨大地了。這時候，在低地泥街上空四哩高的地方，忽然泛出一團亮亮的白，宛如懸在頭頂上空——是雪光哩！冰河在深灰、淺灰中朦朧浮現又消失，天空裂開了，馬卡普恰爾峰雪錐像天國的尖塔閃閃發亮。

夜裡星星群集，雖然沒有月亮，馬卡普恰爾峰的巨大幽靈卻泛著清光。我們寄宿在一家客棧後面的棚子裡，睡覺的地方有蚊蟲。吾友正在做夢，鼾眠中大叫大嚷，我坐立不安，破曉時分走出去，看見安納普魯山的三座峰頭高聳在低低軟軟的雲層上空。這一天我們要動身往西北走。

西行

正如夏日白雲與天地和融，依照大氣的風息自由自在飄浮在地平線之間的青空——進香客也陷入宇宙大生命的風息……由大生命領他越過最遠的地平線，走向一個早已在他內部存在只是他仍未看見的目標。

聞達喇嘛《白雲之道》（*Lama Govinda. The Way of White Clouds.*）

其它動物都俯視地面，人卻天賦一張臉，可以將眸子轉向星空，將目光投向天際。

歐維《銳變》（*Ovid. Metamorphoses.*）

九月二十八日 被遺忘的桃花源

日出時分，小遠征軍在博卡拉城外的一株巨大無花果樹下集合——包括兩個白人、四個高山嚮導、十四名挑夫。高山嚮導來自尼泊爾東北部那木契市集附近的著名山地部落雪巴族，族人常陪伴登山客爬大雪峰；他們是最近幾世紀由西藏東部下來的佛教徒牧人——雪巴在藏語中是「東部人」的意思——從語言、文字、外貌都可以看出源自西藏。挑夫中有一位也是雪巴人、兩位是西藏難民，其他都是印歐民族和蒙古族的混血。挑夫們大抵赤足，穿著破破爛爛的短褲或大褲襠、馬褲腿的印度長褲，裹著各種舊背心、披肩和頭巾，正對著高高的簍子挑三揀四。除了自己的食物和毛毯，他們必須背負重達八十磅的擔子，用一條拖繩套在額頭，然後吊掛在傴僂的背上。各種登山行程起步前，總有人一再拿起行李掂掂重量，指責負擔過重之類，並且尖聲討價還價。挑夫們大多是職業不固定、習性也不太穩定的當地人，以惹麻煩出名。但他們的工作確實很辛苦，酬勞也少得可憐——每天一美元左右。他們陪伴遠征，通常離家不超過一星期，再下去就得換人，估量行李和嫌東嫌西的過程又將重演一次。今天將近兩個鐘頭過去了，直到烏雲密布，十四名挑夫才全部安撫妥當，一列潰不成軍的隊伍往西前進。

我們很高興動身出發。博卡拉的外緣地帶簡直就像任何熱帶的郊區——小破寮搖搖欲墜，到處是瓦礫、泥巴、雜草、臭水溝、噁心的香味、鮮豔的塑膠破片、等待豬隻來吃的髒果皮堆，亂糟糟的；加上小孩無精打采、大人心不在焉、狗垂喪著頭、雞隻皮包骨；豬狗因為沒有更好的東西吃，只好吃隨處散列在路邊的人糞。天氣好的時候，這種情形還能忍受。在雨季的末尾，這些卑微小人物每天早晨蹲在雨窪中抹肥皂洗身子、擰衣服，人生的泥淖活像融進他們發黃的皮膚裡了。

我們走過時，一雙雙棕色的眸子盯著我們瞧。面對亞洲的苦痛，我們不敢正視卻也無法撇開眼睛。在印度，人們普遍都很可憐，所以我們只注意到個別的詳情：有人彎掉一條腿，有人瞎了一隻眼睛，一隻生病的印度野犬正在啃枯草，一位乾癟癟的老婦人掀起紗麗在路邊大便。但瓦拉納西卻有加爾各答等都市已放棄的人生希望，加爾各答對溝渠中的死人和垂死者好像已安之若素了。破壞之神「濕婆」在辛辣的食物中、蜂擁的腳踏車喜孜孜的鈴聲中、憤怒的公車喇叭聲中、寺廟猴子的吱吱喳喳中，甚至河邊火葬場燒焦的人肉氣味中猖狂跳舞。人們滿面笑容——這是最大的奇蹟。瓦拉納西酷熱難當、臭氣沖天，吵鬧聲尖得刺耳。火紅的日出時分，燕子像亡靈飛越浩瀚沉默的河面，但我們看到一個被人牽著走的盲女卻笑容可掬；戴白頭巾的印度紳士藹然含笑望著罵他的公車司機；吹笛子的乞童笑咪咪的；一個行動遲緩的老太婆將河流中掬來的聖水澆在一尊塗紅的石象身上，她也是笑咪咪的。我們好喜歡他們的笑容。

火葬場和死亡業附近，有座河邊宮殿畫了幾隻帶有糖果條紋的巨虎。

博卡拉郊區有位老印度教徒撐坐在簍子裡，由四名僕人用竹竿抬著走，他一定是要去瓦拉納西——看來像是最後一次到恆河「聖母」那兒、最後一次到火葬場四周的黑暗廟宇，到那些招待所去，等著加入河邊白衣屍體的行列，等著被放在柴堆上燒：服務人員會把這一隻黃黃的腳、那一隻乾縮的手肘推回火裡，然後將遺體耙下火燒台，鏟進流水中。剩下的肉屑仍足以養活出沒在灰燼邊的長頭食屍犬，而悶不吭聲的白色大聖牛則把擔架上捆紮遺體的草繩吃得一絲不剩。

老人內部早已被鯨吞了。由他那失明又貪婪的目光、凹陷的眼睛、顫動的嘴巴，可以看出現在進駐他體內的是誰、往外瞪視的又是誰[1]。

我路過時向「死神」頷首，耳中聽見自己踩在路上的足音。老人已消失在鬼魅世界，沒有留下一點痕跡。

*

灰色的河濱道路，灰色的天空，一隻雜色鶺鴒從一塊岩石輕輕飛到湍流中的溪石上。有人徒步旅行：一位纖柔的婦人背著一大簍小銀魚；另一位背著一籃石頭，彎腰駝背，使我的輕便背包相形見絀。她的石頭將由其他的博卡拉婦女捶成石礫，無數雙褐色的手同心操勞，要開出一條南行到印度的新路。

一群戴大紅披肩的馬加爾婦人在陽光下移動，左鼻孔戴著重重的黃銅飾品。旭日初升，一隻

1 譯註：意指死神。

紅冠公雞快速爬上路邊一棟村舍的茅草屋頂；有個小女孩開始斷斷續續唱歌。在東西綿延一千八百哩的大堡壘，亦即「雪之家」喜馬拉雅山脈中，光線順著天空一路照下來，照亮了雪白的安納普魯群峰。

芙蓉、雞蛋花、九重葛，這些熱帶花朵在雪峰下露面，變成壯烈的山水之花。獼猴在青草地來回奔跑，一隻佛法僧目的翠鳥在金色陽光下翻飛。卷尾鳥、佛法僧鳥、擬啄木鳥和埃及白兀鷹都是常見的鳥類，我和GS在東非初識，而這些鳥在東非都有近親。鴕鳥也是古洪積世常見的亞洲鳥類，他很想知道埃及白兀鷹遇到鴕鳥蛋會有什麼反應。在非洲，埃及兀鷹被認為是會使用工具的物種，因為牠善用尖喙啣石頭將鴕鳥蛋砸破。

直到最近，這些尼泊爾低地還是闊葉常綠的婆羅雙樹林，常有大象、老虎和印度大河馬出沒。伐木和偷獵使這些動物絕跡，除了東南方的腊普提河谷等最後淨土，大象的神聖足跡已經消失了；一九五二年人類在印度中部看到最後一頭野生的印度豹；亞洲獅只剩吉爾森林還有寥寥數隻；老虎幾乎在每一個地方都已變成傳奇動物。尤其是印度和巴基斯坦，因為自給自足的小農很發達，造成森林過度砍伐、骨瘦如柴的家畜啃青草為食、風化侵蝕、洪水氾濫——隨著人口過擠造成的惡性循環，使有蹄類動物的棲息地遭到破壞，於是這些動物迅速消失。亞洲比世上其他地方更需要馬上建立野生動物的庇護所，免得這些最後僅存的動物被掃滅一空。GS寫得好：

人類迅速徹底改變世界，但大多數動物都沒有辦法適應新的環境。喜馬拉雅山也跟別的地方一樣，生物正大量死亡。現在人類有知識也有必要開始拯救過去在他手下所殘留的物種了，這種情況遂顯得比洪積世的大滅絕還要悲哀[2]。

*

雅木地河邊的小徑是主要的貿易通道，一路穿過稻田和村落，西通卡里干達基河，再向北拐到木斯塘和西藏。有大榕樹、老石塘和圍壁的綠色村莊大院，已被水牛和牲口啃成草坪了，清水和柔蔭使這些地方像公園般和諧悅目。這一帶村民擁有的財物甚至比不上博卡拉，但舊式經濟制度使他們免於現代的匱乏。從老子到甘地，許多思想家把「鄉村生活」譽為自然、快樂的人類生活領域，至此也就不難理解了。孩子在暖陽下玩耍，女人在村泉邊的石頭上搓洗衣服、在石臼中舂米，四處傳來令人心安的糞肥味、孩子的喧笑聲，以及矮爐飄出的陣陣炊煙。粗框條和牆壁圍起的整潔小院落中，有著茅草屋頂、手雕窗台和窗板的土屋，呈現一片溫暖的土紅色；南瓜藤開著黃花，玉蜀黍堆在窄窄的木桶中，穀子攤在寬草蓆上晾曬，香蕉樹和木瓜樹之間懸垂著冷靜的大蜘蛛，與天空相映成趣。

一條渠道穿過幾戶人家，慢慢從閃亮的卵石上流過，溝上零零落落架著十呎長的花崗石板便橋。時當正午，陽光曬暖了空氣，我們坐在涼蔭下的一堵石牆上。渠道邊是村裡的茶館，只是簡

2 喬治・B・夏勒《山的王朝》（George B. Schaller. *Mountain Monarchs*. Chicago: University of Chicago Press, 1977.）

單的前敞式小屋，擺上克難板凳，泥地上有圓丘形的土灶。土灶側面的開口可放入柴枝，頂上有兩個燒開水用的孔穴，濾網上放有便宜的茶末，滾水由濾網沖下流進加了粗糖和牛奶的玻璃杯，我們就著這杯酥油茶吃白麵包和生黃瓜。在光亮石板上玩耍的小孩假裝用水潑我們，一隻環頸鴿在高高的竹身上搖擺。

挑夫們一一抵達，轉身把擔子卸在那堵石牆上。一位表情羞澀、笑容天真、好像弱得挑不動那麼大擔子的挑夫，用無花果葉吹出笛音。另一位挑夫笑咪咪說「太熱了」，他是雪巴族挑夫土克丹，個子瘦小如竹竿，生就一雙蒙古人的眼睛，耳朵特大，笑容教人驚惶不安——我想不通這位土克丹為什麼會當挑夫。

我往前走，獨自在河谷的涼風中散步。谷地變窄，陡陡的山麓小丘圍攏起來，北面的雪峰已看不見了。九月的陽光和山丘陰影下，小路順著一道水渠和梯田間的堤岸伸展，渠道長滿蘆葦，梯田種稻，一階階下降，直到河岸邊。水渠對岸的梯田則一階階往上升，直通到高丘頂和藍天下。

在一堵讓人休憩的牆邊，很早以前有人種下兩株不同品種的無花果樹，一為印度榕樹，一為印度教和佛教徒都視為聖樹的菩提。加固的樹根間散列著野花和彩漆石頭，可以給旅人帶來好運，樹幹四周築有特殊的石壇，乘涼遮蔭的旅人直挺挺站著就能往後卸下行李。貿易通道旁到處設有這一類的休息站，有些地方非常古老，大樹早枯死了，橢圓形的石壇上只剩兩個圓孔。就像茶館和築進山裡的寬石階，休憩牆給山水帶來福佑，我們彷彿迸入一個被人遺忘的桃花源。

為了等候從稻田間蜿蜒而來的一列挑夫，我背倚著樹坐在牆頂，腳擱在放行李的台階上。陽光乾暖，山風徐徐，兩隻黑色母牛正在打穀，軀幹在午後的陽光下閃閃發亮。農民先把水田放乾，用鐮刀割下稻子，軀幹在午後的陽光下閃閃發亮。農民先把水田放乾，用鐮刀割下稻子，牲口套著牛軛以長繩繫在稻田中間的木樁上，然後趕著牠們繞圈圈，圈子慢慢縮小，孩子們則把稻穗扔到牛蹄下，接著稻桿被拋入天空，下面的穀粒則被掃進簍子裡帶回家除糠皮。早秋空氣中火紅的蜻蜓、身穿大紅大黃衣裳的彎曲背脊、黑牛和殘株的亮光、稻田的新綠和亮晶晶的河水——萬物都罩著一層不朽的光輝，有如瑩亮的白銀。

空氣清新，萬籟俱寂，連最簡單的機械聲都聽不見——因為山徑往往陡峭難爬，又要涉過多處溪流，不能走自行車。一片溫馨、和諧、豐足的樣貌中，傳來猶如仙境的低語。在這棵樹以南僅三十哩的地方，腊普提河以北的沃土裡，名叫嵐毘尼的婆羅雙樹林，自西元前六世紀至今並沒有多大的改變。當時喬答摩．悉達多誕生在象虎王國的釋迦部落的豪富之家，他捨棄了安適的生活，成為托缽僧——這種習俗在今天的北印度仍相當普遍。後來被稱作釋迦牟尼（釋迦族聖者），最後更被稱為佛陀，亦即「覺者」。釋迦牟尼度過一生的恆河平原，從嵐毘尼往南和往東直到瓦拉納西（他來時已是古城了）和拉吉吉爾及伽耶，至今仍可見到無花果樹和農家炊煙、青草地和憔悴的牲口、白鷺和叢林烏鴉。傳言他最北曾到加德滿都（當時已是尼瓦爾人的繁華都市），在室瓦顏布納什的丘陵上與猴群和松樹為伍，宣講佛道。

在釋迦牟尼的時代，稱作「瑜伽[3]」的修行已演進到相當程度。古印歐民族帶著天神、風、光的信仰橫越歐亞大陸，再從亞洲大草原來到此地，也許一千年前印度低地黑皮膚的德拉威人已被他們征服了。印歐民族的觀念存在他們的《吠陀經》之中——那是出處不詳的古經典，包括《黎俱吠陀》和《奧義書》，後來成為印度宗教的基礎。在釋迦牟尼這位飄泊的禁欲者看來，大談宇宙和人之本質的史詩布道文，不足以治療人類的苦難。釋迦牟尼洞見「四聖諦」，亦即人類脫不了悲苦（苦諦），苦難的原因在於貪欲（集諦），苦因可滅（滅諦），滅苦之道在於滅絕貪念（道諦），而遵守「八正道」可以求得解脫。所謂「八正道」就是正見、正思惟、正語、正業、正命、正精進、正念、正定，亦即以打坐來統一身心。

貪欲意指不足，為最高生命狀態所不容，《吠陀經》已經有這種觀念，但缺乏早期薩滿師到存在主義者等一切先師所探究的「白骨觀」及「靈魂再生觀」。釋迦牟尼的教義與其說是屏棄吠陀經哲學，不如說是設法應用。他的靜思修行並不以瑜伽的寧靜狀態為滿足（他認為那種寧靜缺乏至高的真理），而是更進一步，直到靜止心靈的澄明光輝開展成「般若」，亦即超越的智慧，「心」的更高意識為止——「般若」是各種有知覺的生命所固有的，要冷靜接納一切生命才能求得。真正的「般若」經驗相當於「覺」或解放——不是改變，而是幻化——深刻感知人與過去、現在、未來的宇宙生命同為一體，使人不至於傷害別的生命，並免於生老病死的恐懼。

西元前五世紀，在瓦拉納西東南的伽耶城，釋迦牟尼深深體認到自己的「真如」跟宇宙萬物的本性毫無差別。後來的半世紀，他在沙納斯鹿園、納蘭達和今天拉吉吉爾附近的靈鷲山等地，傳授一套以個體生命無常、永恆變幻為基礎的教義。說到無常，今晨的河水與昨夜的逝水看來相同，其實正不斷變幻（雖然他也向女人和弱勢者布道，承認出身低的人跟他那階級的人同為平等眾生，但釋迦牟尼從未獻身於社會正義，更未涉及政治。他的教義主張，人自我實踐最能奉獻於同胞）。八十歲那年，他在戈拉克普東邊四十哩，也就是卡里干達基河西邊的拘舍那揭羅（今名庫辛納拉）結束了一生。

這些是實情，其他的都是佛陀大傳奇的一部分，是不同類的真理。談到他悟道的經過，據聞他三十幾歲放棄瑜伽派的嚴密規矩，擁抱介於縱欲和禁欲之間的「中道」，接受村長千金用金碗盛來的食物，因此被門徒貶斥。薄暮時分，他臉朝東方坐在菩提樹下發誓，他的皮膚、神經和骨頭雖然會漸漸耗損，生命的寶血也會乾涸，但他不成佛絕不離座。那天釋迦牟尼一整夜被惡魔圍攻，仍靜坐沉思。據說在金色的黎明，佛陀真的洞見了晨星，彷佛生平頭一次見到一般。

在現在名叫菩提伽耶的地方——至今仍是放牛的草原、晶瑩的河水、稻田、棕櫚、紅土村屋

---

3 有人說瑜伽是印歐民族身體苦修和德拉威人心靈學知識的綜合體。「新定居的游牧民族努力使自己身心都得到鍛鍊，繃緊如滿弓——他們最愛用這個比喻。他們忍受密集的試煉……長時間在正午的陽光下，直挺挺靜坐於四周都是熊熊的烈火中，身子不能搖晃……（吉拉德．赫德《人類的冒險》——Gerald Heard. *The Human Venture*. New York: Harper & Row, 1955.）」所追求的是，宇宙浩大的力量能隨著瑜伽靜坐所獲得的神通力而移轉——不是東方宗教常被指控的消極宿命觀，而是接受每一時刻、接受彈性和寧靜，動時求靜，靜時凝神。打坐的瑜伽僧叫做「無風處不搖曳的火焰（A.K. 庫馬拉斯瓦米《佛陀和佛教梵音》——A. K. Coomaraswamy. *Buddha and the Gospel of Buddhism*. New York: Harper & Row, 1964.）」。

構成的田園風光，沒有柏油路或電線——釋迦打坐過的古菩提樹邊建有一間佛寺，十天前溫暖的黎明，我和三位穿茶色僧袍的西藏喇嘛在那兒共賞晨星升空，但沒領悟到什麼。不過我後來暗想，西藏人不知道有沒有察覺那棵菩提樹陣陣鳥聲呢喃，旁邊另一棵與聖樹枝葉相錯的大菩提樹則沒有生命。我並非在強調這件值得注意的事，只是照實說出自己在菩提伽耶看到的景象而已。

*

雅木地河已經變窄了，不久就會沒入群山之中。北坡岸的一個村子裡，房舍不是長方形而是圓形或橢圓形，高山嚮導隊長揚布說這是古龍人的村莊，他們是很久以前從西藏下移的民族。尼泊爾南部這個地區住著各式各樣蒙古族和印歐民族混血的山地人，其中大抵是帕哈里人，也就是丘陵印度人。多少世紀以來，印度民族從恆河大平原沿著河谷往上走，西藏人則從北方越過山隘南下。說藏語的佛教部族叫布特人（Bhote）或南藏人，雪巴人也包括在內（「布特」或「薄」是指西藏，西藏南緣的不丹就是「布特的終點」）。在挑夫們分屬的部族中，古龍人和譚莽人傾向佛教，契屈人和馬加爾人是印度教徒。無論信仰印度教或佛教，這些部族——尤其是古龍人——大抵敬重亞洲山區偏遠角落所盛行的古宗教泛靈論神祇。

幾位長髮藏人的扁平臉上泛出赭石紅光，赤腳踩著銀色的石頭走下河谷（赭石是傳統抵禦寒冷和昆蟲的良方，西藏受佛教感化前，被稱為「紅面魔的國度」），這些人從腳程一星期以上的多帕坦要前往博卡拉。農作物收成後，西藏人、木斯塘的藏人及其他丘陵民族，沿著南面和東面的山脊與河谷前往博卡拉和加德滿都，以羊毛和鹽換取穀類、紙、刀、菸草、米和茶。一位藏族男孩在淺灘中抓到一條岩魚，他跑過來拿給我看，一雙杏眼亮晶晶的。一路上孩子們都非常友善、愛玩，甚至很開心，雖然偶爾會討點東西，但並不像城鎮裡猙獰的印度小孩那麼非要到不可。他們更可能拉著你的手走一段，然後翻個筋斗，或者跟過來又跑開了。

河谷縮成峽谷處有茶館和幾間小屋，一列長毛的蒙古小馬叮叮噹噹搖晃著鐘鈴從山裡下來，在淺灘處嘩啦一聲橫渡翠綠的急流。茶館邊有一條山路筆直聳向東南的天際。此地自給自足的經濟必須依賴旅者，幾十年甚至幾百年間，山民貿易往來，寬石階走成了山間小路。野生的栗子樹高懸在路邊，我們拉下樹枝，採帶刺的栗果。

傍晚來到名叫瑙丹達的山村。我試住我的新家，其實是一頂破舊的單人登山帳篷。我們的快樂廚師蒲澤林頭戴豔紅小帽，端出扁豆飯晚餐。飯後，我露天坐在渡口茶館買來的小藤凳上，聽蟬鳴和胡狼的叫聲。這道東西向的山脊，北側往雅木地河谷、南側往馬沙河谷急遽陡落。從瑙丹達村看去，雅木地河不過是一條白緞帶，由森森的針葉林之間流入窄峽谷。遠遠的東面，很深很深的下方，馬沙河漸漸開展成博卡拉附近的翡瓦湖，在山麓小丘的夕陽下閃著金光。博卡拉是現代世界的最後前哨站，再往西就沒有道路了。僅僅一天的腳程，我們離俗世似有百年遠。

九月二十九日　跛足與壯腿

白亮的山區早晨，薄霧與炊煙、陽光與幽谷：安納普魯山群的一座峰頭高聳在柔雲頂端。曙光下，小雞啾啾，我們在村中茶館吃早餐，不到七點就上路了。

一個小孩拖著彎曲的跛腿爬上村外小丘，她鼻子朝著石頭、羊屎和涓涓泥水，像一隻傷殘的蟋蟀勉力往前爬。我們為自己強壯的步履而愧疚，畏縮不前，她注意到了，抬眼看我們，眼眸清澈，毫無憤懣——更嚴重的是，她居然長得很漂亮。GS侷促地說，孟加拉乞丐為了營生會打斷小孩的膝蓋以博取同情。他習慣這樣表達心中的悲痛。可是趴在我們腳下的孩子不是乞丐，她只是一個小孩，正用好奇的眼光望著高大的白種陌生人。我好想給她一點東西——一個新的人生？——卻怕有損她的尊嚴，於是我擠出一點笑容說：「Namas-te!」（早安）真荒謬！我們走開時，她的聲音在後面傳來，笑咪咪、極清爽的一聲：「Namas-te!」那是打招呼和道別的梵文，意思是「這廂有禮了」。

面對這個令人想起生老病死的畫面，我們都悶悶不樂。我憶起山雨中扛在削瘦肩頭黑衣飄飄的廓爾喀屍體，我彷彿看見博卡拉城外垂死的老人；我再次聽見吾妻最後的呼吸。釋迦牟尼就是看到這一類的景象，才捨棄嵐毘尼，去追尋讓人免於輪迴之苦的生之奧祕。

世間之人在大苦中，為小樂故尚復耽湎不能暫捨。況我在此寂靜處，無諸患苦，不應以此而見留難……即或我返回父王及諸眷身畔，以目所見生老病死，必應驗之，故求解脫免此苦耳。一切有為法，如雲消散，如葉離枝，如夢幻泡影……[1]

不過釋迦牟尼自己大限將臨時，再度轉回北方（「來，阿難，我等前去拘舍那揭羅。」），像我們大家一樣，說不定他也想家了。

我們繞著小山西行，然後上坡來到隘口的小村莊。一隻白兀鷹在向陽的薄霧中飛翔，高高的森林浮現了，有瀑布穿流而下。一位玩著克難小鼓的男孩領我們穿過村子，他戴一頂俏皮的小帽，身上只穿短襯衫和背心。有一天，這個男孩和其他的人會破壞周遭的森林，他們的陡坡田會在雨中腐蝕，土壤會流失到激流中，阻塞下游河道，於是印度洋季風帶來的洪水將淹沒大地。尼泊爾人口快速增加，從事原始農業，地形又陡，是全世界侵蝕問題最嚴重的國家，大家開墾土地求糧食和燃料，使更多的森林消失，問題也就更為惡化。在尼泊爾東部，尤其是加德滿都山谷，煮食用的柴火（取暖用的更不用說了）已非常珍貴，要由農民走好多哩路，一小把一小把背進來。鄉下人將牲口糞餅拿來燃煮東西，使土壤得不到滋養的肥料，進而造成水分流失。沒有了腐植土或糞肥，土壤日趨惡化、凝結，最後變成灰沙，季風雨一來就被沖走了。

1 庫馬拉斯瓦米《佛陀與佛教梵音》（Coomaraswamy. *Buddha and the Cospel of Buddhism*. New York: Harper &Row, 1964.）

照GS的看法，亞洲的保育態度比東非落後二十年，這個差距可能會帶來致命的惡果。從西印度到土耳其，以及北非各地，古代就已變成沙漠，巴基斯坦之類的國家只剩百分之三的領土有森林，儘管他們養著一支無所事事的龐大軍隊——當然是美國軍火工業界贊助的——可以到貧瘠的鄉間種種新樹，但對於即將來臨的災難卻沒有採取任何措施。

*

松樹、杜鵑、伏牛花。沿著山野，一條石子路在陽光下像水銀般流過去，連村舍屋頂的瓦板都呈銀色。小路彎彎繞著山丘通到松林底部，谷底幾間蔭涼的村舍俯視著摩蒂亞河和北方一條支流的交會口。這是尼泊爾徒步旅行的道路，陡峭峭直上直下如迷宮樣的河谷。下坡時小腿和腳板最吃力，膝蓋則動彈不得，腳趾甚至抵撞著靴頭。在加德滿都，我們最年少的嚮導吉亞參，曾經拿我的登山靴到一名補鞋匠那兒要他拉大，結果靴子沒拉大，只在外皮幾個定點縫上顏色鮮豔的圓形皮塊。那幾塊補丁在博卡拉被拿掉了，可是博卡拉的補鞋匠沒有工具可拉大皮靴，於是靴子照舊很緊，卻因為縫孔而不如原先防水了。

今天我們走了十個鐘頭，腳有起泡的跡象。替我背行李的吉亞參稍微落後，我隨身的軟背包裡又沒帶膠底運動鞋，只好赤腳走路，經過夏天的運動，我的腳還很硬朗。我們又一次下行到低地，山路大抵被雨泡軟了。我眼睛看著地面，小心柴枝和石頭，不時欣賞一隻可可色的樹蛙、羊蹄甲樹的淺紫藍色殘花，和一團溫熱的水牛糞——從其外觀看來，水牛拉屎時大概很冷靜，甚至正在沉思。

可是，遇見那個爬行的小孩以後，我對世外桃源就有點懷疑了。沿著摩蒂亞河一路行來，我的腳被尖尖的頁岩割傷。我們在吉然村紮營，得一一摘掉身上的水蛭。GS在當地的一家村舍邊吃米飯晚餐、邊檢查膠底運動鞋溼到什麼程度，這才發現鞋裡滿是鮮血。

GS也是凡人，也會遭受一般朝聖者的磨難，這使我舒了一口氣。我雖是歡欣鼓舞的步行健將，但他卻所向披靡，要不是挑夫們走得慢，他會催死我。GS的壯腿攸關他在全世界高山的工作，所以他絕不滑雪或做艱難的運動，唯恐傷害兩腿。現在我拿他血淋淋的鞋子開玩笑，引述紐約市「美國自然史博物館」哺乳動物區館長的一封信（內容提及我要從美國帶給GS的一套收集用的捕鼠器）：「我期盼能獲知你和喬治進軍尼泊爾會看到什麼、聽到什麼、得到什麼成果。我提醒你，上一位陪喬治去亞洲的朋友，皮靴內流滿鮮血回來——說得更恰當些，是中途折回的……」

「那個傢伙身體不行。」GS粗聲粗氣地說。

九月三十日 一隻紫色的陸蟹

昨天我們艱苦上坡下坡走了十一個鐘頭，那位用無花果葉演奏音樂的纖瘦挑夫，今天早晨已不見人影。嚮導隊長揚布在吉然村找一個名叫賓巴哈杜的馬加爾族老頭代替他，這個人是廓爾喀山兵退伍戰士，腿彎彎的，穿著大短褲赤腳行走。（無論是印度教徒或佛教徒，凡是加入軍團的尼泊爾人都被稱為「廓爾喀軍」。一七六九年廓爾喀王的軍隊從中部山谷往外擴展，併吞小部落王國，建立了現在名為尼泊爾的印度州邦，這些勇士的傳奇於焉開始。他們驍勇善戰，衝入西藏，結果被中國人打退，當時中國人已經把西藏當作中國的領土。十九世紀中葉，印度發生兵變，廓爾喀軍隊揮舞著土名「苦苦利」的闊頭彎刀，奉派協助英國政權。後來印度和英國都資助過廓爾喀軍。）

我們的雪巴族挑夫土克丹也是廓爾喀軍的退役勇士，也許因為他擔任挑夫或其他不明的理由，年輕的雪巴嚮導們都對他敬而遠之，他很快就和賓巴哈杜交上朋友。土克丹可能三十五歲也可能五十三歲，從他的容貌看不出年齡，揚布、廚師蒲澤林和兩名搭營助手吉亞參、達瓦都只有二十出頭。吉亞參穿著燈籠短褲和高統運動鞋，看來就像學生，而他也真的隨身帶了幾本破破爛爛的學校課本。

從吉然村開始，道路順著山脊線西行，來到一個制高點，可以看見四座深谷。下面摩蒂亞河和耶爾河交會處的村莊裡，有個女人坐在刻有鳥兒圖樣的舊窗框裡。要過摩蒂亞河，得走過一道鐵鍊欄杆的木橋，橋身吱吱嘎嘎地搖晃，底下的灰色激流從安納普魯冰河奔流而下，一路往北流。

一條田隴道順著狹狹的堤岸前行，堤岸被往來的步履磨得油光光的。山邊有霧，暑氣深重，而綠色的稻子、紅色的村屋、女人的紅衣裳更襯出山谷的幽暗。離河邊一段路的地方，公雞的啼聲劃破了沉寂的空氣，間或聽到憤怒的人聲——大概是女人正在罵松林中沉思的水牛，或者狂男子空洞的笑聲迴蕩到山邊遠處。

仍然幽暗的草地上，蜻蜓的翅膀映出了陽光，一隻鴿子從山中隱密處叫喚著。現在馬卡普恰爾峰高高聳起，一圈雲彩繞著尖峰盤成緊密的渦紋（跟安納普魯山群的其他峰頭不一樣，馬卡普恰爾峰還很原始，倒不是因為它難以攀登，一九五七年就有人爬到離峰頂五十呎內。古龍人把它尊為聖山，所以踩踏峰頂是禁忌，尼泊爾政府便英明地保留它恐怖神祕的面貌）。不久整個安納普魯山群便又巍峨清晰的浮現了，路往西轉，一整天山貌變幻無窮。一九五〇年有人登上最西那座名叫安納普魯一號峰的尖頂，那是人類首度攻上兩萬五千呎以上的高峰。

這次遠征並無趕時間的必要，也沒有特定的有利目的地——亦即西藏「香旅」所稱的巡行點——真是輕鬆自在！挑夫們逮到機會就休息，GS在那兒硬催他們走，高山嚮導假裝幫他，但他們知道挑夫們除非萬不得已，一天最多只肯走七個鐘頭，而且他們沒有帳篷，所以通常早上出發前便已留意晚上過夜的村舍或洞窟。GS明知這一點，但他也知道時節對他不利，不到達藍羊和雪豹的國度，他是無法心安的。他在加德滿都曾說：「一旦資料開始進來，其他的事我就不會太在乎了：我覺得自己的生存有了充分的理由。」（這樣的一心一意使他獲得盛名。我聽過GS被同儕譽為「當今最好的現役田野生物學家」），而且他討厭這些小村莊，嫌我們離文明太近，他常說：「人愈少愈好。」本來他想用飛機把小遠征隊載到多帕坦的簡易機場，那是西藏難民往西逃的屯居地，我們需要的挑夫可以在那兒找齊。但要到十月的第二個禮拜才有飛機，而天候未定，不如徒步到多帕坦比較保險。現在他氣呼呼追上我說：「我們如果不用等這些渾蛋挑夫，根本不需要八、九天，只要四天就能到達多帕坦。」

GS也知道趕路是不可能的，喟嘆一聲：「真希望我們現在已在海拔八千呎高的地方——我喜歡新鮮空氣。」我沒答腔。挑夫的速度正合我意，尤其我的皮靴又硬又緊，很難趕路。我自己也喜歡新鮮的空氣，但我此刻很幸福，再過不久我們就會高處不勝寒了。

一隻松鼠泛著栗色的油光，在開滿紅花的木棉樹上眼睜睜看我們走過。這種樹是非洲木棉的親戚，往往是此處碩果僅存的野生樹，有了它，村中的公地因此帶有鹿園的面貌，使南部鄉間顯得分外安祥。現在空氣中突然充滿一隻蟬的叫聲，好清脆、好炫奇，尖銳如劍鋒在車床上摩擦，卻又如鐘鈴般細膩，有一種響亮的音色，使蜘蛛網在陽光下微微閃動。我聽了這種宛如從全世界同時迸出的天籟，一時目瞪口呆，土克丹走過，泛出了笑容。這抹謎樣的笑容有大迦葉的韻味——當年釋迦牟尼在門徒中尋找繼承人，他手拈蓮花，默默不語。大迦葉由這象徵意味十足的姿勢看出了統一和諧的生命本質，遂露出了笑容。

*

卡里干達基河附近的一個大印度村莊庫斯馬海拔三千呎左右，幾乎是此行的最低點。蒲澤林買了新鮮的黃瓜和番石榴，為我們補充糧食。中午時分我們再度上路，沿著東岸往北走。河邊的第一個村莊有一座木造小廟，擺了兩隻用紅芙蓉粉妝的石牛，嵌在廟牆中的石像臉上又見到一抹深不可測的微笑。一架古老的踏板輾轂機發出輕柔的節奏，村子隨之軋軋作響，嬰兒在窗下的藤條籃子裡晃啊晃。這些向陽的家居小天地非常安祥，眾生平等，母親和豬仔、母牛和小牛、母親和嬰兒、母雞和小雞、保母和兒童渾成一股共同的生命脈動。我們在茶館吃木瓜，然後在村外一條淺色岩石溪床的山澗洗澡。今天是九月最後一天，我在暖暖的水瀑、溼溼的陽光中流連，洗好的衣服則攤在石頭上晾乾。

整個下午繼續往卡里干達基河上游走，河水從木斯塘地區和西藏一路奔流而下，流到恆河平原。由於這條河夾在高聳入雲的安納普魯山群和道拉吉里山群之間，兩者高度都在兩萬六千呎以上[1]，所以卡里干達基河是全世界最深的峽谷。「卡里」是「黑女」的意思，而陡壁、灰色激

1 尼泊爾高度大致依照十九世紀喬治・埃佛勒斯爵士（Sir George Everest）等人所引導的印度勘察結果，因手頭地圖而有差異。除了喬治・夏勒高度計的記錄，本書所列皆為幾近值。

流、黑黑的大圓石確實給這條河帶來如地獄般的幽暗面貌。「惡煞大黑女」、「時間」和「死亡」的女性面、「萬物的吞噬者」，是印度教喜馬拉雅之神，亦即偉大的再生和破壞之神「濕婆」的配偶；她戴著骷髏項鍊的黑色形影，正象徵這條由隱密高峰和未知雲層滾滾而下的黑河。打從第一個人類想渡河卻被捲走之後，千百年來這條河始終讓旅人懼怕不已。

遠處一隻蟬的鳴叫清脆激昂，壓過了河水沉重的奔流聲。牽牛花、單株蒲公英、肉桂、蘭花。與最近的海洋相隔千萬里，我居然看到一隻紫色的陸蟹——古代印度次大陸在地幔層漂流，向北移動，撞上亞洲陸塊，把這些海底岩石一吋一吋向天空推高五哩，陸蟹像是那個時候留下的遺跡——嚇了我一大跳。卡里干達基河盛產名叫「鹽石」（saligram）的黑色聖石，那種石頭含有海洋單殼軟體動物的化石螺紋。大約五千萬年前的始新世，喜馬拉雅山開始上升，如今仍繼續升高。一九五九年的一次地震使山巒落入河中，由西藏流經印度東北，在孟加拉灣三角洲附近匯入恆河的婆羅馬普特拉大河因此改道。南亞的大河全都源自這全世界最高的國度，流入阿拉伯海的印度河如此，恆河、婆羅馬普特拉河、湄公河和揚子江，甚至向東流遍全中國入黃海的大黃河也都是如此。這些河流既然發源自西藏高原，可比眾山老得多了，眾山升高時，卡里干達基河就錘鍊出許多大深淵來。

到了潘尼阿瓦斯村，村泉上有一隻黃銅製的牛頭，小橋架在奔騰的水面上，驟雨中我們在小橋對岸搭營。薄暮時分我出去散步，頭頂的樹木都在淌水。帕哈里族小孩從上面的山丘，用小鳥般的童音喊出了幾句課本裡學來的英語，我一答腔，他們就哈哈大笑。

「早——啊——安！」（Good-a morning!）

「你——啊——叫什麼名字？」（What it is you-a name?）

「你的——啊——手表現在幾點鐘？」（What time it is by you-a watch?）

「你——啊——要去什麼地方？」（Where are you-a going?）

十月二日　重逢磯鷸

季風雨繼續下了一整夜，早上涼爽多雲。順著小路上溯卡里干達基河，有人住的地區愈來愈少，旅客能棲身的石屋也愈來愈少了。北風吹來，我們感到不安，秋季此時，我們正頂著惡劣的天候迎風走去。沿河來了一隻普通的磯鷸，是我家鄉斑點磯鷸的歐亞親戚，牠正搖搖擺擺從大鵝卵石到黑圓石之間逐一飛躍，要前往南側溫暖的爛泥灘。從加爾威到新幾內亞，我已經在很多地方見過這種活潑雀躍的鳥兒，如今在此處重逢，心情頗受了一些鼓舞。

白雲下，海拔兩萬六千八百一十呎的道拉吉里大山比較低矮的側翼，白茫茫罩著昨夜的暴風雪，雪線遠低於我們前往多爾泊必須橫越的高度。這條路繼續向北通到賈木生和木斯塘。本來我們打算走到賈木生，然後往西由札卡進入多爾泊地區，但是尼泊爾政府對於西北邊境的一切荒野地區都很敏感，想要獲准過境賈木生繼續往前走非常困難。在十八世紀末的廓爾喀戰爭以前，多爾泊和木斯塘原是西藏地區的兩個小王國，這個史實會誘使中國人來進犯。兩個地區都是凶猛的西藏游牧民族康巴族藏身的地方，他們至今仍積極抗拒中共的占領，突襲後就退到多爾泊和木斯塘。馬可孛羅時代，康巴族已是著名的盜匪，根據各種報導[1]，他們至今積習未改。我們現在從南邊前進，遇見康巴族的機會降低了；尼泊爾為敦睦巨大的鄰邦所刻意不提的情況，也比較不會因此而挑起來。

有座橋通到河對岸的伯尼貿易中心，從那邊另有一條小路沿著道拉吉里山下往西走。我們要往這個方向走六天，然後繞過道拉吉里斷層塊北行穿過喜馬拉雅山脈。在伯尼市集上，警察多疑又愛挑釁，檢查我們的證件詳細得誇張；我們獲准到多爾泊是非比尋常的。不過文件最後還是交還我們，我們馬上離開了這個地方。

山路沿支流馬羊地河北岸延伸，河谷兩側太陡，不宜耕種，少數簡陋的村居連茶棚都沒有。現在已是十月，蘭花不見了。河流對岸，幽靈般的瀑布由雲端流下來，有時候同時看見六、七個。一條山澗和主河流的會口，有一座石頭磨坊跨在白茫茫的溪水上，沒有橋，沒有任何生命的跡象，屋中隱士若非已死，就只能靠靜廬四周像哨兵般棲息的獼猴稍慰寂寥了。

有一位西藏男人帶著兩名婦女由後面趕上來，他突然止步，歪著頭打量我們，然後邀請我們一起到多帕坦。ＧＳ和我喜歡輕裝旅遊，很樂意跟他同行，但挑夫照例比我們落後一個多鐘頭的腳程，我們只能指一指挑夫們所在的方向，沒跟他走。

傾盆大雨中，我們在塔托帕尼村的河邊紮營過夜。

---

1 海恩利希・哈瑞爾《西藏七年》（Heinrich Harrer. *Seven Years in Tibet*. New York: E. P. Dutton, 1959.），以及米歇爾・培瑟《木斯塘》（Michel Peissel. *Mustang*. New York: E. P. Dutton, 1967.）。一九七四年康巴游擊隊跟尼泊爾軍發生大衝突，多爾泊再度對外界封鎖，不久康巴族終於被收服，並重新安置。

十月二日　無私的服務

很久以前，有位旅人把猩猩木（聖誕紅）和夾竹桃帶到塔托帕尼村，村裡有座茶棚。茶棚再過去的一處茅草屋頂種了黃花藤的小黃瓜，屋簷下的黏土窗台上，一支笛子、一把木梳和一支大紅辣椒構成一幅幸福的畫面。窗台下有幼兒打滾，一個小女孩一臉正經靜靜地坐著，由上到下換掉一身衣服。雨中泥濘的街上，三位小男孩正撐著黑傘，膝連膝蹲踞玩紙牌。

早晨十點左右，我們淋著小雨出發了。馬羊地河河水暴漲，白浪滔天，溪水奔騰，溪石轆轆滾動，南行的燕子往灰濁濁的河水下游飛去。雨來了又停了。下午三、四點，我們來到這個地區的大村落達邦村，此處平頂屋用紅色和白色泥磚造得很堅固，還有雕花的木窗。

揚布和蒲澤林在學校走廊升火烘睡袋，達瓦和吉亞參每隔一會兒就翻個面。他們凡事自動自發，這件事也不例外，而且欣然完成了。雖然挑夫並未奉命幫忙，也沒領這方面的工錢，但土克丹通常會伸出援手。雪巴嚮導們一心要自己派上用場，但卻不堅持，更不願奴顏婢膝；既然他們拿錢為人服務，何不盡量做好呢？「喏，先生，我來洗泥巴！」、「這我來拿，先生！」正如GS所說的：「情況不順利的時候，他們會先照顧你。」但他們的尊嚴不可侵犯，因為他們是為服務而服務，服膺的是工作本身而不是雇主。身為佛教徒，他們知道做事本身比收穫或酬勞更重要，能這樣無私的服務就是自由。由於他們信奉「業」，也就是佛教和印度教的因果報應原則（這方面基督教也有「要怎麼收穫先怎麼栽」的觀念），所以他們寬容不批判，深知行惡自有報應，毋需受害人插手。雪巴高山嚮導們慷慨大度的人生觀、快快活活不設防的態度，即使在淳樸未開化的民族間也不多見，除了愛斯基摩人，我以前從來沒碰到過。史前時代西藏人和美洲原住民的蒙古游牧祖先，據說是從亞洲北部同一個地區擴散而來，我真想知道這種人生觀是不是遠古以來的共同遺產。

這些單純未受教育的人，舉止像僧侶般睿智安祥，他們的幸福與宗教密不可分。依據釋迦牟尼死後幾百年間所編纂的大乘經典，他們當然都是初階的佛陀——我們也是。大乘佛教強調所有生命互相依存，寄望普度眾生，而不只度化僧侶，所以並不要求人屏棄正常的生活（只是期待日後會自然而然地棄絕俗世），因此各方面都不像固守釋迦牟尼早期佛理的錫蘭和東南亞小乘佛教那麼狹隘。大乘佛教與大約同一時期發展出的希伯來和基督教傳統一樣，主張唯有自發追尋上帝的人才能獲致性靈的圓滿，「心不利他，大悲不生，超脫自度，違失莫大[1]」。因此衍生出菩薩「無量劫間，不入涅槃」，留在輪迴中等眾生覺醒的理念；就這樣大乘佛教呼應了人類對世間佛和神聖救主的需求，這在早期的佛教和小乘中是沒有的。喜馬拉雅山脈、西藏和中亞的密宗佛教

1 W. Y. 伊文斯溫茲《西藏瑜伽與祕密教義》（W. Y. Evans. *Wentz. Tibetan Yoga and Secret Doctrins.* New York: Oxford University Press, 1967.）引述H. P. 瓦波拉傑上師所編西藏《法寶貫珠》（H. P. Blavatsky. *Booh of Golden Precepts.*）

都以大乘為基礎，由中國發展出來再東傳韓國和日本，如今也在美國立教的禪宗亦然。

禪宗的口傳始祖是釋迦牟尼弟子菩提達摩（菩提達摩在中國被尊為一世祖），他在西元五二七年把教義從印度傳到中國。這位凶猛的「藍眼僧」或「面壁者」，可能是受了中國道家哲學的影響，勸徒眾不必理會宗教的紛爭、笨重的經書、日益增多的偶像，以及宗教組織的僧侶飾物，而要回歸使佛陀悟道的冥想靜思。後來禪宗在一連串大師的領導下，融會了一切東方藝術和文化，視野更加清明。在禪宗思想中，連依戀佛陀的「金言」都會阻礙最終的了悟，因此才有「逢佛殺佛，逢祖殺祖」的禪機語出現。宇宙本身就是禪宗的聖經，宗教正是每一刻對上蒼的領悟。

神通並妙用，
運水及搬柴。[2]

2 龐居士詩（譯註：即龐蘊居士，全詩為「日用事無別，唯吾自偶諧，頭頭非取捨，處處沒張乖。朱紫誰為號，丘山絕點埃。神通並妙用，運水及搬柴。」）

十月三日　第一次爭吵

達邦村上方的河面傳來不祥的轟隆聲。巉巖塊如雨紛落，三隻在學校院子裡覓食的落湯狗回頭聆聽。岩石顫動，滾進河裡，經過兩天的大雨，河水湍急，狂嚎著衝過峽谷。

每天下雨，害我們心煩氣躁，尤其我的破爛小帳篷嚴重漏水，更是受不了。我弓縮在水窪間又冷又溼的睡袋內，好羨慕隔壁那頂乾爽藍帳篷的主人。黑漆漆的早晨當GS把用過的罐頭和紙張扔進學校院子時，我第一次跟他吵起來，也許就是這種惡劣的情緒作祟吧！他說當地人一向很想要容器，他才這麼做的，這也是實情。可是為什麼不把空罐子擺在牆上，卻隨地亂丟，讓人到泥巴裡去撿呢？

GS看來很生氣，但忍著不發火。雖然他不大談自己，也沒有多少可談，我想他主要是孤獨寂寞；他談到烏鴉和豬時，某種羞怯的溫情最是明顯。去年他在紐約說：「也許你可以教我怎麼寫『人』，我不知道該怎麼寫法。」這種坦白又寂寞的話抵銷了他的嚴厲，和偶爾因認真而給人的失衡感。他說：「凱伊替我打筆記，但我沒聽見打字機的聲音，我問她怎麼回事，她卻對我大發雷霆。」他常說這句話——「凱伊對我大發雷霆」——似乎提醒自己他太太一定有充分的理由。

在瑟倫蓋蒂平原，GS很受敬重和喜愛，他有不少傳統的好品格。他腦筋好、力氣大、為人正直，這種混合並不多見，對我們這一類的遠征非常重要——這年頭有多少朋友能以性命相託呢？

等雨小一點，我們就散散漫漫出發了。不久，有一個從西邊來的人警告蒲澤林山路很危險。蒲澤林除非萬不得已，否則絕不當真，他嘀嘀咕咕說：「下了大雨——很嚴重。」說著用褐色的手做了個滑稽的動作。有些地方的突崖小徑已經掉進河裡，有些地方頁岩崩塌，土塊已經把路給埋掉了。通過這些地方的時候，挑夫們隔著多變的迷霧仰望頂上的懸岩。年輕的譚莽族挑夫皮林姆懂一點點英文，他經過我身邊的時候說：「今天、明天，路不好。」為了讓我知道他不是開玩笑，他額頭上套著拖繩，搖晃著沉重的行李，舉目看我，然後蹣蹣跚跚走上絕壁峽谷的上坡路。照GS的說法，這種警告很可能是威脅不走或要求加薪的前兆，但他後來下令挑夫們別走散，坦承情況確實很危險。他說：「如果這些傢伙有人跌下去，我們不到當天的行程結束是不會發現的。」不久，整個橫貫道路都從山下崩掉了，我們只得穿過矮樹叢往上爬。

越過丹嘎溪上的一座小橋，又得爬極陡滑的山坡，不久這最難爬的路段終於過去了。松林在陣陣迷霧中飄然出現，對面浮雲間露出的山壁上，緞帶樣的水柱流向怒吼的江河，沿路積聚泥沙，水漸漸由白色轉成棕黃。小路轉角有一座怪異的神祠，許多遭屠戮的山羊角堆成聖壇狀，樹枝上則繫著紅緞帶。這個時節，人民拜的是魔女突迦，她的起源很早，西元一世紀再現為「大黑女卡里」，亦即「濕婆」天神的可怕女性面，代表凡塵心靈的一切恐怖。

寂靜間只聞鳥鳴和水湧。即使在雨中，風景仍如夢似幻——絕壁峽谷和瀑布、松樹和來而復去的雲朵、繪有奇花異景的火紅色住宅、陡坡梯田映出的雲影、風吹竹林而飛出的一群朱紅色山椒鳥，一切恍如在夢幻中。

我們忍受著泥濘、幽暗和寒意往前走。到了一處名叫席邦的山村，民眾正隨著咚咚的鼓聲慢慢宰殺一頭水牛做為「突迦供養」，孩子們在雨中站成一圈，大家生飲牛血。這些山頂小孩營養不良，肚子鼓鼓的，雖然他們跟谷地小孩似乎一樣怡然自得，但他們很安靜，沒對我們大叫大嚷。有一個喝血的小孩容貌可愛極了，我從來沒見過那麼可愛的小孩。

十月四日　拜拜一百萬次

清晨雨勢加大，山路不通，我們只好留在這座舊牛棚裡。好心的達瓦穿著橘紅色的及膝長襪——他是大塊頭的壯漢，人卻很害羞，不敢看「洋大人」的面孔——貼牆刮牛糞團，為泥地的深水窪鋪上墊腳石。我們把帆布帳接口線之間的部位攤開，就在帆布荒島上度日，暗曚曚的白天大抵貼著牆待在睡袋裡。

最近我們幾乎完全吃白飯或未發酵的粗麵薄餅，配小扁豆、碎玉米或馬鈴薯過日子。河邊的村莊可以買到一點番石榴、木瓜、小黃瓜和芭蕉，可是一行人向北向西爬，深秋了，這些東西就看不見了。昨天蒲澤林買了幾條當地人在溪流漩渦中用竹簍子捕到的銀魚，還有新鮮的生宰水牛肉，於是我們也慶祝「突迦供養」。還有人找到米、粟或玉蜀黍蒸餾出來的白酒。一位獨眼挑夫隨著揚布的口琴聲跳舞，揚布吹奏時手上的戒指閃閃發光。他是雪巴嚮導隊長，年僅二十四歲，非常孩子氣，但腦筋好，器宇非凡，很得大家敬重。

我們其實沒有慶祝的心情。GS一個人想心事，我則暗想不知道孩子們近況如何。魯、莎拉和路克上學在外，只有么兒在家。這個夏天，GS從巴基斯坦捎來口信，問亞歷是否快樂、適應力強不強——答案是肯定的——他說夏勒家的兩個男孩在拉荷爾上美國學校，他太太凱伊・夏勒很樂意帶亞歷到拉荷爾住在她家。但他只有八歲，最後我謝絕他們大方的邀請，讓亞歷留在自己家比較好。我們家已租給他的朋友一家人，至少目前一切安好。離開加德滿都前，我收到亞歷的來信：

親愛的爹地：

你好嗎？我很好。我很傷心，我甚至哭了，因為我沒寫信給你，可是現在我寫信給你，心情好多了。貓貓和狗狗真棒，可是牠們死的時候我會傷心。學校一切還不錯。我希望你感恩節能回來。我字拼得對不對？

對□　不對□

我希望你的登山靴還好好的。我希望你過得愉快。

你的愛　亞歷

留著我的信，帶回家來，讓我看看你有沒有收到。擁抱和親吻。現在拜拜一百萬次。

你的愛，你的太陽

亞歷

我想起一個月前開學那天，我和兒子分別的情景。那是晴朗的九月早晨，屬於帝王蝶、紫苑草、遲開的玫瑰、閃亮的松針、鷓鴣在東風裡順著海岸南飛的日子。亞歷問我要離開多久，我告訴了他，他脫口而出「太久了」。我開車載他去學校，他怕人家看見他流淚，心裡很苦惱。他哭著說「實在太久了」，這是實話，我抱緊他，答應感恩節以前回家。

十月五日　三個「我」

我們拂曉出發，小雨斷斷續續下了整個早晨。印度洋季風早就該結束，卻至今還沒完沒了。

到了木娜村，小路拐離萬丈深崖下的馬羊地湍流，在達拉河河谷上方沿著一道山脊走了好幾哩，高度近七千呎，小路經過橡樹林。山上沒有人煙也沒有耕種的跡象，GS大喜。我們找尋亞洲黑熊（俗稱為月熊）、黃喉貂鼠和美麗的紅貓熊等森林動物的蹤跡。這種雲霧森林說不定藏有雪人——誰知道呢？到了林木邊緣，赤楊、冬青、莢蒾、伏牛、杜鵑、雛菊和永恆的野草莓、水苔蘚和蕨類都出現了。這時候，我家鄉的樹林裡和田野上應該有很多淡紫色的紫苑草，而這裡也有。秋天的樹上，啄木鳥那神似北美金翼鴷的叫聲，山雀那雀兒——雀兒——的聲音都顯得充滿憂思，勾起我對孩子們的掛念。

長滿苔蘚的橡樹林黑漆漆的，我們在林中海拔九千呎處搭起溼溼的營帳。隔著參差的樹頂看去，天空正逐漸放晴。有月亮，天氣很冷。

一切都顯得多麼怪異，一切又真是多麼怪異呀！有一個「我」自覺是躺在亞洲山區睡袋中這個軀殼的觀察者；另一個「我」正在思念亞歷：第三個我才是設法入睡的疲憊男子。

頭幾年夏天，亞歷曾捨棄所有玩具，在果園內他的沙箱裡全神貫注靜立將近一個鐘頭，鴿子和紅翼鶇鳥乘著暖風來了又走了，樹葉輕舞，雲朵飛翔，還有鳥鳴和水蠟樹及玫瑰的甜香。孩子並不是在觀察，他在宇宙的中心休憩，成為萬物的一部分，對終結和起始一無所覺，仍然跟世界最初的本質完全一致，讓所有光線和現象貫通全身。狂喜是跟萬物同一，而他亮麗的繪畫中顯現著狂喜，就像西歐舊石器時代奧瑞納文化遺址的獵人，在洞穴牆上畫鹿，自己竟化為畫中鹿了，沒有「自我」將他和花兒、鳥兒分隔開來。強烈表現禪宗文化的日本煙灰墨畫也達到物我同一的境界，因為跟自己做的事合而為一，正是「道」的真正實踐。

求生和怕死的本能使我們感受不出身、心、自然合而為一的無言淨境是多麼幸福，說也奇怪，我們竟以為理當如此。這樣貶低自己的視界，撤離驚喜，像牡蠣般退出自由游泳的生活，躲進安全的裂縫，絕望地感覺自己的人生會被抹殺，……種種種種，反映出來的就是不帶喜悅的繁殖、惡性的金錢腐蝕，我們的大地、空氣和水遭受嚴重的污染。

拿小孩自由、狂野的畫作，和畫家對繪畫有所覺、想畫出別人眼中「現實」時那種轉為僵化、收斂的「圖畫」做一比較，現在他有了自覺、忸怩不安，跨出了自己的畫境，發現自己跟萬物隔絕，注意到四周的緘默，被宇宙世間種種浩大的表現嚇慌了。「我」的甲冑開始形成，個體的建構和強烈主張形成，孤獨感也形成了，「人把自己封閉起來，最後只能隔著黑牢的狹縫看萬物[1]。」

亞歷才八歲，已經把世界的荒誕關在心門外。我也在童年初期就將它遺落了。但回憶乘著光的翅膀前來——一隻閃亮的小鳥、高高的松樹和太陽、一片浮葉的火紅色、風乾木的秋熟、木頭味兒、一個小孩、石頭上的軟地衣——一種充滿光明的迫切感，泛著光吐著氣，卻又瞬間即逝，讓我喘不過氣來、讓我苦惱。一九四五年某一夜，我在一艘海軍艦艇上遇到太平洋暴風，接替我值班守船頭的人暈船而沒露面，我在風和水、噪音和鋼鐵的混亂中孤零零待八個鐘頭；浪花一再沖過甲板，最後水、空氣和鐵融成一片。我困頓不安、筋疲力盡，一切思想和情緒都化為烏有，自我意識完全消失，我聽到的心跳就是世界的心跳，我隨著地球的大起大伏吐納，這種消沉似乎不如意氣風發可怕。事後有失落的痛苦——我想不通失落了什麼。

大多數詩人都懂得這種失落的劇痛，我閱讀散文時，偶爾也有奇妙的段落像獨角獸一般由書頁裡跳出來。〈破曉門邊的吹笛人[2]〉是早期的例子；還有哈姆森一本小說中對魚唱歌的描寫；波赫士和梭羅的某一段文章；赫塞則有多段作品提到失落——他很少寫別的。哈姆森筆下的人物傾向於自我毀滅，對失敗最內行的哈姆森和赫塞提醒大家：神祕的追尋具有致命的魔力——齊克果亦然，他宣告太多「可能性」會把人逼進瘋人院。但我讀到這些警示的字句時，已經患了齊克果所謂的「無窮數的毛病」，從一條路流浪到另一條路，沒看清自己正在投身一場搜索，完全不知道要追求什麼。我只知道每一次呼吸的根源都有個空缺需要填滿。

一九四八年在巴黎，已故神祕主義哲學家喬治．古德傑夫的一位弟子介紹我參加「功德

1 威廉．布萊克《天堂與地獄聯姻》（William blake. *The Marriage of Heaven and Hell.*）

2 肯尼士．葛蘭《柳樹含風》（Kenneth Grahame. *The Wind in theWillows.*）輯中的作品。

會」，那邊（跟很多修行法一樣）強調「記得自我」——注意此刻，而不是漫遊於過去和未來的朝生暮死之世事。我回到美國後繼續下工夫，只是為期甚短。我覺得古德傑夫的方法祕傳味太重，儘管領袖們有明顯的深層力量，卻只打算讓我們之中極少數的人追隨。我回頭讀書，開始寫文章，我混亂迷惑的狀態在先前寫的幾本書裡表現得明明白白。

一九五九年在祕魯叢林中，我曾實驗亞馬遜部落巫師用來誘發所謂「超自然」狀態的一種魔效迷幻藥「死藤水」——說那種狀態超自然倒不是因為超越自然法則，而是正規科學仍無法加以了解（大多數迷幻藥都是菇類、仙人掌、牽牛花……等等野生植物製劑，被全世界用於神聖的目標。古人的甘露可能是用傘形毒蕈類做成的）。迷幻經驗雖然嚇人，卻讓我們看清這一類化學物（酚醚鹼化物）可以帶來另一種視物的眼光，不是禁欲修行那種慢功夫，而是像飛過空中一般神效又快速。我從來沒把藥物當作行事的途徑，更沒把它當作一種生活方式，但後來十年我定期使用藥物——大抵是LSD（麥角酸酰二乙胺），也用過仙人球毒鹼墨斯卡琳和一種墨西哥毒蘑菇素普西洛西賓。歷程都很嚇人，常常是美麗或古怪的，偶爾有幸福的過渡狀態，我一時無知誤認為宗教經驗：我真心相信我的魔毯，打算坐著它能飛多遠就飛多遠。一九六一年，我前往新幾內亞遠征途中經過泰國和柬埔寨，某一個空虛的夜晚，在吳哥窟黑叢林和森森廢墟邊的一家古客棧裡，我試用某種土製的生海洛因（人家當「鴉片」賣我），結果把我嚇死了。起先一陣狂喜，接著發病、麻痺、透不過氣來；沒有人可呼叫，也叫不出聲音，我以為「末日」已在這間電風扇慢慢轉動的死寂斗室降臨了。幾個月後我回到家鄉，對藥物更尊重幾分。有一位反傳統的精神科醫師很早就大膽使用迷幻藥治病，我認真參與他的工作。我的夥伴是一位名叫黛博拉．樂芙的女孩子，她也游移不定憑直覺做同樣的追尋。

追尋中先是有一種坐立不安的感覺，好像被人監視似的，向四面八方轉看，卻什麼也沒看見，但又覺得那股深沉的不安有個來源。那邊的道路不是通往陌生的地點，而是回家的路（北方巫師叫道：「但你到家了，你只要醒來就行了！」）。歷程很艱辛，因為我們一向置身的祕密所在長滿「理念」、恐懼和防衛、偏見和壓抑的荊棘與雜木。聖杯就是禪宗所謂的「真如」，畢竟每個人才是他自己的救主。

很多獨斷獨行的人最後走上毀滅，這不算什麼……他必須遵從自己的法則，當作有個魔鬼悄悄對他指點美妙的新路……不少人被那個聲音喚醒，立刻變得與眾不同，自覺遭遇到別人一無所知的問題。大多數情況下根本不可能對別人解說怎麼回事，因為理解力已被穿不透的成見阻隔了。大家會齊聲說「你跟別人沒有差別」或「沒有這回事」，就算有這回事，也會立刻被打上「病態」的銘印……當他決心遵從內在驅動他的法則，馬上就會遭到區隔和孤立。人人都會叫道：「什麼他『自己的』法則！」但他比誰都清楚，就是那個法則沒錯……只有力求個別實踐——絕對和無條件的實踐——自己特殊法則的人生，才是有意義的人生……人若不忠於自己存在的法則……就無法實現自己人生的意義了。

我們未發現的內在氣質是活生生靈魂的一部分，古典中國哲學把這種內在稱為「道」，把它比做水流，止不住地流向它的目標。止於道就是圓滿、完整、目標已達、任務已了；萬物固有的生存意義已開始、終結、完美實現了[3]。

這段容格的作品首度指出了我騷動的本質。我坐在義大利山區的一座花園裡讀到這段話，非常興奮，此生第一次也是僅有的一次，由椅子上跳起來大叫大嚷。這種追尋畢竟不是病態！

黛博拉和我並不自認為是「追尋者」，我們對這一類名詞感到尷尬，特意躲著喜歡亂用的人。我們讀書、交談、再閱讀，但我們缺的是老師和方法。當時速成的宗師如雨後春筍般出現，真正的好老師卻很難找。最後黛博拉要我給她介紹迷幻藥。一個風雨交加的秋夜，我給了她仙人球毒鹼。

黛博拉第一次用藥，「興奮狂迷」，那是迷幻藥詞彙，沒有比這個更好的形容了。她開始笑，嘴巴張得大大的，合不起來；自我防衛的甲胄破裂了，整夜狂風怒嚎。她轉向我，看見我的皮肉融化、我的腦袋變成骷髏——整夜都這樣。可是她後來看出，服藥後的迷幻狀態好像呈現出死亡的恐懼、對自己無助感的暴怒，她都可以熬過來，從而拋去對人生有害的種種心理防衛，使自己得到自由。她接受了神祕追尋的一項危險：任何退路都對自己有傷害。很多條路出現，但步子一旦跨出去，就得走到底。

於是黛博拉鼓起極大的勇氣再試一次，有時候情況好轉了。我記得一九六二年四月的一天下午，我們一起服LSD。她走出一棟村舍，來到露台上，飄飄忽忽穿過草地走向我。黛博拉頭髮呈黑色，寬寬的眼睛長得很美，在春風和花朵的豔光中，她顯得很陶醉。最近幾天我們老吵架，反唇相譏，急著說些沒意義的話把對方壓倒，可是這回我們一接近，過去常常出現的爭執，一一想起，又默默消失了。用不著說話，另一方對於你會說什麼早就瞭如指掌。我們被這種心電感應愣住了，嘴巴同時閉起來，接著為我們在恰當時機重溫吵架舊夢而會心一笑。我們喜孜孜相擁，笑了又笑，雙方還是一句話也沒說。後來我們才發現自己的一切思緒，笑和情緒不只類似，簡直一模一樣，根本一條心，甚至一條心到這種程度：我們互擁時，兩個身體都化為樹苗流進彼此體內，一起長成一棵強壯的樹幹，把主根推進地底，愈推愈深。

然則，然則……還有個「我」存在，知覺到有些事發生，甚至知覺某些事是因為藥物才發生的。那個「我」從未融進奇蹟中。

黛博拉大抵繼續走漫長的灰色旅程，飽受死亡的恐懼折磨。我也有過惡劣的體驗，但很少，大抵是魔幻奇觀，神祕又迷人。每經歷一次——即使是惡劣的一次——我似乎更輕快地走上我的道路，把憤怒和痛苦的殘渣丟到腦後。無論歡欣還是黑暗，藥物幻景都很驚人，但最後幻景會一再重複，到頭來連魔幻奇觀都變得很煩人。我這種現象發生在一九六〇年代末期，那時候黛博拉已經轉而學禪了。

---

3 C.G. 容格《作品集》（C.G. Jung. *Collected Works*. Princeton: The Bollingen Foundation, for the Princeton University Press, 1954.）十七卷第七章。

現在那些精神恍惚的歲月似乎好遙遠，我既不想念也不後悔。藥物能清除過去、召喚現在；向著內在花園走，它只能指出道路。藥物幻景缺乏禁欲修行的硬度，只是迷夢，不能帶進日常生活。沒錯！舊霧可以驅散，可是異己的化學媒介物一旦成了另一種迷霧，依舊使「我」體驗不到「一」。

十月六日 獒犬來襲

天一亮，橡樹枝上的氣生蕨就泛出粉棕色的柔光，可是我們一路往上爬，蕨類漸漸換成灰鬚的地衣。接近一萬呎的地方，橡樹絕跡，雲又圍攏而來，還不時下一陣雨。

到了賈爾賈拉山脊，GS的高度計指著一萬一千兩百呎。安納普魯山群和道拉吉里山群淺黑的底座清晰可見，兩者之間的陰影就是卡里干達基河的絕壁峽谷，就在遠遠的東面和下方。所有的山峰都被雲霧籠罩，渦捲的雲層下是一片白色的寂靜。雪線下降，比我們現在站的山脊不過高一千呎，遠低於我們必須通過的高山隘道。除非印度洋季風在天氣還暖和、能融化高山積雪的時候結束，否則接下來的幾個禮拜可就麻煩了。

山路沿賈爾賈拉山脊西行，穿過長有紫色龍膽和粉紅花石楠的溼凍原。這時候，幾天來的第一道陽光照見一隻戴勝鳥的斑色羽毛，我不禁露出笑容。跟許多山麓矮丘的鳥兒一樣，戴勝也是一種非洲鳥，但我最近——上個月——才在義大利恩布里亞山區見過一隻。因為陽光形的頭冠，戴勝是一種「太陽鳥」——無疑是天氣好轉的徵兆——在回教蘇菲教派[1]的神話中，牠的胸部記

1 譯註：蘇菲派（Sufism）為回教的神祕主義教派，因為喜穿羊毛袍（suf）而得名。初期只是個人修行，十二世紀中葉以後才有組織。

號象徵其已進入性靈知識的道路：

我（戴勝）是隱形世界的使者……多年來我走過海路和陸路，飛過高山和深谷……我們有一個真王，他住在群山背後……他離我們很近，但我們離他很遠。他住的地方我們去不了，沒有任何語言能說出他的名字。他面前掛著十萬張光明和黑暗的面紗……

別以為路程很短；人要有獅子的勇氣才能走這條不尋常的路，因為路程很長很長……人在驚愕狀態勉力前行，有時微笑，有時哭[2]。

道拉吉里大峰五哩高的雪錐從後面的雲端聳起，馬上又被雲霧遮住了；雖然距離很遠，卻占滿了整個東北方。前面有個黃楓谷緩緩向西下降，一側是森森的樅木林，一側是禿岩壁壘，谷底的溪流閃著多變的暴風雨亮光，引來三種跟夜鶯有親戚關係的亞洲紅尾鴝。「從我們動身到現在，今天我第一次自覺來到了曠野。」GS說。

這片荒野到本世紀末一定會消失。山谷一變寬，便出現了砍燒耕種的痕跡（土克丹說：「火燒嚴重，先生！」），而破壞森林所造成的石崩使河流堵滿了倒下的巨樹。水變得黃濁湍急，再下去的河谷就被死木淺灘和淤石搞成好幾個水道——這就是從西部山間奔騰而下，與貝利河和卡那里大河交會的烏塔岡戛河（北河），交會後大河往南流入印度。

山路被印度洋季風洪流淹沒，每每到了河洲、迴形轉彎和洶湧的溪澗處路就不見了。有零零落落的浮木當作我們的橋梁，GS大抵直挺挺踏過去，動作雖慢卻穩當。但我腳步不穩，覺得背包害我失去平衡，最難走的浮木必須以身體著地狼狽萬狀地勉強挪移過去。最後我為自己截了一根與我等高的重楞杖，當作探試棒和平衡工具。後來變成打狗棒派上了用場。

林地向著山區唯一的寬扁河谷展開，被南來的馬加爾人當作夏日的牧草場。一九五〇年開始，西藏人從中國統治下逃出來，近幾年多帕坦已成西藏人的一處大營區。他們養馬、種馬鈴薯，冬天遠行到博卡拉和加德滿都的市集去典賣最後的綠松石、白銀和宗教工藝品，到其他居留地的同胞家做客。藏人素有游牧民族的傳統，也喜愛旅行。

西藏豺狼和盜匪很多，游牧民族的營帳和偏遠的村莊都由黑色或灰棕色帶斑紋的大獒犬守衛。這種狗在尼泊爾北部也可見到，去年GS在布特科西地區遇見兩隻大獒犬在路邊守護「布特人」的包裹，結果被大獒犬攻擊，千鈞一髮差點受重傷。大獒犬實在太凶了，西藏旅人都帶著一張靈符，繪有猛犬套著鎖鍊的畫面：鍊子用神祕的「金剛聖石[3]」鉤著，還有碑文寫道：「藍狗的嘴巴已事前繫牢。」白天獒犬繫著鍊子，晚上放出去當哨兵和衛士。在多帕坦的第一處營區，我們走在泥巴大道中間，避開兩側狺狺作聲、張牙舞爪的畜生，這時候其中一隻狗掙斷或滑開鎖

---

2 法利德・烏丁・阿塔《鳥類會議，一則蘇菲教派的寓言》（Farid ud-Din Attar. *The Conference of the birds, A Sufi Fable.* Boulder: Shambhala, 1971.）

3 參考L・奧斯丁・瓦德爾《西藏佛教，即喇嘛教》（L. Austine Waddell. *The Buddhism of Tibet, or Lamaism.* London, 1895.）「Dorje」譯法甚多——雷霆、聖石、金剛鑽——事實上意指穿透萬物卻不受影響的精練宇宙能。

鍊，吠都沒吠一聲，從後面向我們撲來。

GS超前好幾碼，我因而被選為攻擊的目標，千鈞一髮險遭大難。多虧我聽見牠來，掄起我的重枴杖打牠，畜生滾跌回去後，再度上前，凶巴巴低吼著。我想找一塊重岩石卻沒找到，只好用力敲牠的頭，大狗暴怒，對著我的棍子尖前後猛撲。這時候GS撿起一根沉重的木條，全力向大狗扔去，畜生躲開，然後撲向木條，牙齒深深啃進木頭裡。有位西藏人到此為止一直在家門口冷靜旁觀我會有什麼遭遇，直到此時才出面把大狗趕開。聽說這種狗從多帕坦以北到整個喜馬拉雅山區一路都很常見，從此我走路一定帶棍棒。要不是前一個鐘頭（走了八天都沒帶）砍下這根棒子，我可能會受重傷，我至今還驚嘆時間趕得真巧。

多帕坦沒有市集也沒有真正的中心，只有零零落落的一堆堆小屋順著寬河谷北坡串列。這邊有幾個低階層的馬加爾人，此外居民都是藏胞。每一棟村舍都有佛教禱告旗飄揚，一堆堆祈禱石像巨大的圓錐形路碑從谷底聳起。

挑夫們露面後，我們的補給品存放在背對山坡的一棟陰溼土屋的後房，我們要睡在這裡看守東西。這裡就像大多數難民營一樣，士氣低落，竊案猖獗。通道對面是一個公用房間，村民來來去去。那個房間再過去是屋子正中央，有一座簡單的聖壇，一天就在「唵嘛呢叭彌吽」的喃喃禱告聲中結束。老婦人一面誦經、一面用一隻乾癟的手揉捏深色象牙念珠，另一隻手轉動一架銀和銅做的古祈禱輪。祈禱輪上刻有同樣的經咒，裡面捲緊的長軸也有，就這樣紡出了呼叫宇宙注意的咒語：

唵！

十月七日　相似

今天早晨我們的挑夫走掉一半，準備越過賈爾賈拉山脊回到卡里干達基河，而能取代他們的西藏人卻又忙著挖馬鈴薯，再翻山越嶺拿去賣，難怪GS心煩氣躁。加德滿都的徒步旅行裝備商向他保證，多帕坦的挑夫多得很，但他們為什麼不警告他有馬鈴薯收成的問題呢？揚布說一個挑夫都找不到——「明天再看吧！」

五位從加德滿都帶來的譚莽族青年、雪巴人土克丹和馬加爾人賓巴哈杜還留在我們身邊。譚莽人又叫喇嘛人，是加德滿都西邊屈蘇里河流域的蒙古裔山民，他們跟古龍人和馬加爾人一樣，自古住在尼泊爾，信奉某種舊「本教」（或譯凡教、笨教、崩薄教，皆為音譯）。如今他們心向佛教，跟雪巴人相處融洽，彼此樂觀和欣然服務的作風很相似。皮林姆和他弟弟圖洛坎沙、卡頌、丹巴哈杜和蘭姆塔郎都是削瘦的赤足青年，他們工作雖重，探索新境的興致卻沒有減低，儘管他們沒有深雪用的皮靴和衣服，但我們願意帶他們多遠，他們就跟我們走多遠。至於馬加爾老頭嘛，他已經說了再見，正要跟其他人一起離開，土克丹哄他別走，他就留下了——這個笑容令人緊張的土克丹啊！

土克丹耳朵像小精靈，脖子細細、臉色黃黃的，生就一對西藏瑜伽僧那種野性又智慧的眼睛。他煥發出一股內在的平靜，可能跟性靈的造詣有關，不過他的成就也許有些邪門。其他雪巴人在他面前很不自在，他們嘀嘀咕咕說他喝酒喝得凶、會說髒話、為人不可信賴。他擔任挑夫，顯然自貶了身價，可是他們順從他，活像他握有什麼魔法似的，有時候我彷彿也感受到他的威力。

不知怎麼搞的，這位可議的人物像來自前世的朦朧形影，早就跟我相識了。土克丹本人似乎感覺到我們有某種關聯，他以我無法接受的方式認命地接受。我直覺他在這兒不是偶然，心裡很不安，而他則把我們特殊的緣分視為理所當然。我經常感覺到他的目光，彷彿他是來守護我，彷彿是他使我砍下那截棍棒。他的目光坦白、平靜、和藹、不帶任何評判，然而我像照鏡子般正視他的目光時，卻感覺到自己內心的空虛、貪婪、嗔怒和愚妄。

*

能夠休息一天，我很感激。我的膝蓋、雙腳和背部痠疼，所有裝備全溼了。我把最後一雙乾襪子上下倒過來穿，讓足跟的破洞露在腳背上；內褲破了，必須向後反穿；摔壞的眼鏡框貼著膠布；我的頭髮一團亂。達瓦送來洗衣和盥洗用的熱水——這個遠征隊只有我和達瓦喜歡沐浴——我穿上清潔的溼衣服，然後GS應我的請求，把我的長髮剪光。多年來我一直戴著繩編的腕帶，起先因為是人家送的，後來則當成裝飾品戴，現在也剪斷了。最後我脫下手表，因為表上的時間已失去一切意義。

西藏人整天冒雨來看我們，我再次感覺到美洲印第安原住民和這些蒙古族的人是多麼相似。多帕坦的西藏人個子大都像愛斯基摩人般瘦小，小手小腳小鼻子的，還有黃種人的眼褶、深棕色肌膚和烏黑的頭髮，連低統紅邊獸皮羊毛靴的樣子和設計，都跟愛斯基摩人的裘裡寒靴非常相似。反之，他們的綠松石和白銀裝飾教人想起帕布羅印第安人和納瓦喬人。而其珠子、穗帶和光禿禿的肩膀上披的條紋毯子，卻又教人憶起平原印第安部落的古圖畫，他們髒亂的營區和吵鬧的家犬更增強了那種效果。這些人旅行愛用獸皮帳篷，用北美印第安人那種方式背小孩，主食是大麥或玉蜀黍做的糌巴。美洲原住民和亞洲的語言沒顯出什麼大關聯，但是我家鄉地區的阿爾岡金部落有一種相似的穀粉糁叫做「糁巴」。

這些相似點無疑只是表面而已，但在時空方面相隔這麼遠的文化中，其他的相似點就驚人了。古龍族和此地山區各角落的其他部族（包括已改信現代宗教者），乃至於丘克奇愛斯基摩人和東亞其他殘餘的採獵民族，生活中都充斥著人跟周圍世界的靈魂論血緣關係，其精神與美洲的大多數愛斯基摩人和印第安人並沒有多少差異。西伯利亞森林的通古斯人對北美洲的大雷鳥也很熟悉。從古埃及到今天西藏象徵舊世界祕傳教旨的太陽符號、聖眼、十字框彩線網[1]、宇宙樹和卍記號，從很早的時代就在新世界裡廣為流傳——事實上很早很早，現在估計亞洲獵人游牧潮越過白令海陸橋進入新世界的年代，似乎還不足以解釋那個現象。（上述年代定期被往前推，也許

---

1 譯註：以兩根棍子梆成十字形，密密纏上各種顏色的線，用來網住惡魔。

沒什麼意義。晴天裡我們其實可以從這個洲的岸邊小島看見那個洲，就我們所知，即使在白令洲還沉在水裡的時候，人們就已雙向旅行了。）

就算不理會這些以消失的陸地和宇宙學大師理論[2]為根據的傳說，不理會現下有關印加等非典型印第安人海上旅行的臆測、印歐民族來之前德拉威人和馬雅人的許多文化相似點，以及佛教傳教士十四世紀已到達阿留申群島、南部遠達加州的說法[3]——我們仍面臨一個抉擇，是要選精準至極的典型象徵，或選擇人類史上一切現知宗教存在前就有的深刻直覺知識的存在和永續，還真難做心安的抉擇哩！

亞洲傳說提到內亞洲某未知地區有個隱密的王國，名叫香拔拉——就是「中央」的意思。（以前很肥沃，如今則成為舊骨頭墓塚的戈壁大沙漠常被提及。當寬闊的湖泊在乾乾的硬土層消失，草地變成流沙，中亞完全乾涸，可能已把真正存在的古城化為傳說。一種文明的死亡可以來得非常迅速。西元前兩千五百年之後的短短幾世紀裡，氣候變化使撒哈拉沙漠中央的河流枯乾，大草原毀滅，費桑和塔西里等偉大的草原文明便化為烏有。）香拔拉更可能是西元前六千到五千年之間出現在那廣大地區的印歐文化的象徵——歐亞大陸各地的祕教儀式顯然源自該文化，至今西藏的密宗佛教仍與之遙遙應合。依照一位西藏喇嘛的說法，這些祕密宗教儀式「是中亞和北亞遠古時代存在的一種教旨的微弱回音[4]」，另一位喇嘛相信「自古每一個民族……都有一點這種祕傳知識的遺緒[5]」，很多人種學家[6]支持這個觀點，他們不但在亞洲和美洲發現同樣模式的薩滿巫教習俗，在非洲、澳洲、大洋洲和歐洲也發現過。西方人失落其中的祕密後，曾用著迷和輕蔑交雜的態度稱之為「神祕主義」或「神祕學」，但對於古今異化不那麼嚴重的文化而言，那只是現實的另一面而已，而西方人對祕傳儀式也奉行不渝，證明這一類教旨在歷史上流傳得很廣，說不定史前亦然。

美洲土著的傳統正是源自千萬哩外，甚至幾千年前的東方文化。誰要是熟悉禪宗思想或西藏佛教的教旨，對於近年來據稱是一位墨西哥北部亞奎族印第安巫師[7]所提的見解，一定不會感到驚訝。內容上、態度上、尤其是無法言詮的東西所需要的神祕表達方式上，這位薩滿巫的每一種議論，噶舉派喇嘛或禪宗大師可能都說過。我可以列舉美洲土著傳統中無數和東方教旨相似之

---

2 尤其是瓦波拉傑上師（H. P. Blavatsky）許多想像力豐富的作品如《祕密教義》（*The Secret Doctrine*）等。

3 元，馬端臨《中國的非漢人民族》（Ma Tuan-lin. *Non-Chinese People of China*）。手稿現藏於美國耶魯大學史特林圖書館（譯註：即馬端臨《文獻通考》第三二四—三四八卷記述各邊疆民族之部分）。

4 根據大衛尼爾《西藏奇蹟與奧祕》（A. David-Neel. *Magic and Mystery in Tibet*. New York: Penguin, 1971.）所引的文字，請見第二部分十八頁。

5 W. Y. 伊文斯溫茲《西藏瑜伽與祕密教義》（Evans-Wentz. *Tibetan Yoga and Secret Doctrines*.）。另外請看喬治・古德傑夫《會見非凡人物》（George Gurdjieff. *Meetings with Remarkable Men*. New York: E. P. Dutton, 1969.）

6 米西亞・伊里亞德《薩滿巫教：原始的狂歡技術》（Mircea Eliade. *Shamanism: Archaic Techniques of Ecstasy*. Princeton: Princeton University Press, 1964.）

7 卡洛斯・卡斯坦尼達《唐璜的教示》（Carlos Castaneda. *The Teachings of Don Juan*. Berkeley: University of California Press, 1968.）；《分開的現實與艾克斯特蘭之旅》（*A. Separate Reality and Journey to Ixtlan*. New York: Simon & Schuster, 1971, 1973.）。這位薩滿巫的「真實性」頗有爭議，作者選擇讓真相更模糊。如果「唐璜」是虛構的，那麼假民族學則變成想像的巨作。無論此教示是否借用而來，聽來都像真的。

處，例如亞茲提克人把人生當作夢幻狀態，我們北美大草原的歐吉布瓦族對風和天空非常敬畏，這方面跟亞洲乾草原上消失的印歐民族是一樣的[8]。

西藏的神諭僧和西伯利亞的薩滿巫都實施夢中旅行、心電感應、神祕迷醉、推轉法輪、死亡預言和輪迴轉世等教儀，這些都為「新世界」的薩滿巫所熟悉。阿爾岡金族印第安巫醫以小鳥的身分出入靈魂世界，亞馬遜流域的美洲豹薩滿巫若得知瑜伽僧和西藏瑜伽僧據稱有很大的力量，他們會銘感於心，但不會感到訝異。印度瑜伽僧稱之為「般那」、中國人稱之為「氣」的那種精力或呼吸的精華，克里族印第安人則叫「歐輪達」[9]。幾乎所有美洲原住民的傳統中，都把因果報應和時間循環的觀念視為理所當然。霍皮族印第安人的地球觀，把時間當作空間、死亡當作變化，他們避免一切直線形的結構，跟佛教徒一樣知道「一切都在此時此地」。正如東方的偉大宗教一樣，美洲原住民不大區分宗教和日常行為，宗教儀式就是生活本身。

就像吠陀經的「宇宙靈魂」，就像佛教的佛心，就像「道」，美洲印第安人的「大靈魂」無所不在，存在於萬物中，恆久不變。就連被視為地球上最古老的民族——澳洲原住民——也將時間分為「線狀時間」和屬於夢境、神話與英雄的「偉大時間」，偉大時間裡一切都呈現在此刻。我注意到這種原始的直覺越過無數地平線，一連多少世紀以聲音和行動永續留存，啟迪各原始民族的夢境生活，啟迪蘇美人和赫梯人、古希臘人和埃及人的早期印歐文明，黑暗時代由隱密的宗教儀式護衛著，又在基督教、猶太教哈西德派和回教的神祕主義（蘇菲教派）以及東方一切輝煌的宗教中浮現出來。人這種困擾的動物，浪費大半個漫長如鬼魅的人生，以後腿漫遊於未來和過去，找尋生存的意義，卻只在同類的別個個體眼中看見必死的事實，也許上述時間觀對他們是一種深刻的慰藉，或許是唯一的安慰也未可知。

---

8 不是真的，不是真的。
我們來此居住。
我們只是來睡覺，只是來做夢。
——阿茲提克族無名氏

有時我來來去去為自己叫屈，
終於有，
一陣大風載我穿越天際。
——歐吉布瓦族無名氏

9 蘇菲教派教長對信徒說：「你知道為什麼教長要對著新生兒的耳朵呼吸嗎？你當然不知道！你歸因於奇蹟，代表生命的原始象徵，可是實際的理由——滋養內在知覺的嚴重大事——你卻忽略了（拉斐爾．勒福《古德傑夫的老師們》（Rafael Lefort. *The Teachers of Gurdjieff*. Garden City, N. Y.: Doubleday, 1968.）一書引述某蘇菲教派教長的話）。」

十月八日　雲端小徑孤獨行

達賴喇嘛設在印度達木沙拉的流亡法庭，派了一位密使巡訪西藏人區，那人最近經過山北的塔拉科來到此地。他說那條路「很難走，很陡，很滑，上上下下太多次」。大多數喜馬拉雅山路都是如此，尤其是下雪時節，所以他的話沒有人會理會。倒是另一位西藏人最近南來，說此地和塔拉科之間的讓恩隘口積雪高過膝蓋，這個壞消息會使我們很難召募到挑夫。還有，據說塔拉科檢查哨的警察很霸道，不太理會遠在加德滿都的同僚們所簽發的文件，雖然我們的徒步旅行許可證准許我們最北可到伏克蘇木多湖，但他們也許還是不肯讓我們進入多爾泊地區，去年一位人類學家持有到多爾泊地區塔腊普的許可證，警方卻禁止他越過塔拉科繼續前進，他十月底在塔拉科碰到暴風雪，讓恩隘口封閉，只得困在塔拉科過冬。由於塔拉科和斯雅之間的隘口遠比第一個讓恩隘口高得多，所以我們必須在冬天來臨前一再通過隘口。大風暴對我們實在是壞消息。

多帕坦形同煉獄。這些寒冷的住宅區，氣氛像地牢似的，無情雨由板片屋頂滴到泥地上，窗下鬥狗吵得凶——昨夜至少有四場——此地到目的地之間的種種障礙和危險、冰川、大雪的傳聞已經使人夠沮喪了，這麼一來豈不雪上加霜。

昨天晚上，一位西藏少年怪誕、清脆的歌聲使我不安，倒不真是因為它怪，而是彷彿很熟悉，最後我才發覺那首歌教人想起安地斯山脈蓋丘亞族印第安人的「懷諾士」（huainus）哀歌。後來我夢見去年被癌症奪走母親的八歲美嬌兒，夢中我造訪一個黑漆漆像籠子的住處，他跟其他小孩關在一起，他笑咪咪地向我走來，父子倆一起撫摸一隻也在籠中的小狐狸，後來籠子被當作獸欄，角落裡有一大堆衣衫襤褸的可憐蟲。我發現小狐狸沒受到妥善的照料，渾身髒兮兮，牠顯得不知所措，躲到一隻跛扈的大母雞羽翼下，而母雞身子下面已擠滿自己的小雞，接著我發覺那隻小狐狸就是亞歷，不禁嚇醒過來。

看來我在感恩節回家的諾言鐵定無法實現。本來我們計畫十月十五日到斯雅精舍，也就是「水晶寺」，現在已經不可能了，就連十二月以前回家也都沒指望了。

GS答應他太太要陪家人過耶誕節，凱伊和孩子們會在加德滿都等他。但他預料我們會被大風雪困在斯雅，心知不妙，所以心情也很沮喪。雖然他並不相信北行的悲觀報導，他曾說：「這地方的人說話你若當真，根本出不了家門。」一本地人確實跨大了每個地方的危險和困難，也許只是要做為巧取豪奪和裝病偷懶的藉口吧！人得親自走一趟才知道。

我們恨不得趕快離開這個半文明的小地方，盡快越過高山隘口。今年三月，GS初步到尼泊爾東部遠征，記下一些沒有結果的藍羊資料，如果因為下雪而錯過發情期，他的第二次藍羊遠征就又白費了。想到他所瀕臨的得失風險，他卻依然非常有耐心、非常有彈性。儘管住在又冷又悶的地方，我們仍相處融洽。

GS自己帶來的書已全部看完（他最後一批巧克力也吃光了，我自己太深謀遠慮，對「未來」太沒信心，所以很佩服他敢這麼做），於是飢不擇食拿我的西藏度亡書《中陰救度密法》去看，還在上面做筆記。他甚至寫俳句，而且寫得很勤，技巧也不錯。下面這首詩我覺得比我自己在此地寫的好多了：

雲端小徑孤獨行，
挑夫喁喁談笑，
前有鴉鵲影。

十月九日　從不止息的初始

今天早晨雨小了一點，有時候間歇很長的時間。但我們又受阻了一天，至少我們知道這種天氣飛機不能飛山區；當初若指望搭飛機來多帕坦，現在還在加德滿都坐困愁城呢！同時，隨著秋深和雪量的增加，新挑夫漸漸鼓噪起來，嚮導隊長揚布怕再下一天雨他們會零零落落走掉。現在他們在場，蒲澤林正以古怪的目光看他們掂測簍子的重量，跟他們比手畫腳，毫不避諱明著把他們看成有偷竊習慣的下等人。今年春天，蒲澤林曾伴隨GS第一次遠征找藍羊，這次他能再隨行當廚師，與其說是廚藝高明，不如說是興致昂揚的關係。

我們臆測「水晶寺」的種種，難免談到佛教和禪宗。去年為了讓GS認識我那些不科學的見解，我寄了一本《禪心，初學者的心》的小書給他。他客客氣氣寫信來：「多謝你寄的禪學書，凱伊帶到巴基斯坦去了。目前為止我只看了一點，很多內容似乎合情合理，有些則不見得，但我必須多想想。」GS不相信西方的心靈真的能吸收非直線思考的東方觀念。他跟許多西方人一樣，認為東方思想規避「現實」，因此缺乏生存的勇氣。但至少禪宗要求此時此刻勇敢生存——吃的時候吃，睡的時候睡——而非寄望來生。禪宗強調覺悟的體驗（稱為「見性」或「覺」），有別於其他宗教或哲學，但卻沒耐心搞「神祕主義」，更別說是玄祕儀式了。

我提醒GS，基督教也有艾克哈特大師、聖芳濟、聖奧古斯丁和靜默沉思三年的「西恩娜城聖者凱瑟琳」等神祕主義者。聖凱瑟琳說：「天堂之道一路都是天堂。」而這也正是禪的精義，禪強調「佛法不離世間覺」。GS反駁說，上述人物都活在科學革命改變西方思想本質之前。這話當然不假，但近年來西方科學家轉而對東方的直觀科學產生新的敬意也是事實。愛因斯坦一再表示，直線式思考可能有其局限，斷言用純邏輯方法獲致的見解，就算能恰當解釋「現實」是什麼，但仍掌握不住絲毫現實；他宣稱直觀才是他思想的關鍵。相對論與佛教「時空同一」的觀點非常相似，佛教時空觀和印度教的宇宙論都源自《吠陀經》的古教旨。愛因斯坦說他的理論在某些地方很容易解釋給使用烏托—阿茲提克語的印第安人聽，包括帕布羅和霍皮族。

霍皮族不說the light flashed，只說flash，沒有主詞或時態，因為時間亦即空間，所以不能動。時空兩者不分開，沒有什麼字句或詞彙把時間或空間分開來敘述的。這很接近現代物理學「力場」的觀念，而且沒有時間上的未來，無論是歸結或「顯示」，未來已跟我們在一起了。英語中的時間差別在霍皮族語中就是效力的差別[1]。

科學朝著根基一致、宇宙對稱（例如統一力場論）等理論進展，歸根結柢這些理論跟帕布羅印第安人所謂「不可說」和「不可言詮」的大一統又有什麼差別？宗教革命的來臨使西方民族變成新的野蠻人，在此之前包括基督徒在內的世上許多民族的知識，都是全盤著眼的，最新的科學宇宙觀點跟古代那些理論又有什麼差別呢？美國十九世紀末的唯心論者愚昧無知，把神祕主義和「玄祕儀式」混為一談，將兩者都玷辱了。在這之前威廉·詹姆士寫過一部形上學的傑作；愛默生談過「每一部分和每一個分子都均等關聯的那種睿智的寂靜、那種萬有之美、那永恆的『一』……」；梅爾維爾提到「那深刻的寂靜，上帝唯一的聲音」；惠特曼頌揚最古老的祕密，亦即人找不到「比你自己更神聖的」上帝。後來幾乎在每一個地方，使人活得恢弘、死得平靜的一種微妙精神啟迪，都在科技的冷目下被淹沒了。但那種光明見識就像正午的星星，永遠存在。人若想超越對「無意義」的恐懼，就必須理解那種光明見識，因為再多的「進步」也取代不了它。我們像貪婪的猴子，弄巧成拙，所以現在我們心中充滿了畏懼。

不久前，西方世界還在辯論太陽或地球是不是宇宙的中心，而直到本世紀，大家還相信我們的銀河是唯一的天河。但是亞洲的智者遠在基督的時代以前，就由直觀獲知天河數以兆計，且宇宙的時間遠非人類所能理解。人間四兆年在他們造物主的生命中不過是一日而已，祂的夜同樣長，而這一切不過是「不變、不朽、無始無終的宇宙天主的眨眼一瞬間」。《黎俱吠陀》認為：一個振盪的宇宙從中心延展——而這跟最近十年才被天文學家廣泛接受的「大霹靂」（Big Bang）理論相吻合。在印度神話中，「火霧」像牛奶之海，由造物主攪拌，這一攪就產生了固態的星辰

1 參考一九五〇年《美洲語言學國際期刊》（*International Journal of American Linguistics*）十六期班傑明·沃夫的作品〈一個美洲印第安宇宙模型〉（Benjamin Whorf. An American Indian Model of the Universe.）

和行星——其意思就等於現代天文學的星雲假說，認為萬物都源自最初的氫原子，火霧是氫原子構成的。

「除了原子和虛空，什麼都不存在。」德莫克里特斯如是寫道。而那「空」就是東方各教旨的基礎——不是空洞或烏有，而是所有造物之前的「未創造」狀態，萬物無始的潛能。

有物混成，先天地生，寂兮寥兮，獨立而不改，周行而不殆，可以為天下母。吾不知其名，字之曰道……[2]

有黑暗，裹在黑暗中……初發者為「空」所覆蓋。那「一物」……由其緊縮而生的熱力行生而來……這宇宙萬物來自何處，由最高天發號施令之天神，可能知道，可能不知[3]。

這種神祕的認知（說它「神祕」，是因為大家心目中的現實，只限於可以憑知性和理性測量的東西）在東方和西方於任何時空都不謀而合，現代科學並未忽略這一點。物理學家設法了解現實，神祕主義者則受訓直接體驗現實，兩者一致認為，人類的認知機制被排除一切知覺、獨尊實用要素的社會訓練屏障所阻撓，只能有限寫照生命，而生命遠非純粹的物理證據所能涵蓋，而且兩者都同意表相觀是虛幻的。一位偉大的物理學家延伸了這個觀念：「現代科學將世界分類……不是分成不同的物體群，而是不同的關係群……因此世界看來是一個複雜的事件組織，不同種的關係或更迭或重疊或聯合，從而決定了世界的結構[4]。」一切現象都是過程、都是連繫網路、都在流動變遷中。有時候這種流動變遷清晰可見，我們只要敞開心靈靜思，或者以藥物或夢想掃開心靈的簾幕，就可以看出任何事物都沒有真正的邊緣。在無止盡的宇宙滲透中，有一種分子流、一種宇宙能在所有石頭、鋼鐵和血肉中泛出微光。

古人直覺萬事萬物、所有「現實」都是能量，所有現象包括時間和空間都只是心靈的具體化。自從相對論第一次質疑能量和物質分開的想法後，便很少有物理學家再挑剔古人的這個觀念。今天大多數科學家都會同意古印度人的看法——沒有什麼東西存在或毀滅，東西只是改變形狀或形式。物本來是無實質的，是推動電子的普遍能量的短暫聚合體。這種無窮小的「須彌芥子」跟一粒灰塵相比，就像灰塵跟整個世界的對比，它究竟是什麼呢？「我們真知道電是什麼嗎？我們雖知道它的作用法則並加以利用，仍不知這種最終可能是生命、意識、神力泉源和萬物推動者的力量源自何處？本質為何[5]？」

據稱是宇宙萬物爆炸產生的宇宙光，從四面八方密集敲撞地球，使人想到地球可能位在宇宙

---

2 老子《道德經》。

3 《黎俱吠陀》（*Rig Veda*）

4 《國際文摘》（*Intellectual Digest*）一九七二年二月號勞倫斯・樂山（Lawrence LeShan）的文章〈物理學家和神祕主義者如何區分？〉（How Can You Tell a Physicist from a Mystic？）所引述的華納・海森柏（Werner Heisenberg）名言。

5 高聞達喇嘛《白雲之道》（Lama Angarika Govinda. *The Way of the White Clouds*. Boulder: Shambhala, 1971.）

的中心，一如我們早期天真無知的想法；不然便是已知的宇宙根本沒有中心。神祕主義者覺得這種觀念一點也不可怕。依神祕主義看來，宇宙、宇宙中心、宇宙起源同時存在，都在我們四周，都在我們內部，都是「一」。

我無所不在，在每樣東西裡。我是太陽和星星；我是時間和空間；我是祂。我既無所不在，我能移往何處？既然沒有過去沒有未來，我是永恆的存在，那麼時間在哪裡[6]？

在《聖經．約伯記》中，耶和華詰問道：「我立大地根基的時候，你在哪裡呢？你若有聰明只管說吧！……地的角石是誰安放的？那時晨星一同歌唱，神的眾子也都歡呼。」

「當時我已在場！」——上帝的話自當如此回答。因為無論宇宙怎麼生成，我們所謂「身體」這個瞬間即逝的組合中大部分的原子從當初就已存在。佛陀悟出他跟宇宙同一，能這樣體驗生命就是成佛了。連伴隨神祕主義經驗產生的明亮「白光」（愛斯基摩薩滿巫指證的「內光」）都可視為宇宙萬物的原始記憶。一位現代天文學家曾說：「人是宇宙的實體，自我的沉思[7]。」另一位天文學家[8]則指出，我們吐納的每一口氣，都含有佛陀生前吐納過的數以十萬計無生命、遍布各處的氬原子，其實還含有曾經存在或將要存在的一切生命體的部分「鼾聲、嘆息、低吼、尖叫」。這些原子在時間和空間等有用的人為觀念中向前向後流動，跟潮水和星星置身同一宇宙的韻律氣息中，跟生者和死者一起加入那推動宇宙的能量。不變和不朽的不是個別的身心，而是跟一切生命共享的心靈，那靜寂、那從未變生只是「存在」所以從不止息的初始。此種在印度教和佛教至今仍可見到的教義，至少可回溯到吠陀文明中出現的「摩訶」信條，說不定還源自更古的文化。「摩訶」是時間、是自我的幻象、是個體生存的要素、是害我們不能真正認知整體的迷夢。它常被比喻為封死的玻璃船，把裡面的空氣和四周清爽流動的空氣隔開，把裡面的水和無所不包的大海隔開。但船本身跟大海並無違隔，將它粉碎或融解，就可以跟神祕主義者所追求的整個宇宙生命生命重聚、回歸，回到我們「真如」的失樂園。

今天科學告訴我們的正是《吠陀經》已教了人類三千年的知識，亦即「我們所見並非宇宙的真面目」。我們只見到「摩訶」，或幻象，亦即大自然的「神奇表演」。我們跟全人類共享一種大意識，生命經驗因此有了共同的根基和延續性；我們所見的表相不過是部分大意識的集體幻覺而已。根據佛教徒（印度教徒則否）的看法，這個由感官所認知的世界，這個相對而非絕對的現實，這個夢境，也存在著，亦有其意義，但只是真相的一部分而已，就像斜門邊這隻山羊隔著雨水往泥地看去，所見到的只是宇宙景觀之一隅罷了。

---

6 W. Y. 伊文斯溫茲《西藏瑜伽和祕密教義》。

7 卡爾・沙岡之言，請看I. S. 席克洛夫斯基和卡爾・沙岡《宇宙的智慧生命》（I. S. Shklovsky and Carl Sagan, *Intelligent Life in the Universe*. San Francisco: Holden-Day, 1966.）

8 哈洛・薛普萊《天文台外》（Harlow Shapley. *Beyond the Observatory*. New York: Charles Scribner's Sons, 1967.）

明天要開始往北走。我們將由讓恩隘口越過道拉吉里山群到貝利河，沿蘇里河和伏克蘇木多河爬坡，再由岡恩隘口越過坎吉羅巴山脊到「水晶山」。在春夏只要花兩星期，但現在高山隘口積雪，時間不拘，只要到得了就夠幸運了。

*

午後出現了陽光，這是一個多禮拜以來首次見到充足的陽光，先前顯得陰森森的多帕坦山谷，現在美極了。我走下河谷草地，巡行一堵重石堆成的大祈禱牆，石頭有舊有新、有扁有圓，各種顏色都有，而且來自很多地方——最老的石子是何時來？如何來？好像沒有人知道。四根高竿上，呈現天空顏色的藍白祈禱旗，在清風中啪啪作響，把「唵嘛呢叭嘛吽」的經咒傳到十方。天空瞬息萬變，薄暮時分安納普魯山群的一座峰頭，在河谷東端遠遠的上空聳起。最近幾天，這座河谷四周的矮山已經變白了。

北行

噢，萬事萬物雖然極美，卻又多麼不可思議，甚至悲哀。人在大地生活和奔跑，馳騁穿過樹林，某些東西好撩人、好有希望，令人鄉愁泉湧。例如，傍晚的一顆星、一朵藍鈴花、一窪蘆葦綠的池塘、一個人或一隻牛的眼睛。有時候從未見過卻渴望已久的事好像要發生了，籠罩一切的面紗眼看要揭開；沒想到時間過去，什麼事都沒有發生，謎題依舊未解，祕密的魔咒依舊未破除，到頭來人漸漸老去，顯得狡猾……或精明……也許仍是一無所知，仍在等待和聆聽。

赫曼．赫塞《知識與愛情》（*Hermann Hesse. Narcissus and goldmund.*）

僧問雲門：樹凋葉落時如何？
雲門曰：體露金風！

《碧巖錄》（*The Blue Cliff Records.*）

十月十日 靜默．孤寂．絕滅

燦爛的朝陽下，蜘蛛網亮晶晶的，金翅鳥浴著十月的金光，從這棵松樹跳到那棵松樹；馬鈴聲和快活的口哨齊鳴，幼童和動物像復活般雀躍著。有一個漂亮的女孩戴著銀項鍊，烏黑的頭髮跟紅綠色的布條一起編成辮子。她背小孩的方式跟北美印第安人很像，背的是她自己的娃娃。

這麼適宜旅行的日子也宜收割馬鈴薯。新挑夫不肯動身，也不肯退回預付給他們的伙食錢。蒲澤林說：「多帕坦的人不好。」為了找齊九個人，揚布暫時不走，吉亞參也陪他留下，一個去搜尋挑夫，一個看守行李。GS要稍等一段時間看看情形。我跟其他的人先動身，直到天黑才看見GS趕到。

北行的道路上溯法貢峽谷，一路聞到松林和西洋杉的樹脂香。有一隻虹雉衝進峽谷上空，幾隻長得像山撥鼠的短耳野兔自顧自地在洞窟邊曬太陽，無視於聲音甜美的高山鳥飛來飛去。銀色地衣、金色苔蘚、老鷹的呼嘯，順著法貢峽谷往南看去，景致充滿光明。

我們向著「白色大山」道拉吉里山群攀升。

太陽出來後，昨天的雪線往上退，我們到下午才在海拔一萬兩千四百呎處碰到積雪。陡峭的灰色軟泥石堆上，積雪灰灰的，山路通入雲端，雪峰躲在雲霧裡。深綠色的栒子長著紅色的漿果，是一片灰茫中僅有的顏色。

這種軟泥地很難走，峰頂遙不可及。在氣候變化萬千的天空下，隘口又高又遠，呈「V」字形；走到了，卻只是更高處山谷的大門而已，那一端又有一個「V」字形等我們攀登。溼雪中，橫亙陡坡的狹徑不容易找，而且很不可靠。蒲澤林和達瓦穿了過去遠征留下的登山靴，但是大多數譚莽人打赤腳，他們把雇主提供的膠底運動鞋留起來，打算拿到加德滿都去賣。即便如此，他們的腳程還是比彎腿的老賓巴哈杜來得快，賓巴哈杜雖然每天早上提前出發，但到了傍晚總是遠遠落在後頭。

我的腳被皮靴磨出水泡，只好穿膠底運動鞋，所以腳溼得發麻。達瓦背著一籃野炊用具，穩穩踏步前進，快到隘口時，他在一萬三千四百呎高的地方追上我。此處雲霧轉濃，我們幾乎看不見對方，又有強風和小雪。後面下方的法貢峽谷傳來落石滾動的轟隆聲，接著一片死寂。達瓦感到不自在，特意放下簍子，往回走一段路，向蒲澤林等人吹口哨。

我面向北方等著，直覺叫我靜靜站著不要動。雲霧、雪；靜默、孤寂、絕滅。俄頃，萬籟俱寂中，露出浩大的道拉吉里雪原。我吐氣吸氣，迷霧迴旋，接著一切都消失了——什麼都沒有！我不自覺小鞠了一個躬。

溼雪地有一條下坡路，往下六百呎就碰上矮杉的森林線。薄暮時分來到高山凍原的山脊鞍部，地勢平坦，可以紮營。土克丹和GS在這兒趕上我們。天黑時雲散了，營地海拔一萬兩千五百呎，四周都是亮燦燦的冰河。道拉吉里山的五座峰頭在黑色天空下泛出光芒，一輪銀月高掛在白色的雪原上空，是十月蓮花綻放期的滿月喔！

十月十一日　錯過

夜色清明，亮麗的星子一路落下地平線，黎明前山峰彼側出現一條黑帶，我們彷彿可以越過地平線望見外太空。銀色峰群轉成粉紅色，再化為嫩白，這時太陽照亮了海拔兩萬四千一百五十八呎的楚連山，以及少四百呎的普撒修朱里山。空氣嗡嗡響，ＧＳ說，他在尼泊爾東部聖母峰下看到的風景，比不上這兒所見——幾乎全被大冰峰所環繞。

山區的天空赤裸裸的——除了風還是風，寒意逼人。因為冷，譚莽人擠進雪巴人的帳篷，但是夜裡吹來陣陣疾風，帳篷垮了，天亮時大家都在底下唱歌。現在譚莽人在脆寒的空氣中半裸著身子，赤足弓坐在火堆前揉糌巴，煙霧彌漫，他們仍輕聲哼歌，叫我想起很久以前在安地斯山脈河邊烤營火的馬契光加族印第安青年。揚布和吉亞參大概和新找到的挑夫停留在隘口南側的某個地方吧！天氣實在太冷，我們只好快速拔營，繼續順著北側前進，不等他們了。

大地深處響起了河川的怒吼，懸崖邊的杜鵑葉子亮燦燦泛著銀光，可是白天南行候鳥下來覓食和休息的幽谷，如今還籠罩在夜色中。金色小鳥從朝陽中落下，恍如黑暗中墜落的流光，不見了蹤影。

陽光一出現，我們立刻走進節節疤疤的樺樹林和黑黑硬硬的樅樹林。光線隔著零星的地衣滲下來，有一隻銀鳥穿過陽光向一棵西洋杉飛去，在向陽的樹皮上揮一揮泛紅的翅膀，然後飛走了，留下一股含含糊糊的渴慕，和一股悲涼的空虛。

山路繼續往下通入橡樹林。千呎下方有一片山中草地，我們在一間牧人石寮邊等揚布。我倚著向陽的石頭坐在暖暖的草糞堆裡，一隻亮麗的紅黑色甲蟲來了，還有一隻聲音嘶啞的蚱蜢，正搓著火紅的雙足。有隻烏鴉重重跳落在河邊的一棵西洋杉上，烏鴉的翅膀也映滿喜馬拉雅山的銀光。GS說：「不管你到什麼地方，烏鴉遲早會露面。烏鴉類我最喜歡渡鴉。零下四十度的阿拉斯加，一點生命的跡象都沒有——居然有渡鴉！」（GS在阿拉斯加大學念書的時候，養過一隻渡鴉當寵物，這隻鳥使他首次邂逅了後來成為他太太的女孩——居然有個男人對天空叫喚，命令一隻不見蹤影的渡鴉回來，引起了她的注意。）

這處盆地到處是烏鴉、河邊柳和雪山，跟北美西部沒什麼差別。換了黛博拉也會喜歡這片山的。吾妻少女時代大抵在科羅拉多的洛磯山脈度過，後來住在法國南部的阿爾卑斯山，她一直希望能看看喜馬拉雅。

小時候我騎馬到山頂，陽光照在我身上，綠草如茵的河谷在遠遠的下方。我仰望天空等待，心裡好寂寞。一點聲音都沒有。我淒然躺在地上，伸出手膀子擁抱大地。

噢，大地啊！溫暖而恰到好處。樹皮的形狀，青草的氣味，樹葉拂風的聲音，樣樣都恰到好處，我也希望恰到好處。

可是沒有人聲讚許我，於是我從靜默的地面爬起來，上了馬背，又沿著山坡騎回家[1]。

她德容兼備，是極有天賦的作家和了不起的老師，生性熱情、求知欲強、特別聰明和好心——所有熟知她的人對她的印象都是如此。有個朋友說：「她的靈魂不沾泥土。」但她不時有一種超凡的氣質，彷彿她正在修行，等待自己熱望的天國到來。跟聖人生活並不難，因為聖人沒得比較，但神聖的渴望卻會帶來問題。我覺得她的美德教人發瘋，於是對她的態度很差。我們的生活滿是悔恨，靠近她的時候我受不了自己，只好利用工作遠征世界各地，藉機避開——有一次我走了七個月。但愛情仍在，半受寬諒，卻從未完結，倒沒有互相不尊重而扼殺了彼此的關係。

黛博拉去世的前一年，我們曾到法國阿爾卑斯山脈的柯謝維滑雪，如今峰頂的劍光教我想起那時候的雪景。那回很快樂，我們對未來又重新燃起了希望。我們從柯謝維開車到日內瓦，次日她要從那邊飛往美國，我則轉往義大利恩布里亞山區去賣一間小農舍，她不肯同行。

暗曚曚的冬天下午，我們逛日內瓦舊城區，在一家店舖櫥窗看到一個絕美的古碗，古白和淺藍底用毛筆繪出七隻優雅剔透的黑魚。這只碗是十三世紀在伊斯坦法漢燒成的，擺在手上像古葉飄浮，可是價錢太貴了，我另找別的古董給她。第二天早晨，她的飛機比我早一個鐘頭，其間我因離別而悲不自勝，於是打電話到那家古物店，安排購買那個伊斯坦法漢古碗，東西後來送到義

1 黛博拉・樂芙《安納夫金》（Deborah Love. *Annaghkeen*. New York: Random House, 1970.）

大利，由我帶回家。精緻的寶貝象徵新的開始，我打算在黛博拉生日那天給她一個意外的驚喜，可是那天我們吵了一架，我把碗收起來，等更好的時機再給她。後來我們的姻緣散了，那只碗也完全被拋到腦後。沒有一次分開是決絕的，每一次激昂的和解過後就有新的危機出現。夏末的某一天早晨，我們終於精疲力竭決定離婚，距離她去世只有五個月。那回的決定很堅決，我們冷靜拿定了主意，彼此都鬆了一口氣。第二天，我遵照內心的指示，向她許下諾言——這回是永遠的。她十分理解，在陽光下一面啜飲咖啡、一面點頭。

我現在覺得，上回神祕的內心指令跟早些時的直覺有關。幾年來我愈來愈確定自己的人生正衝向一個劇烈的轉變，那預感極為強烈，我簡直懷疑自己是不是快要死了。我跟幾位朋友談過這種預兆，而且密集著手寫一本跟非洲有關的書；我知道不久工作就得中止，我想趁一切研究資料和印象在腦子裡記憶猶新的時候完成。去年十一月黛博拉第一次住院前，我把作品送去打字，此後將近一年沒再提筆。

秋天，黛博拉開始發生原因不明的疼痛，醫生也查不出什麼。她瘦了，眼睛大大的，非常美。十二月初因為找不到病因，她出院回家，可是兩星期後發現轉移性的癌細胞，耶誕節前又進了另一家醫院。她很害怕、很沮喪，一心想確定我對她的愛到底只是憐憫，還是始終有幾分真情存在。我想起那個伊斯坦法漢古碗。

耶誕夜我回家勉強湊合著讓孩子們過了個耶誕節，但我忘了把古碗帶回紐約。我若早一點交給她，她會明白是什麼意思，可是到了元月，黛博拉已經痛得受不了，醫生給她吃大量鎮定劑，此時送什麼禮物都顯得多餘了。她幾乎認不得來訪的朋友，怎麼可能認出一年前在另一洲只見過一面的古碗呢？我已錯過一次寶貴的機會。記得我扶她在床上坐起，哄她專心，然後打開盒子，將古碗放在她手上，我的心怦怦跳，幾乎不忍心看黛博拉瞪著古碗，苦著臉拚命抵抗疼痛、藥物和腦中毒瘤的情景。可是正當我準備收回來，她忽然把碗貼在心口，像孩子般躺回去，眼睛閃閃發光，低聲說出一句：「瑞——士！」

*

頭頂上空，大大的胡兀鷹不斷盤旋又盤旋。

挑夫們正在煮晨午餐。他們每天只吃兩頓，下一頓要等黃昏走完一天的行程才吃。仍看不到揚布的影子，山裡也沒有人聲傳來，也許他還在多帕坦找挑夫，也許他在路上跟他們有了糾紛。蒲澤林派達瓦回頭去找，永不疲勞的土克丹自願陪達瓦同行，兩個人爬上陡峭的高山往回走。不到一個鐘頭，他們在上面的山路遠遠看見夥伴的身影，便折了回來。揚布和吉亞參中午抵達，新挑夫們著手準備晨餐，於是我們又耽擱了一個鐘頭。

我們在石屋邊乾等。GS急瘋了，徒步溯溪發洩精力，回程用偵測望遠鏡瀏覽山區。光禿禿的高坡也許會出現藍羊。但牠們在這個地區被那些從多帕坦前來工作的帕哈里印度人大肆獵捕，一隻也看不見。不過，他在一處長了林木的高山脊看到兩隻喜馬拉雅彎角粗毛羊，是介於斑羚和山羊之間的過渡型原始動物。天空下，這種深色動物靜靜的，卻給整座山帶來生機。譚莽人此生頭一次透過望遠鏡看東西，興奮得手舞足蹈吹口哨。

新挑夫們身穿髒兮兮的破衣，頭戴黑色小帽，皮膚呈泥土色，手持名叫「苦苦利」的廓爾喀彎刀。他們對望遠鏡沒有興趣，大多數是「卡密」鐵匠階層，常一臉煤垢面對熔爐火焰和岩石中煉出的鐵砂。從黑暗的鐵器時代至今，全歐亞大陸和非洲的原始人對他們既害怕又輕蔑，稱之為「黑色魔術師」。跟他們同來的還有兩個西藏人，個子最弱小，是佛教徒，連低階的印度教徒都自以為高佛教徒一等，所以他們倆扛的擔子最重。

「骯髒的卡密」眼睛很尖，所以我們也提高警覺。大家剛往河谷進發，就有一批人裝病偷懶，倒在路上，自稱腳痛和下痢。他們帶著行李躲進矮樹叢，我們硬把他們找出來，緊跟不捨，怕他們夾帶我們的補給品開溜。他們經常休息，狡猾的土克丹滲透到他們群中，陪他們抽菸發牢騷，卻向我們猛眨眼，把他們都搞糊塗了。

山路沿著古斯塘河南岸伸展。古斯塘是道拉吉里山冰河逸出的急流，順著鐵鏽色的石堆奔瀉而下，穿過大常綠樹林，在西邊與烏塔岡戛河和下貝利河會合。到了我們的道拉吉里營下方四千呎處，竹子出現了，有一根圓木橋架在急流上，山路爬上開闊的青草坡，坡上的橡樹一動也不動，柔軟的野生橄欖在午後的銀風下跳舞。

到了河谷的脊隴，小路向西拐，順著一條豬背拱線走。路上有狐狸和黃喉貂鼠的糞便，可是除了三隻驚飛而起的雉雞，鳥類很少。雲來了，下起綿綿細雨，傍晚才停。奔放的夕陽猛照著群山，遠遠在我們後面和上方接近雪線處，陽光使我們的道拉吉里營地顯得孤零零的。

又往下走了，一路穿過牧草地來到雅馬卡小村，所謂小村只是陡坡上的一堆石屋而已。我們摸黑抵達，揚布找地方睡覺，因為挑夫們沒有帳篷，必須找個能遮風蔽雨的地方。我們一整天陡直下坡上坡再下坡，從海拔一萬兩千四百呎的道拉吉里營地來到八千呎的雅馬卡小村。一天下來，我腳痛、膝蓋痛、背也痛，不禁想起今天早上裝病偷懶的漢子。我們辛苦跋涉十個鐘頭，換了大兀鷹，只要一個大滑翔就到了。

夜色降臨峽谷。月亮雖被群峰遮住，月光卻照見了幽深的溪谷。我們對面黑漆漆的山壁上，一盞孤火眨呀眨的，煉獄一般，活像山火瀉出的一罅幽明。

十月十二日　麝香鹿白牙鍊

「骯髒的卡密」依照全世界挑夫的大傳統，不肯再走了，他們一定是看到對岸險峻的山路陡直地上山，沒了勇氣——我也一樣。他們失望地看看未偷到手的行李最後一眼，就動身回多帕坦，兩個西藏少年也跟著他們離去。我們雖然慶幸甩掉了他們，卻發現雅馬卡沒有挑夫可僱，揚布正跟石屋的主人討價還價僱五匹小馬。小馬在讓恩隘口的雪地要怎麼辦，我們只好到那邊再傷腦筋了。

由於東面有高山，村子到早上十點左右才天亮，可是對面的高坡早就浸在陽光裡，GS和我走滑溜溜的長路下山，穿過梯田到培瑪溪邊的竹林，湍急的溪水轟隆隆流過暗矇矇的幽谷。一座非凡的木橋架在溪上，欄邊刻有花朵，橋端的四根柱子粗刻成雙雙對對的「護法」，代表當地的古宗教神祇。太平洋西北岸的印第安人也製造類似的男女門神，女神陰戶大開，彷彿歡迎人家到山神的領域。我們扎穩腳步過橋，重新往上爬。

到了一個袖珍的小村子，終於見到陽光，昨晚在月影下看到的火光就出自這兒。喜馬拉雅深邃的內峽谷中仍找得到非常原始的聚落，此地就是其中之一。若由獵鷹來飛，這兒離雅馬卡村不到一哩路，可是兩者卻好像身在不同的國度、不同的世紀。雅馬卡的石屋像西藏一樣，彼此間隔很遠，這兒的居室卻全部集中在山邊一個階梯形的平頂城堡建築中，某一家的屋頂正是另一家的露台，各層之間用整根圓木劈削而成的粗梯子連結。雅馬卡村人的衣著像尼泊爾農民，這裡的男人纏著腰布、肩上披件毛毯，女人把頭髮挽成一個巨髻，她們在陽光下用掃把樣的硬刷子梳頭。幾個女人和一個男人戴著麝香鹿白牙做的醒目項鍊——這處演化上的僻壤跟歐亞大陸其他地方隔著重重高山，曾發現不少原始動物，麝香鹿是其中之一；反折的長犬牙在現代鹿種身上已經退化，功能由鹿角取代。人類殺麝，大抵為了取麝香，做為香水的原料。一個麝香夾（雄性肚皮中的一條大分泌線）在加德滿都可以賣到五百美元，所以麝香鹿在尼泊爾正漸漸絕跡。

這個怪地方的居民故意假裝我們不在場，我們觀察他們，就像躲在暗處偷看人一般。有個男人頭往後仰，正在抽一根原始菸筒；有個女人用石臼搗玉蜀黍；山上只剩幾棵樹，有三個女孩子坐著敲她們摘來的暗色小胡桃；在一道有屋頂的門廊上，兩個小孩正在跳舞，另外一個正在敲簡單的咚咚鼓；一個很老的人彎腰駝背，無聲無息走過建築物基柱旁的菸草園，手放在背後，拿著一只空碗。

GS徘徊流連，我則繼續往上爬，然後停在一條山溪裡喝水、洗浴。金翅鳥來了，一隻老鷹順著山谷飛去。紫苑和冬青，淡紫加白色；大黃蜂的嗡嗡聲使我感覺好安慰。我在溫暖的岩石上小坐片刻，欣賞雅馬卡漸漸浸染上陽光的美景。這個季節扁平的屋頂上亮燦燦擺滿火光色系的作物，是居民過冬用的——黃色的南瓜、紅色的辣椒、棕色的菸草、紅粟、玉蜀黍和麻子，麻子可用來編麻繩，還可以像大麻煉油炒菜。

上坡路通到天邊新墾的田地。一位衣衫襤褸的男人向兩隻有駝峰的黑牛大喊大叫，粗粗的犁頭在石頭地上顛簸俯衝；這種木頭尖頂的犁耙在西元前三千年就有人使用了。更高的稀落橡樹林裡，一位牧人領著四十幾匹長毛的小馬從山頂附近的夏日牧草場下來，我再次覺得，我們穿過喜馬拉雅北行，是違反季節、不合自然的舉動。一個男孩子在橡樹果實間前後奔波，扔石頭阻止牲口跑出行列外，一個小女孩拿著長棒子殿後。她看我在樹林裡，嚇一大跳，連忙向旁邊閃，等她安全通過後，卻羞答答喊出一個問題：「你是誰呀？」或許只是她柔柔的聲音像是這麼說吧！我聽不懂，沒法回答。我們微微一笑，她舉手做出祈禱狀——「有禮了（Namas-te!）」我也照樣說：「有禮了！」她蹦蹦跳跳追著小馬下坡而去。

我在橡樹叢等待同伴。下面爆起一陣白花，雪鴿從陽光下垂直飛入峽谷暗處。晨光下白翅嘩響，我彷彿聽見童年在新英格蘭穀倉養的那些鴿子的聲音。我一向喜歡鴿鳩類，尤其是家鄉的哀鴿。

在培瑪溪上方三千呎高處，山路往北拐，橫越幾座高河谷。GS來了，我們像覓食的熊，一路走、一路摘矮樹上酸酸的伏牛花漿果和玫瑰花莢。現在山路深入沒有陽光的溼岩壁窄峽谷，愈走愈高，經過大洞穴和一座孤單單的祈禱石堆。峽谷頭在天空下豁然開展，我們選這個地方搭營，希望揚布傍晚能帶著小馬露面。

十月十三日　瘋行者—土克丹

季風雨原該在十月的第一個禮拜結束，卻至今還沒停；我們身陷泥淖、一籌莫展。昨天晚上近八點，揚布伴隨馱馬露面，天上下著寒雨，今天中午雨還下得很大。早上，小馬在暴風雨中掙脫韁繩，馬主人到山區四處尋找；馬兒說不定跑回雅馬卡小村子去了。由於找不到平坦的地方，我的帳篷搭在斜面上，帳尾的泥濘水窪將寢具浸得溼透。如果運氣好，也許會出太陽，讓我們曬曬裝備再往高處爬，我已經著涼了。這邊下雨，相隔三天腳程的讓恩隘口一定降雪了，但我們非走這條路不可，就算能拿到新的許可，也來不及撤退，改走賈木生—札卡那條路，或者改搭飛機到久木拉。GS在雨中叫道：「哪怕花一個禮拜，也得越過那個山口，否則我們就完了。」

多帕坦已在我們背後，大家士氣挺高的。我不急著到什麼地方，GS正忙著構思俳句。雖然沒人下令，達瓦和吉亞參卻亡羊補牢，在我們帳篷四周掘雨水壕溝——就我的帳篷來說，這項預防措施已沒什麼用——另外幾個人則在火上裝了個遮簾，正冒著傾盆大雨弄茶給我們喝。土克丹說了一句話，蒲澤林發出感染力甚強的甜笑。土克丹畢竟是雪巴人，走了一天，放下挑夫的擔子，正在幫嚮導們搭營或撿柴取水。

土克丹一九六〇年曾跟一隊英國人到過安娜普納峰，同年替某支英國植物學家尼泊爾東部遠征隊擔任廚師兼嚮導，此後就一直給遠征隊當幫手。一九六一年他加入英軍第六廓爾喀軍團，在伙食團服役十年，退伍後適時受僱為「英國安娜普納峰南面遠征隊」的廚師，後來又為「日本道拉吉里一號峰遠征隊」擔任高山嚮導。今年春天他再度為一支英國植物學探險隊擔任廚師兼嚮導，去的是多爾泊東部的札卡區。返家途中他在博卡拉附近的一個雪巴村落短暫停留，正好被揚布找上。

土克丹說：「多爾泊村莊有臭味，先生。」我們之中只有他到過那兒，我們總覺得他今生或前生到過全世界每一個地方。土克丹輕聲細語說出他廣大的見聞與經歷，其他雪巴人都注意聽，但他並不是他們的一分子。挑夫們在峽谷的一個洞穴裡棲身，土克丹平常跟挑夫們為伍，但他派得上用場，頭腦又靈活，雪巴族青年儘管對他有戒心，跟他保持距離，然而他那風中雨中飄飄忽忽的催眠嗓音似乎把他們給迷住了。總覺得他們怕他——雖說他酒醉會打架，但他們怕的可不是他的蠻力，而是他的威勢。不管這個人是流浪者或邪僧、聖徒或巫師，他似乎帶有西藏人所謂的「瘋行者」的智慧：他無拘無束。

譚莽族青年秤不離鉈，很排外，所以土克丹通常跟賓巴哈杜一起用餐。賓巴哈杜遲鈍溫和、糊里糊塗的，雙腿有瘤塊，兩隻腳飽經風霜，堅持留衛兵的鬍鬚、穿軍團的破衣服。他離群索居，對土克丹也只是容忍而已。他必須跟人往來、賺錢謀生，卻又不跟人打成一片——照回教蘇菲教派的說法，就是置身塵世又不屬於塵世。這兩個流浪者肩並肩弓在小雨中，正在吃糌巴。糌巴是烘熟的玉米或青稞磨成粉做成的，可以煮成粥，也可以放在茶裡煮，是喜馬拉雅山脈的主食。兩張飽經風霜的面孔沾著白粉屑，像鬼魅般弓身對著火石和燒黑的鍋子；此時一片空寂，他們也許會起身跳一場仙人的慢舞哩！中國和日本古代的「仙人」不傳授教條，卻以自己的仙風道骨來普渡眾生。

大禪畫家最喜歡畫「仙人」，有人將他們的生命之舞搬上舞台，用禪畫中臨摹來的山水當布景，似乎暗示神仙把宇宙萬物都看成藝術傑作。畫中寒山正在看一幅卷軸，拾得悠然倚著掃帚而立；當畫境鮮活起來，兩位「仙人」遂跳起一場奇特的禪舞。

不久寒山止步，站得遠遠的，眼睛凝望無窮遠的虛空。拾得深深動容，舉手做祈禱狀，繞著寒山進行簡單的儀式，跪在他身邊，抬眼企盼。寒山察覺他的動作，歪著頭默許，也莊嚴地在拾得身畔跪下來。他們一起打開卷軸，舉在前面，觀眾看不見上面寫什麼，只能看著他們倆默讀。兩個人突然看到絕妙好句，同時停下來彼此對望，然後繼續往下讀，頗有心得，忍不住站起身，頻頻點頭。他們念完嘆了一口氣，轉身舞踊，這時候卷軸正面露出來了，上面是純白的，空空如也，連一點墨痕都沒有。寒山專心把畫軸捲起來，拾得自顧微笑，重拾掃帚。

接著拾得拿出美酒，但他精神恍惚，酒瓶拿倒了，酒流得一滴不剩。他不在乎，從溪中汲水裝滿，兩位仙人喝這種高山純水，竟馬上酩酊大醉。寒山舞踊要人扶，兩個人好像醉得快睡著了。此時莊嚴的鳥鳴聲喚醒了他們，他們重新擺出畫上的姿勢，完成了這支舞。寒山好像微笑著，拾得第一次目視觀眾，開懷大笑但沒有聲音。觀眾還沒能體會其中的深義，幕飛快落下，只剩寂靜和空空的簾幕[1]。

午後大雨停了，橡樹下的溪泉聲聽得清清楚楚。馬主人露面了，用鼻子試探天候，他決定帶五匹馬回雅馬卡小村。他怯生生地說再見，GS在帳篷內脫口而出：「再見！你這狗雜種，我討厭不能共患難、背信忘義、害人家束手無策的傢伙！」他很明顯正感情用事，揚布並沒有翻譯這段誇張的演說。

西藏人說冰雪、大風、連綿大雨等旅途障礙都是魔鬼搞的把戲，想試探朝聖者的誠意，淘汰膽小鬼。GS確實受到了考驗，離讓恩隘口還有三天的路程，我們擱淺在大雨中，多帕坦和隘口那一端的塔拉科之間只有這地方有人住，卻沒有人肯幫我們。更慘的是，以前走過這條路的賓巴哈杜說，明天再走上去，就到了森林線以上，我們除了原有的擔子，還得扛往後三天的薪柴。也許因為GS不是膽小鬼吧！所以好運不久就來臨了，而且時機恰到好處，跟我在多帕坦砍下木棍、躲過大獒犬的魔爪不相上下。離開多帕坦之後，我們沒見過一個上行或下行的路人，可是昨天晚上有幾名旅客來到，在附近的洞穴棲身，他們也要前往塔拉科，他們的領袖是塔拉科的村長，他答應讓村民當我們的挑夫。

這項奇蹟猶白璧微瑕，因為村長要求的費用是正常挑夫的三倍，我們照付了——「他們知道我們一籌莫展，只能隨他們擺布，這很自然嘛！」GS說著，吩咐揚布去掉兩個簍子，多出來的重量每位塔拉科挑夫各分擔一點——但我們仍算好運。

山風轉涼，樹頂露出一塊塊藍天。印度洋季風終於停了，明天一定是好天氣，至少GS如此認為。在這山神的國度，我有點迷信，敲敲樹叢中一棵被風吹彎的橡樹。有人放火燒過最大的幾棵，想把它燒死燒倒，其他的橡樹都被刮掉一圈樹皮，砍來做柴火和山羊秣料，殘廢的樹形在紛擾的天際歪七扭八地晃動著。

---

1 改寫自楚浮・樂吉特《老虎洞》（Trevor Leggett. *The Tiger's Cave*. London: Rider, 1964.）

十月十四日 以夢為導師

昨天晚上，我生平第一次在夢中自知有幻覺。我坐在一間村舍的陰影下，外面有個朋友的身影帶一隻狗坐在岩石邊。後來一切都開始顫動、發光、可伸可縮，就像精神恍惚的幻境，外面的人影被一個可怕的力量抓起又扔下，粉身碎骨而死。從頭到尾我好像站在一旁看自己做夢、看自己無拘無束不受身體影響——我原可離開軀殼但又猶豫不決，怕回不來。恐怖之際我醒了——不如說我決定醒來，因為醒和夢的狀態好像沒什麼差別。後來我又入睡，一隻黃喉貂鼠嘴巴啣著幼鼠跳到樹上——那是一種喜馬拉雅大鼬，我們一路見過牠們的糞便——牠把幼鼠放在枝椏間，有一隻松鼠從更高的枝頭跳下來，貂鼠半空攔截。一連幾秒鐘，貂鼠身子懸在樹旁的空中，眼睛盯著我，嘴巴含著松鼠的身體，撐得好大；接著牠又回到樹枝上，將松鼠開腸破肚，頭顱和外皮扔下地。松鼠腦袋上的眼睛從地面瞪著我瞧，活生生的，好亮好亮。兩個夢都像清醒狀態的幻覺，害我一早就覺得恐怖兮兮。

這些夢境似乎久久不散——我已經死了嗎？我彷佛已進入西藏人所謂今生來世之間的「中陰」，亦即轉世前的夢幻狀態。轉世不一定會轉成人類；典型的夢境是骷髏杯裝滿鮮血，象徵肉體生命和無窮的渴、飲、消渴再口渴的過程都是枉然。

萬一必要，我帶的西藏《中陰救度密法》即有篇章教人怎麼通過「中陰」。《中陰救度密法》其實是生活的指引，告訴我們人的最後一念會左右轉世的品質。所以生命的每一分鐘都要平靜、留神地度過，把它當作最後一刻，確保此生珍貴的人身狀態已善加利用，因為只有人身或可達到圓覺。「所有一切眾生不覺往返為在何處，唯應度者乃能見之。」一般人前生的記憶只剩微光一閃、痛苦渴慕、幽影飛逝；熟悉得教人不安，卻像銀鳥飛過道拉吉里峰，抓也抓不住就消失了。

因此我們必須「此生來生與中陰，做一體修而熟稔。」這是出生於十世紀的西藏大詩人兼聖僧密勒日巴尊者（即木納活佛）對門徒的最後遺訓。他生於「陽水龍年[1]」，母親是白花籃轉世的白莊嚴母。日後他成了大瑜伽僧和「靈熱法」大師，寒冬只圍一塊日巴（白布），所以被稱為密勒日巴。他口授由門徒們謄寫的「道歌」，至今在西藏仍廣受喜愛。他跟釋迦牟尼一樣，據說此生已達到涅槃境界。死前留下遺囑：

「凡輪迴所做所積必致無了悲局：有為必有壞，有積必有散，有聚必有離，有生必有死。人自初始便應將心放下，也無為，也無集，也無做……了悟諸行無常，打坐靈修……」與佛陀所說的「一切諸世間，生者皆歸死。夫盛必有衰，合會有別離……眾苦輪無際，流轉無休

1　譯註：藏曆以十二生肖配金、木、水、火、土，六十年為一「饒瓊」，陰陽合曆，已有一千三百年歷史。

息……諸欲皆無常，故我不貪著。離欲善思惟，而證於真實……」意思是一樣的[2]。

「善思惟」雖然可能對一切謎團產生較清晰的視野，卻不是要思考永恆的問題、自己的愚妄或甚至遁世隱居。它跟任何思想、甚至任何事情都沒有關係，只是直觀存在的真本質，幾乎每一種文化中都有某種形式的冥想出現，其理在此。失神的布希曼人凝視火光、愛斯基摩人用一塊尖岩在石頭平面畫圈子，愈畫愈深，忘我的境界不下於回教苦修僧人或帕布羅印第安人的靈舞者。印度教徒和佛教徒靠內心的寧靜求了悟，通常是經由打坐的「三昧[3]」來完成。密宗修行，學子將整個身心填滿他專心注意的真實或想像事物，以移換自我；學禪則設法使自己心靈空出來，重返一粒貝殼或一片花瓣那樣清澈純淨的定靜狀態，當身心合一，整個人卸除知識、情緒和知覺，才能體驗到個體生存、自我、物質和現象的「真實」，不過是分子轉瞬即逝的夢幻般的組合。面具和遮簾、自我防衛、偏見和印象所構成的自我，疲憊不堪，靠種種念頭和字句支持，（在相同的本體社會中）自以為是某種本體，有一天會突然崩殂，化為沒有形狀的「遷流」，屆時「死」和「生」、「時空」和「空間」、「過去」和「未來」都沒有任何意義，只有「空」「滅絕」的珠光，無始亦無終[4]。

正如圓底的菩提達摩不倒翁隨時會回到重心點，冥思入定代表萬物回歸宇宙根基，比如黑夜的死寂、潮汐和風之間的靜止、萬物創造前一刻的寂靜。在這種「空寂」中，這種沒有障礙、充滿動力的休止狀態，存在著最高的真實，人的真本性在這兒重生，從佛教徒所謂「大死」中回來。這就是密勒日巴活佛所說的真理。

*

雖然昨晚整夜都有星星，破曉時分卻下起一陣小雨，啪啪打在帳篷的帆布上，不常說髒話的GS在帳篷中咒罵起來。雨一停，我們就拔營。我領先出發，馬上碰到一隻異常馴良的戴勝鳥。牠在橡樹下的溼草地繞著我跟前走來走去，好像等著給我們帶路似的。我們亟需好兆頭，牠的馴良正是吉兆。

走著走著進入一處漸狹的幽谷，幽谷一路攀升，末端的圓石間有一道裂隙，走到隙口，太陽正好出來，強光照亮了整個谷口。我出谷來到嶄新的世界，四處張望。喜馬拉雅山脈迴旋如腦部

2 W. Y. 伊文斯溫茲《西藏瑜伽大師密勒日巴》（W. Y. Evans-Wentz. *Tibet's Great Yogi: Milarepa*. New York: Oxford University Press, 1969.）

3 這些名詞的語意大抵不十分明確，且印度教徒和佛教徒對梵文詞彙各有不同的闡釋，即使在佛教中也有點含糊和重疊，像古代永恆象徵中自吞尾巴的蛇一樣：samadhi（定，三昧）可以導致sunyata（透明，真空），然後開展成satori（三多，悟），再演進成nirvana（涅槃）的prajna（般若，超絕智慧），亦即永恆的「三昧」或「三菩提」，於是「阿耨多羅三昧三菩提」的循環完成了。打坐冥思便是「道」的體現。

4 勞倫斯．樂山在《媒介、神祕主義和物理學家》（Lawrence LeShan. *The Medium, the Mystic, and the Physicist*. New York: Grossman, 1974.）一書中提到：人超越思想或情感，變成載具或「媒介」的某些失神狀態，很容易承受宇宙間自由流通的能源和「知」，也許心電感應、未卜先知，甚至心靈治療就是靠這種狀態傳導的。

組織，重重山谷迷宮般往雪原通上去。楚連山在霧裡朦朧浮現又消失了。一隻母雉雞咯咯嬌啼著飛下長有苔蘚的岩壁，接著又來了三隻，紅面公雞還躲著不見蹤影。遠遠的下方，一隻大禿鷹在太陽曬不到的黑暗深谷上空默默盤桓。這道山脊上生長的是橡樹和楓樹，黃葉迷濛，把幽谷四周映得柔和無比。金風吹來秋日濃烈的腐植土味兒。

現在ＧＳ來了，我們快速爬升到一萬兩千呎。此處山麓小徑都很窄，不容失足，海拔又高，人很快就喘不過氣來。我漸漸學會走得輕一點，雙腿放鬆，半滑半走，頭暈的時候很管用。有些崖邊小路不到兩呎寬——我量過——又瀕臨峭壁，其他的也好不了多少。反正這些綠油油的青草山坡險峭異常，長不出樹來，連灌木都沒有，一失足根本找不到東西攀抓，一路翻滾而下幾千呎，墜入陽光照不到的黑暗深淵。

昨夜拖拖拉拉的長夢加深了我的恐懼。密勒日巴尊者曾說：「昨夜所夢，色心不異。夢為導師，爾等知否？」人的世界、人的夢都是夢幻狀態……這觀念我不太懂，但其他方面密勒日巴活佛益我良多。他離家多年後，回到自己的村莊（他出生在加德滿都以北五十哩左右的地方，即今日藏尼邊境靠西藏那邊），發現母親已去世，屍體早成了斷垣殘屋中的一堆黃土和破布。他傷心恐懼，想起宗師瑪巴喇嘛曾指示：擁抱一切最害怕或憎惡的東西，更能領會宇宙萬物密不可分故此神聖的道理。於是他用白莊嚴母的遺骸做了一個靠枕，在上頭躺了七天，進入「三昧」的靜定狀態。這種黑夜坐屍體或墳場之類似克服恐懼意念的訓練叫做「定觀出苦法」。由於信賴生命最終的意義就是跟死亡和平共存，我自己也做了一些溫和的「定觀出苦法」訓練，盡可能強迫自己俯視懸崖。往後幾星期一定更難走，鍛鍊自己比較不會被高山上險惡的懸岩嚇壞，可以幫助我們仔細注意小地方——一截薔薇石英的碎片啦、一叢帶芽胞的桂牙紫萁啦、一堆不討人嫌的馬糞啦——當人注意眼前，就可從發現小事得到很大的樂趣。我想起昨天達瓦羞答答端著稀肉湯和發霉的餅乾到我漏水的帳篷來，我感到好安慰。

在一座長著矮杜鵑、樺樹、赤楊、帶狀蕨、高山火絨草和藍色不知名小花的岩石園中，大樹都絕跡了。後來有一隻鮮綠色的啄木鳥出現，雖然我明知自己清醒著，確實看見這麼一隻鳥，但眼前的藍花和綠啄木鳥並不比我夢中的黃喉貂鼠真實，卻也不比牠虛幻。

*

太陽出來又不見了。印度洋季風跟我們沒完沒了，東邊有風，天候惡劣，但南面的印度天空很晴朗。GS說：「你有沒有發現九月到現在，我們連遠遠的馬達都沒有聽過一聲？」這話不假。沒有飛機經過這處古山巒。我們已飄泊到另一個世紀。

能這樣在瞬息萬變的陽光、白雪和雲霧世界徒步旅行，風雨變幻近在眼前，我覺得好快樂，黎明的恐怖感消失了。我真想到「水晶寺」、真想看雪豹，但若看不到也沒關係。現下有鳥兒，紅嘴山鴉、古怪的高山小烏鴉、一隻小鶯黑黝黝與天空相映成趣、乘風南行的燕雀後面拖著一串吱吱喳喳的嬌鳴，還有百靈鳥、褐雨燕、胡兀鷹，又來了幾隻大禿鷹，兀鷹翅膀軋軋作聲，在我們視平線低空飛過。

有處低隘口立著一座小祈禱石堆，上面插了棍子和布條，東邊有個供人獻祭的缺口，布條或禱告旛旗可以給初次過隘口的旅人帶來好運。也許因為我們漠視祈禱石堆吧！山神特意下一陣冰雹跟我們打招呼，然後出太陽，接著兩者一起出現。雲一轉向，冰雹漸息。我們停下來等。土克丹比我們慢一個鐘頭，卻比其他人足足早半個鐘頭到，儘管這麼辛苦，還代表那些鈍腳挑夫族被GS痛罵一頓。他慢慢放下自己扛上兩千呎坡的重擔，用觀察萬物的恬靜目光望著GS，還在石堆上加了一塊小石頭，感謝神明讓他抵達山口。

譚莽人來了，接著塔拉科村民也來了，我們陡直下坡到一處木溪谷，挑夫們卸下擔子，生了火，準備一日兩餐之中的晨午餐。辛苦爬了半天，情有可原，但我們已經等了一個半鐘頭，他媽的真教人洩氣；耽擱了這麼久，我們還以為他們吃過了。我們照例責備他們出發前不趁火升好、水煮滾的時候吃這頓主餐。大多數日子總要這樣停兩個鐘頭，害我們在山路上白白浪費溫暖有陽光的時間，而晚上則要到下雨、天冷、幾近漆黑的時候才能紮營。

這次新的延誤害GS急得發狂——我們若不走快一點，勢必要錯過藍羊的發情期。挑夫們看得見峽谷北端的積雪，所以儘管我們一再催促，他們今天下午卻只肯走到積雪的地方，不肯再前進了。

GS踱來踱去，叨念蒲澤林浪費糖，嫌他不煮馬鈴薯卻煮米飯，說馬鈴薯扛起來比較重，而且當地還買得著，雖然GS在尼泊爾東部就知道這位廚師愉快的笑容足可彌補一切過失，但蒲氏樂天的作風著實令人生氣。由於GS體貼高山嚮導的心情、關心他們的福利，很少為他們幼稚的天性發火，所以他罵人，高山嚮導們都心平氣和忍受了。

這兒到讓恩隘口之間沒有雜木林，我們拚命找矮樺樹和杜鵑，撿老竹枝——竹子每隔十二或十三年開花一次，然後在一大片地區同時死亡。我在一處半開口的洞穴找到其他旅人燒得半焦的薪柴，跟其他新木一起橫綁在背包外。

山路上溯峭壁下的一條急流，名叫森恩河，四處暗矇矇，灰色的水流怒吼著，我依稀期盼一張山神的臉浮現在溪邊的尖崖上空。雲在我們背後無聲無息湧上峽谷，本來前面的天空一度有轉晴的希望——陽光照亮了森恩河頂端的積雪，像信號燈。接著幾滴灰濛濛的雨落了下來，正是我們每天下午必然碰到的冷雨加寒風。河流陰森森的，殘株亂石中有斷斷續續的瀑布和起泡的岩塊。不知道為什麼，在這個抑鬱難忍的地方，我卻覺得充滿安寧和幸福。冒雨大步前進，心中有難言的感激——感激什麼？我剪平的腦袋瓜投在路上的影子真像和尚，枴杖的篤篤聲在寂靜的山間回響，我自覺受到密勒日巴活佛的行止鼓勵，像他一位門徒說的：「來去自由如雪嶺上未套韁繩的猛獅。」

到了一處峽谷轉彎的地方，塔拉科村長站在那兒，打著印度綁腿，什麼行李都沒帶。他指著溪流對岸的圓石山坡，嘴裡嚷道：「Na! Na!」接著繼續往前走。一隻淺色的身影跳過山溝，馬上有六隻跟進，這群動物爬上陡坡，走到岩石和積雪之間的一團綠意中。我望著牠們往上爬，到了雪線，終於被南邊湧上山谷的白雲給捲起和吞沒了。這美妙的銀藍灰色小東西就是我們大老遠來看的喜馬拉雅藍羊——藏語叫做Na。

我們在河邊的一塊扁岩架上搭營，正好在積雪下面。一隻河烏俯衝入冷冷的湍流，一對紅尾鴝在黑黑的圓石上搜尋動作緩慢的昆蟲。GS上來的時候說：「高度將近一萬三千呎。」又暗又冷。GS也看到藍羊了，營帳搭好之後，他再出去找找看還有沒有。他傍晚回來，非常高興——「一個半月以來的第一筆資料！」他嚷道。我把自己的小發現告訴他，剛才山路上有個孤零零的腳印，像一隻狗橫過路面而去，兩側的石頭地都沒留下痕跡。溼地上沒有旅人走過的跡象，那腳印卻是新的，所以不太可能是狗，西藏荒野地區還有狼蹤，我假定是一隻狼，沒有檢查印痕的前趾。GS說：「這兒最適宜雪豹生存。」塔拉科村長宣稱讓恩這兒出現過雪豹，但無所不知的土克丹搖搖頭。土克丹說：「只有多爾泊那邊有，尼泊爾沒有。」多爾泊位在西藏高原，他把那邊當作異國的土地，我覺得很有意思。

吾友與其說是粗魯，不如說是感情洋溢，他冷不防把護目鏡扔進我的帳篷褶外。免得明天我兩眼被太陽和雪光灼傷。我興奮莫名，大半夜醒著，腦袋伸出帳外。夜很清很清，而且非常冷。天亮前，山區的上空由黑色轉為黑藍，高空中有柔柔的火光。

十月十五日　藍羊(I)打盹兒

我們在天亮前出發，踩過溪石上一層岌岌可危的薄冰，沿森恩河北行。峽谷上端的雪地沒有人煙，我們卻發現人類赤足的腳印。GS語帶嘲諷地說聲「雪人」，但他也覺得這場景教人驚駭不安——在陽光照不到的幽暗寒地，眼看有一種東西就要出現了。接著世界有了動靜，朦朧中有一個彎腰駝背的人影在急流對岸的懸岩挪動，戴僧帽，穿破衣，全身呈黃褐色，手拿一根長枴棍——是所謂「仙人」吧！他雖大聲呼號，但溪水滔滔，我們聽不見他說什麼，只見他揮舞著手上的棍子。

我們看出戴僧帽的身影原來是賓巴哈杜，不禁大吃一驚，原來他剛剛是試著指點山路的方向。後來我們才聽說他昨晚冒雨溯溪走了三哩路，在他自己知道的一處洞穴獨眠，現在正要回下游去拿他的擔子。為了求得孤獨，最老、最遲緩的挑夫多走了六哩石頭路。

離開了河流，我們向西北攀升。

更高處有個地方的雪融掉了，一隻山狐狸從草叢裡跳出來，跑向一堆岩石，然後回頭張望——霜白的顏面和胸脯，深棕夾黑色的大尾巴和白絨毛尾尖，把身上豔紅色帶黑斑點的皮毛襯托得極為出色，一身亮彩消失在石頭堆好一會兒，尾尖還清晰可見。

山坡高處已經天亮，我們爬過的地方卻仍被黑夜的陰影籠罩著。為了迎接太陽，我坐在雪地中一塊花崗孤岩的乾地衣上休息。三隻雪鴿從頭頂飛過，白翅膀迎著冰凍的空氣唰唰響。東邊道拉吉里山的一座峰頭在太陽的光暈裡閃著微光，接著太陽也迸出來了，青空萬里無雲，太陽白熱熱的，南邊的印度上空蒼白溫暖，北邊的西藏上空卻冷冷沉沉暗暗，比藍色更藍，透明又醒目（可是那「藍」直到近代才有人注意：《黎俱吠陀》、希臘史詩，甚至聖經幾百次提到天空，都沒提過這種顏色[1]）。

GS是山地人，他叫我上坡時楞杖握近一點，萬一靴子打滑，比較容易戳透積雪層，因為山坡很陡，雪地又十分光滑。但他話說到一半突然打住，單膝落地，一面伸手到背包找望遠鏡，一面往上指。四隻喜馬拉雅雄藍羊在白色的露岩上掏掘和跳躍，爬上山脊，長了角的大腦袋在藍天下顯出明顯的輪廓。我們看了好開心，尤其公羊結伴同行代表發情尚未開始，我們終究來得及趕到斯雅，更令人興奮。

我覺得路好難走。立足點岌岌可危，空氣又稀薄，亮光照得人頭暈眼花，我勉力穿過高達褲襠的冰層。接下來的一個鐘頭，GS穩穩領先，戴頭巾的藍色羊毛衫漸行漸遠，和雪地相映呈黑色。他的身影繞過一座金字塔形的雪堆，然後完全消失了。

虛空中傳來一陣微弱的呼嘯，雪花從高岩峰落下來，細細的水晶映著光線飛舞，一隻白色小獵鷹向北面的西藏飛去。我疲累又受不了雪光，頭昏腦脹，筆直仰視這隻報信的鳥兒，同時張口猛喘氣，喜馬拉雅山區沒有白色獵鷹啊（稍晚我看見一隻像鴥隼一般大小的獵鷹，翅面展開呈黑色，底下全白，牠若從頭頂經過，會被誤認為是純白的獵鷹）?!

雪原亮晶晶呈一道道弧形向藍天聳去。太陽出來的時候，我一再衝越脆弱的冰層，每隔幾步就停下來喘氣。我爬了四個鐘頭，早晨近午時分到達山脊，蹲下來躲避脊頂的寒風，天旋地轉迸出一句：「我辦到了！」GS正用雙筒望遠鏡掃瞄，他說：「這邊沒有隘口，沒有路可前進。」山脊邊緣恐怖兮兮直墜向寬峽谷底部，挑夫們剛好出現，正攀登峽谷往西北走。我們誤解了賓巴哈杜的訊號，花四小時爬升到一萬五千呎是白走了，必須沿這座山原路退回，重新爬起。

楚連山和普撒修朱里山現在不在我們北方而在東方，兩座山壯觀無比，卻沒給我帶來安慰。我們默默吃一點香腸和一把花生，然後順著山脊往回走，尋找安全的捷徑下山（GS心目中的安全路徑跟我不一樣。他在高山搜尋動物多年，腳步穩得出奇，平衡也好得出奇。一九六九年我在東非初識這個人，只見他迎著大風漫不經心站在一塊巍峨的花崗露岩邊緣，正用眼前這副雙筒望遠鏡掃瞄瑟倫蓋蒂平原）。

我們逮到一隊十三隻的喜馬拉雅藍羊正在地上打盹兒，相隔幾碼忽然整齊畫一跳起來。野羊習慣注意低處來的危險，若從上方接近，牠們通常不會提防，在美妙的陽光下，藍銀色的小東西冷靜地看看我們才走開，GS乘機依照性別和年齡加以分類，徹底拍了照，還在筆記本上草草記下資料。這時候一隻灰白夾雜的喜馬拉雅雪雞飛過去，繞山滑翔——牠為什麼飛到這麼高的高山

1 理查・M・布克《宇宙意識》（Richard M. Bucke. *Cosmic Consciousness*. Secaucus, N. J.: University Books, 1961.）

深雪來呢？

我們連滾帶爬滑下谷壁，一個鐘頭後重新往西北攀爬。沒有風，空氣爽脆，太陽曬得人受不了，藍色和白色互相消長，我覺得頭暈，眼睛幾乎看不見東西。雙腿不見了，山谷的積雪化為軟泥，每隔一步膝蓋就陷在泥裡，幸虧馬主人當時棄我們而去，否則馬兒走不動，我們帶著多出的七個包袱，會困在深深的溼雪中進退不得。

到了海拔一萬四千呎的地方，上升的坡度漸緩，我們在雪原上越野走了一段路。下午三、四點，太陽落在山脊後方，過一個鐘頭又奇蹟般露面，整個嵌在山區下方一條溪澗的入口，片刻之後又消逝無蹤。薄暮下我們橫過索爾溪，在一處絕壁上紮營。

今天下午我們大抵尾隨著挑夫，有一個人在雪地上留下一道血腳印，原來是皮林姆，他沒穿我們發給他的膠底運動鞋，結果在冰層上割破了腳。看到血跡，我們不禁暗想有沒有挑夫對雪盲症採取預防措施，等我們追上他們，任何警告都來不及了。不過今天傍晚雖然有三個人抱怨眼睛稍疼，大夥兒倒好像很開心，輪流看望遠鏡，看到山脊高處的藍羊就大聲吆喝。譚莽人在倒塌的牧人小屋裡避風，雪巴人請村長住他們的帳篷，但塔拉科村民只裹著舊毛毯在雪堆間像草木縮成一團，儘管酷寒的長夜眼看要到來，他們卻不想辦法改善自己的處境。他們沒帶柴火，向我們要飯吃，而且大多打赤腳。

十月十六日「微笑」

昨夜我在GS的帳篷內吃晚餐——我的帳篷容不下兩個人——雖然白天的雪山見聞令我興高采烈，但我害高山病，搖搖欲墜，頭疼得厲害，面孔還被太陽曬得僵僵的。今天早上我恢復了正常，可憐挑夫們就不見得了。大家都患了雪盲，叫苦連天，眼角膜在毫無先兆的情況下灼痛難當，除了時間也沒有別的療法；感覺很像沙粒飛進眼睛。塔拉科村民還在我們帳篷外縮成一堆，可憐兮兮隔著布條互相吹眼睛。他們不肯背東西，終於蹣蹣跚跚向家園走去。

我們自己的挑夫也病了，雪巴族營帳助手按理說應該較有見識，沒想到也不能倖免。只有蒲澤林快樂如昔，還覺得很有意思哩！他提到達瓦和吉亞參時說「Solu」，意指河谷部落，不像他是道地山民。蒲澤林來自聖母峰西南的庫木布，大多數高山雪巴人都在那裡出生，他曾陪伴遠征隊攀爬馬卡魯峰（法國隊伍，一九七一年。二七七九〇呎）和馬納斯魯峰（德國隊伍，一九七三年。二六六五八呎），領有各種證書。他自己備有護目鏡。揚布雖無遠慮，卻也向GS借了備用的一副。土克丹和兩個譚莽人有先見之明，在頭上綁一圈割開的布條，半瞇著眼由裂縫看東西——但為什麼大多數人沒有先見之明呢？GS厭惡至極，說他對喜馬拉雅人不能適應環境感到很吃驚。

於是我們只好在雪地裡多困一天，說不定一天還不夠。我們自己的病人比較勇敢，不像塔拉科村民，走路雖搖搖晃晃，一接觸我們的眼神就連聲哀號，但卻答應扛輕一點的行李。他們繫上沒割裂的眼布，永遠冷靜輕快的揚布像牽一列盲人般領著他們走進雪地。希望明天能從塔拉科帶回新的挑夫。蒲澤林留下來替我們烹飪、守營帳。賓巴哈杜走不動，也留下來，他的眼睛腫腫的，兩腿傴僂，好像中了什麼邪似的，一夕之間變成了老糊塗。昨天我們追上他時，他在冰上摔一跤，把簍子打翻了，蒲澤林和揚布只得到冰雪陡坡下撿回他扛的東西。現在GS給他弄了一帖茶葉膏藥，他貼了似乎稍微好一點，後來我在他的破嘴唇上抹些油膏，可憐這老頭子希望派上用場才從多帕坦跟我們過來，如今只能在廢宅的稻草舖上受罪哀號。

GS氣時間白白浪費，開銷也增加了，但這邊有藍羊，他要盡量把握。我們再度把營帳搭好，開始爬上山坡。比較矮的坡地因為朝南，有開闊的草坪，未幾一隻山狐狸出現了，牠專心捕獵，不理我們，八分鐘內飛撲了六次，其中四次成功，只是獵物都很小。有一隻罹難者是老鼠——我們腳邊到處是融雪露出的老鼠洞和雪坑——有兩隻在望遠鏡裡看來好像是大蚱蜢，另一隻長長細細的小生命教人弄不清楚是什麼。後來太陽升上高空，我發現幾隻亮晶晶有條紋的灰色石龍子，謎底終於揭開了。儘管印度洋季風帶來不合時宜的暴風雪，這片仲秋的山麓仍生機盎然，黏在一塊塊雪地上的種子和無數昆蟲引來了候鳥紅尾鴝，也引來了大群混居的天鷚、雲雀、薔薇雀等鳥兒。矮杜鵑、高山火絨草、藍色龍膽稀稀落落存在。到了一萬五千呎以上，每逢石頭突出的地方，總有五顏六色的地衣妝點著雪地。白雪被印上雪雞、藍羊、狐狸和袖珍動物漂亮的足跡，我們想找雪豹的腳印，但沒有找著。不久，我們就像吃草的動物默默散開，每天在路上幾乎都是這樣子。GS追蹤三隻斜坡上的藍羊，我則爬到一座高聳入雲的大石堆底下。我找了個地衣龕躲避寒風，凝視南面靜默的白色山巒。此處太陽和光線的影響很明顯，朝北的南岸積雪直達河邊，朝南的北岸，山坡卻很開闊；於是索爾溪一邊白茫茫，相隔幾呎的湍流對面，暖洋洋的青草間群集著蚱蜢和石龍子。

頭頂上，淺色大禿鷹在深藍色的天空翱翔。兀鷹真靜！除了萬丈下的索爾溪滔滔奔流，這個高山據點聽不到一點聲音。

我細看山坡北脊，掃瞄北通讓恩隘口的河谷，然後慢慢將視線調回山坡。蒲澤林拿溫熱的粗麵煎餅給我吃，並端來熱水讓我在冷冷的陽光下洗澡。他襯衫外面配戴護身符，我問起來，他尷尬地忙塞進衣服裡，嘴裡咕噥道，是他的喇嘛給的。我給他看我也戴了一個「護身符」，是「我在日本的喇嘛」宋淵禪師給的，他才覺得自在些。他欣賞我這粒刻了整整十句經文的梅子核，我告訴他經文禮敬的最受景仰的觀音菩薩，也就是蒲澤林所知的西藏守護神「大悲神主」（Chenresigs），「唵嘛呢叭彌吽」咒文便以他為祈求對象，蒲澤林聽了敬畏有加。這粒梅子核刻著日文經句，文中的「南無觀世音」在中、日、東南亞等地廣為人們所熟悉。對印度教徒而言祂叫帕馬帕尼，梵文則叫阿瓦洛吉達．伊許瓦拉，也就是「觀自在」的意思。跟一切菩薩一樣，阿洛瓦吉達代表各宗教的神祕主義者所追求的「內在神性」，也被稱為「觀自在菩薩[1]」。

1 W. Y. 伊文斯溫茲《西藏瑜伽和祕密教義》。

蒲澤林像大多數虔誠的佛教徒，每天念一次「唵嘛呢叭彌吽」，情緒緊張時也念，他還怕魔鬼，也怕黑。在尼泊爾東部的一天晚上，他走在GS後頭，不斷念這經咒，GS恨不得把他推下懸崖。不過忠實信徒相信：用此經召請任何神明都可以得到慈悲的關照，既然「唵嘛呢叭彌吽」是獻給「大悲神主」，所以信佛教的喜馬拉雅區一切祈禱石、祈禱輪、禱告旛旗和亂石上到處刻有這個經文。

ཨོཾ་མ་ཎི་པདྨེ་ཧཱུྃ

此經咒的梵文和藏文發音大同小異，意思可翻譯為「唵！蓮心的珠寶！吽！」深沉且可產生共振的「唵」音，代表古今中外一切的聲音與寂靜、永恆之吼，也是純淨生命的大圓寂；若以指定的震顫音念出來，可召喚此外無法表達的「萬有」。「嘛呢」是「空寂」的金剛鑽——超越一切物質甚至反物質、一切現象、一切變遷的不滅原始純生存元素。「叭彌」——蓮華心——是現象、輪迴的世界，隨著性靈的進程而開展，在虛妄的葉片下揭露。「嘛呢」——亦即不離日常生活卻在其核心的涅槃珍寶。「吽」字面上沒有意義，可有多種詮釋（其實大經咒的每一個字都是如此。所以後人寫過成篇累牘加以詮釋），也許只是一個有節奏的勸誡，為經文收尾，鼓舞誦經的人，宣告生命存在或現狀如此，以佛陀圓覺那一刻觸摸大地的姿勢為象徵。是如此！真存在著！一切現在、過去或未來皆存在於此時此刻！現在！

我走下峽谷邊緣，倚石靜坐。北面有一座雪椎高聳入雲，雪原由高高的地平線一路綿延到深藍的青空。索爾溪注入幽谷之處，峭壁隨著怪異的積雪和陰影圖案盤盤錯錯。雪山的空茫和寂靜很快帶來沉思冥想、心靈淨空的意識狀態，高度當然也有影響，我的眼睛有時候把世界看成固定、有時候看成流動，隨心所欲，大地痙攣著，高山閃閃發光，彷彿一切分子都被釋放出來了，藍天嗡嗡響。也許我聽見的是「天體的樂音」，印度教徒稱之為造物主的呼吸，天體物理學家則稱之為太陽的「嘆息」。

我把梅子核放在前面的一顆石頭上，小核面細刻著十句觀音經：

觀世音
南無佛
與佛有因
與佛有緣
佛法僧緣
常樂我淨
朝念觀世音
暮念觀世音

念念從心起
念念不離心[2]

觀世音即觀自在菩薩。「因緣」即因果。「法」是釋迦牟尼推轉的大法輪。「僧」是指過去和現在的一切佛教信眾。輪迴的夢幻狀態化為圓覺的涅槃，「多」化為「一」，便是「常樂我淨」了[3]。「念」是專一，全心注意現在，把此刻當作人生最後的時光。「心」是宇宙心，個體的心智只是其中的一部分，有如波濤；波濤不衍生於水，根本是水瞬息萬變的形態，跟整體的水非異亦非同。

一九七一年十一月，我在「紐約禪道」參加週末避靜，整天蓮姿打坐非常吃力，黛博拉當時已莫名其妙疼痛了兩個月，她決定只參加星期天的靜坐。星期六晚上我回到我們暫居的地方，她替我開門，滿面笑容，穿一件棕色的新衣，漂亮極了。也許因為我從黎明前就冥想入定、心智清明吧！我一眼就看出她快要死了，這種神眼真的非常肯定，我震驚莫名，只得假裝尿急，粗里粗氣推門衝進浴室，想辦法鎮定下來，否則實在無法言語。

禮拜天凌晨進行晨間儀式，很多人面對面排成兩長列的坐姿，黛博拉居然剛好坐在我對面——這種機率實在很低，但現在我覺得並非巧合。想到頭一天晚上洞察的玄機，我滿心憐憫和掛慮，怕她打坐一整天會受不了，我心煩意亂，拚命念「觀音經」，終於達到忘我之境——我們用日文反覆念這段經，愈來愈熱烈，就是為達到忘我的目標啊！末了，「僧眾」喊出一聲等於

「唵」的叫聲，接著霎時落入沉寂，彷彿宇宙已佇足聆聽。那天早上，周圍幾近全黑，長長的大房間裡，唯一的光源就是聖壇的蠟燭，四下一片死寂，就像這處雪山一般寂靜，寂靜隨著我吸氣而增強，進入慈悲大世尊（Presence）的氣息中，我也是那大世尊的一部分。那天我想找尋適當的字眼來表達當時的領悟，但實在找不到，就稱之為「微笑」吧！微笑似乎大到我身體容不下的地步了，像我自己佛陀坐姿的巨影漲滿了上方和後面的所有空間；吾身已變成小分子，沒有重量，被托在佛陀掌心，而佛陀正是我自己的永恆擴張。微笑的是我；那微笑就是我。我並未呼吸，我用不著看；「它」是無所不在的。我的敬畏不帶恐懼，我自覺很乖，像個「乖孩子」，百分之百安全。傷痛、不愉快、空虛都不見了，一切都已痊癒；我的心在宇宙萬物的核心。接著我把氣息放出去，全心全意浸淫在大世尊的氣息中，內心有了強烈的歸屬感，不禁流下輕鬆和慰藉的眼淚。直到現在我寫這篇文章，想找一個比「微笑」和「大世尊」更貼切的字眼，憶起往事，依舊感動莫名。打從有記憶的童年，我第一次不覺得孤單——根本沒有個別的「我」存在。

那世尊正在融解，我想道謝、想向黛博拉道出心中的感悟，但一體會到「什麼都不必要」、什麼都沒遺漏，一切早已永遠了然於心，黛博拉快要死了，連這也是注定的，我又放棄了向她傾訴的念頭。兩個星期後，我向榮道禪師描述當時的情形，忍不住又哭又笑，眼淚就像陽光雨一般

2 英文版由嶋野榮道禪師由日文英譯（譯註：此處採用《雪豹》日譯本所還原之經文）。

3 請看鈴木大拙《神祕主義：基督徒及佛教徒》（D. T. Suzuki. *Mysticism: Christian and Buddhist*. New York: Harper & Brothers, 1957.）

輕鬆自在流下來，我自己嚇一大跳（禪師倒沒有，他只是略微頷首）。

禪學中的真理要靠直觀領悟，甚至那些不太能理解的真理也是如此；直觀變成「知」，看來不是靠才幹，而是「觀想恩波攝入自身」。那天清晨在禪道場開始的「恩波攝身」狀態，一直延續到黛博拉垂死的冬天，我內心很平靜，知道何時何地該做什麼，不浪費精力猶豫或懊悔……也許因為不涉及自我，因為行事的不是「我」吧！感覺上這種確定感一點都不傷感情。當我告訴禪師我自覺準備就緒、堅強有力，甚至有點喜洋洋，他靜靜說：「你已超脫了。」我想他是指「超越你的自我」，以及自我的悲哀、恐懼和悔恨。我宛如從過去的噩夢中驚醒，發現我不但被黛博拉寬恕，也寬恕了自己，那份寬諒至今仍是我一生最大的幸福。

最後那幾個月，愛心好像隨時存在，像禪學中的月影在漣漪上泛著清光，愛心改變了癌症帶給死亡的殘酷恐怖的面貌。有一天黛博拉自知快要死了，她說：「怪不怪？我此生很少像現在這麼快樂。」另外一天，她怯生生問我萬一奇蹟出現，她意外復原了，結果會如何——我們會依然相愛，長相廝守？還是像以前，老問題又起，破壞了一切？我不知道，所以我照實說了。我們一向盡量誠實，反正說謊黛博拉也不會受騙的。我難過地聳肩，她閃縮了一下，接著兩個人都笑起來。至少那一刻，我們真的明白答案無所謂，不是因為她快要死了，而是因為真正重要的一切真理就在眼前。

黛博拉死後，我暗想悔恨的幽靈會不會把我給壓垮。從來沒有。接下來那幾個月十分空虛，但即或最灰暗的日子我心仍平靜又清明，彷彿過去的一切惡「業」已在十一月那個清晨消解一空。

對於那給我心裡準備、讓我接受黛博拉死亡事實的「大世尊」，我滿懷感激，但跟我對榮道禪師和黛博拉、好心的親友和孩子們的感謝又截然不同。我倒不是感激自己，但問題似乎無法逃遁——那浩大的「微笑」若非駐居我自己身心，又能駐居哪裡呢？當時我奮不顧身口誦「觀音經」，召請觀世音，但我並未專心注意經文，只注意對面打坐的黛博拉，除非那「大世尊」也是黛博拉、也是我自己，很難把觀世音跟那「大世尊」合而為一——簡而言之，艾克哈特大師所謂的「我看上帝的眼睛就是上帝看我的眼睛」正是這個意思。耶穌基督說的「我與吾父是一體」也是這個意思[4]。那些基督教神祕主義者指的一定是「觀自在菩薩」吧！

那年我是禪學新生，不敢指望悟到什麼，幾乎又過了一年，有一位資歷深一點的學生說了一句話，我才明白箇中的玄機。我去找榮道禪師，他也證實我已有所悟。但「見性」或「覺」不是啟迪教化的測量器，因為洞見「真如」在深度和恆久性方面有各種層次的差別——有的會瓦解人生，有些只是試探性的一瞥，「如霧當消散[5]」．伸手在牆上戳個洞是不夠的，整片牆必須嘩的一聲推倒！我的經驗還不成熟，一股力量月復一月慢慢滲走。我雖然明白自己幾乎尚未起步，若非黛博拉的危機穿透了四十年的硬殼，我也許根本不會有此經驗，大覺只能從「三昧」產生，但我

4 聖法蘭西斯・狄沙爾（Saint Francis de Sales）把神祕主義經驗稱為上帝愛的直接體驗。

5 丘顏尊巴喇嘛《大手印》（Chögram Trungpa. *Mudra.* Boulder: Sham-bhala, 1972.）中引述《摩訶阿蒂》（*The Maha Ati*）。

仍覺得洩氣。就在這段時期，GS邀我來喜馬拉雅山走一遭。

＊

南風吹來快速飄動的柔雲，在雪地上投下了雲影。附近一隻紅尾鴝在地衣中覓食，不久又來了一群胖胖的薔薇雀，我一動也不動，可是突然間鳥兒全都灰濛濛一團如風飛逝，我回頭看是什麼東西嚇走了牠們。不到三十呎外的岩石上，一隻老鷹坐在那兒，和山巒形成黑白分明的對比，太陽下山時牠還弓在那裡，頭背的羽毛在風中飛揚，然後俯衝過去追幽谷邊緣一隻我看不見的獵物。接著大胡兀鷹來了，金頭黑頸，呈九呎寬的巨葉由北方橫掃下來，飛進巉崖間的暗影中。河流轉彎處，在絕壁一角，夕陽照著綠草地，深不可測的萬丈幽谷中彷彿有一個世外仙境。大鳥繞著絕壁翱翔，張開的翅膀射出金光，接著牠就不見了，太陽也不見了，草地消失，寒意隨著夜幕降臨。

我多坐了一會兒，看著光線升到山峰頂。我背後的石堆略微顫動了一下，很輕很輕，要是在別的時候我可能不會發覺。震顫又來了，大地正輕輕推我，我仍然看不見什麼。

十月十七日 為來而來

揚布本來是希望今天中午以前回來，但挑夫也許不好找吧！與其再等一天，GS和我寧可背兩大包東西越過讓恩隘口，由蒲澤林和賓巴哈杜看守剩下的行李。在這種雪原間的高河谷碰到暴風就慘了，我們沒柴可燒，挑夫又病懨懨，且裝備不全。不過現在不太可能有暴風雪：昨天晚上天氣晴朗，銀河在雪地湧起的薄霧中浮現，而且一連三天破曉無雲。印度洋季節晚兩週才結束，但終於過去了。

我及早出發，向著太陽的方向攀爬。先前我們只帶背包，把書本和重裝備交給其他的人背。今天我們的背包裝滿東西，另外還要背寢具、帳篷和食物，GS把他的望遠鏡和攝影機也帶上了。

我喘著大氣從第一座山脊頂回頭看下面的索爾山澗最後一眼。說來荒謬，我此生絕不會到黑壁下的那片綠草地，但我對那兒已湧起了鄉愁。我快步前進，趁太陽還沒曬軟積雪前爬高，越過一條冷冰冰的卵石溪流，繼續攀爬，塔拉科人和揚布留下的蹤跡在雪地上很容易找，高高的背包護住我的腦子，太陽曬不到，皮靴嘎扎嘎扎踩在硬冰層，聽來好放心。不久，山路就進入一道長長的白色山谷，谷壁往讓恩隘口斜上去。藍天比山巒的顏色深很多，看來好怪喲！今天早晨月亮掛在南面雪峰間的三角形缺口正中央。一道清清楚楚的狐狸腳印追蹤雪雞的爪痕，來到三個波平如黑鏡的池子邊。這些不結冰的池子是一條山溪的源頭，溪水由積雪底下流出去，湧過巉崖注入索爾溪。

後面下方，在雪光和冰塊碎裂的黑潤水所造成的渦流之間，有個很像我的超現實身影追著我走過廣大的山區、越過亮亮的石堆，陰森森地慢慢逼進。看到這個身影，心中產生小小的不祥預感，彷彿那是夢中的自我隨著白晝降臨而到白雪世界中的黑河迷宮來找我。

這種高度，白色濃又靜，只聽見罩著白雪的溪流潺潺滾動。月亮停在雪白的新月形地帶。萬籟俱寂，清風從岩石面吹起亮燦燦的雪花，我在滿是陽光的夢中漫步。

憂愁的紅嘴山鴉在峰頂飛翔，峰上聳著一座祈禱石堆，像人站在那裡。如果這就是讓恩喇，說它異常可怕是誇大其辭。「讓恩」意為綠色，似乎表示很少被雪困住；「喇」是隘口之意——說得更恰當些，是可以讓旅人過關也可以不讓他過關的隘口之神。標示這個地點的祈禱石堆不過是一堆石頭加上棍子和布條，為祭山神，有旅人在上面擺了兩個喜馬拉雅藍羊的頭骨。石堆北面埋在雪裡，隘口北側的積雪一路綿延到森林線。GS在峰頂趕上我，他看看高度計，海拔一萬四千八百八十呎，儀器誤差在一百呎以內，在加德滿都有人告訴我們這個隘口海拔一萬七千呎。同樣的，塔拉科村長跟我們說，從索爾溪營地攀越讓恩隘口再下坡到森林線要走七個鐘頭，我們帶著全套行李，毫不困難地花四個小時就可以走完。不錯，我們及早出發，才能走硬雪趕時間，當地人不肯在太陽曬軟積雪前拔營，難怪得在溼溼的雪泥地掙扎，多走好幾個鐘頭。

GS暢快大談自己帶背包多自由：「不必依賴那些一輩子住在山上、到雪地卻不綁眼布遮雪光的幼稚傢伙——你有沒有發現，我們只靠背上扛的這些東西，就可以撐一個禮拜，好好趕路了。」我有同感，而且我看他大步踏下山，也為他高興。生活必需品就在手邊，可以輕裝簡行，精力自然很旺盛，心情也好極了。簡單就是幸福的基礎（「我無法簡化自己」——自殺的尼茲丹諾夫[1]曾如此解釋道）。讓恩隘口在我們後方。空氣稀薄，但我的肺卻安然無恙，而磨人的皮靴好像腳下留情了。我輕輕鬆鬆往下走，欣賞遠處貝利河深谷的幽暗景致。貝利河彼岸，陡峭的高山向著坎吉羅巴山的雪峰聳去，遙遠的雪峰背後就是「水晶山」了。

解放，自由——我無緣無故想起幾年前在航海物品店買東西時交談過一次的女孩子。購貨次日，她跟年輕的丈夫和一位英國同伴從長島的農莊乘氣球升空，對著歡呼的群眾揮手道別，要往東飛，橫越大西洋前往英格蘭。三個人從此不見蹤影。這一刻我深深動容，倒不是因為少女失蹤（那不是悲劇，只是一篇失落的勇敢散文），而是想起他們奇航的名稱——「自由人生號氣球」。也許「自由人生號氣球」的乘客所謂的「自由人生」，就像一位登山客形容的：「山區素來是自然的活動場所，我們在生死邊界優游，找到了我們盲目搜尋、跟呼吸一樣必要的自由。」可是這位登山客差一點送命之後，對「自由」有了另一番詮釋：「我看出真誠比強壯重要……我獲救了，我已贏得自由。這份我絕不會失去的自由……給我帶來我先前瞧不起的愛之喜悅。一個嶄新

1 屠格涅夫《處女地》（Ivan Turgenev. *Virgin Soil*）中的人物。

又燦爛的人生已開展在我面前[2]。」

這比較接近我對自由的看法，能「自由生活」，輕裝旅行，不依戀也不失望，靜靜接受來臨的一切；因為沒有防禦，所以自由——不是青春期的那種沒有限制的自由，而是西藏佛教徒所謂的「癲智」，卡繆所謂在有限的人生中發生的「跳入荒謬」的自由。人生的荒謬可能在我們未理解之前就結束了，可是我們（對於跟別人不可分的那個自我）仍有義務盡可能勇敢、恢弘地活過一生。

我對自己能來到這裡——不如說為自己能存在——心懷感激，用不著催促自己趕快到雪山求取自由的感覺。我不是來追求「癲智」的，如果是，就永遠找不到了。我來這兒就為了來這兒，像這些岩石、天空和雪一樣，像這片沐著陽光落下的冰雹一樣。

咔！我的枴杖在雪地上敲出一個藍洞。

一陣寒風吹過光滑的山坡表面，是讓恩隘口的風。冰層上有隻乾蛾楞在那裡，還有一隻毛毛蟲，受某種模糊的衝動驅使由下而爬出來，但冰天雪地沒有鳥來吃牠們。一座黑色的古墓被白雪覆蓋著，從外表看不出來，把我的皮靴都撞歪了。接著小路環山而行，從寒冬世界登臨秋天的王國，有棕色的褐雨燕在金色樹林飛來飛去找溫暖的昆蟲。我像一隻喜馬拉雅藍羊，跳躍而下，穿過斑駁的積雪和紅色的野花。

GS在路旁眺望道拉吉里山群的高山冰河，我們北行的路線正好繞過山群外緣。他說：「我們今天動身犯了大錯，這根本不是藍羊棲息的地點。」沒碰見揚布也令他很煩惱，於是兩個人默默吃東西。可是當我們正要再出發時，揚布在下方的山路露面了。他沒找到新挑夫，只帶了土克丹、吉亞參和會唱歌的譚莽青年卡頌——今天只有他們身體康復，可以回來——幸虧我們把自己的全套行李帶在身邊。他們昨天長途跋涉，覺得很累，今天很晚才離開塔拉科，隨身帶著薪柴、厚厚的青稞大圓餅和一罐燒酒。我們在晴朗的山麓慶祝了幾分鐘，樂天小子們才往讓恩隘口攀爬。已經下午了，不待他們走到索爾溪，夜幕就會在雪光和星光中降臨。

我們士氣高昂，繼續穿越高山草地走到下面的橡樹和松樹斜坡。下方的貝利河已經在望，由黑暗的峽谷蜿蜒向北面和東面流去。我們在向陽的岩架上搭營，接近一條有樹蔭的小溪。這邊針樅、樅樹和松樹都長在一起。

天黑前，我們在火邊煮飯吃。飯後我爬上小丘，坐在松樹下看星星出現在西藏上空。橘金色的火星在東北方的夜雪上空快速升起，好清楚！真是近在眼前！

一隻貓頭鷹在黑色的針葉裡嗚嗚叫著。

胡——嗚。

2 毛里士·赫佐格《安納普魯山》（Maurice Herzog. *Annapurna*. New York: E. P. Dutton, 1953.）

十月十八日　是你的心在動

日出前我起床升火。水滾了，太陽正好把峰頂燒得一片火紅，我們在陽光下喝熱茶、吃稀飯。一隻烏鴉在松林裡發出刺耳的聲音，不久烏鴉沿著晨間山谷飛來，躲在發亮的長松針葉叢嘎嘎叫，然後大膽滑進來，在暖洋洋的松香裡走動，乾乾的腳爪在倒地的樹木上刮著樹皮。

揚布傍晚之前到不了塔拉科，我們時間很充裕。我赤足在草地上散步，鄭重其事攤開各種裝備，幾週以來，今天是第一次能將每樣東西都晾乾，這對遠征生涯而言是大事喔！接著我用棍子把背包撐直，背倚著山坡坐下，臉縮在蔭涼處，讓驕陽照著手臂和肚子。

秋風徐來，松針輕舞，松林後面便是西北方三座白茫茫的姊妹峰。我默默坐著，山蜜蜂嗡嗡叫，聽得我出了神。一隻翡翠蝴蝶來到我膝上曬翅膀，金色羽翼上半截有黑斑、下半截有小圓點。空氣冷冽，陽光卻熱得燙人。

喜馬拉雅空氣清新，山顯得近在眼前，面對這壯觀的山水，淚水靜靜浮上眼眶，涼沁沁滾下被太陽曬熱的雙頰。我不是意志薄弱，也不是害高山症變蠢了。這幾週來不受干擾——沒有信件、電話、不必應付旁人的需求——我的腦袋很清楚，自動自發回應萬事萬物，沒有防衛心或自我意識的屏障。不過，這種感覺還是很驚人。不算太久以前，我若說自己二十年來沒掉過一滴眼淚，可是真話喔！

*

午後我們穿過丘陵牧草場，下山前往塔拉科。塔拉科是「上貝利河」上方台地的一群小村落，靠近塔臘普河和道拉吉里山流下的幾條小溪的交會口。廓爾喀人還沒建立尼泊爾國之前，這個中古地區是蒂汝容古王國的首都（「蒂汝容」原是藏語「香河谷」的意思），至今居民仍稱之為「宗」，即「要塞」之意。由上面看去，空氣精醇，塔拉科簡直如夢如幻；陽光太柔太金黃，而涼蔭處則又太黑，恍如古書裡的亮彩圖畫。

塔拉科上方的山麓有壯觀的高竿陣仗，排場不小，竿頂綴著日、月、火等標誌。褐色、白色和灰色的西藏小馬在白白的禱告旛旗間吃草，秋風裡幡旗啪啪誦出「唵嘛呢叭嘛吽」的經咒（旗動？風動？六祖慧能說，是你的心在動。至今禪宗大師和西藏喇嘛還很重視六祖的禪語）。

小路在馬鈴薯田和紅蕎麥梯田之間蜿蜒。一棟孤宅的屋簷下有一幅藍、金、綠、紅色的五彩壁畫，繪有七座佛像，以不同的姿勢代表釋迦牟尼一生的理想面貌。這些「天菩薩」和佛陀的其他法相各有名字和屬性。在喜馬拉雅國度裡，佛教圖像的畫法本來就紛亂不一，加上各地佛教徒幾乎從開始就收編各地神明而不是剷除舊宗教，連最邪惡的魔鬼都可以淨化為「護法」，情形遂更加嚴重。還有，釋迦牟尼死後頭幾個世紀，某些出自《吠陀經》的瑜伽教義，被分類整理成祕傳論文，稱作《續經》（Tantra，有時候被聲稱為第五吠陀），密教受瑜伽教儀影響，眾多惡魔和神明遂有了「般若」，亦即陰性智慧原則的產生。例如，觀自在菩薩被賦予一個名叫多羅的女性對應人物——多羅是慈悲的救主，後來頗受歡迎，在有些國度便取代了他。觀自在菩薩在中國叫做「觀音」，是女性形貌；日本的「觀音」則沒有性別，或者男女雙性。到了西元六世紀，密宗對女性精力的崇拜在印度教和大乘佛教中都占了上風，北傳至西藏的就是這種密宗佛教。

歷史上有一位非凡的西藏僧侶，名叫蓮華生，西元八世紀在西藏建立佛教。先前印度西北部的喀什米爾、吉爾吉和拉達克等地也有瑜伽僧將某些教義傳入藏西，但是蓮華生大師動搖了舊「本教」的基礎，牢牢地建立佛教，並引進祕傳的瑜伽《續經》（相當於生命力瑜伽論），據說有些內容源自「北方」已失落的香拔拉世外桃源（蓮華生本人據傳出身於烏吉安或烏迪安納「北國」，這個地方有時候被當作香拔拉，更多的時候被認定是印度河西北——現在阿富汗境內的一個地區）。一般相信藏文《中陰救度密法》是他編的，西藏佛教「寧瑪派」也是他所創，後來發展出一些西方人視為頹廢放縱的密宗教儀。蓮華生尊者雖然迫害「本教」巫師，但在佛教吸收當地宗教的傳統中，他以乎容忍舊佛教收納不少本教的魔法，包括佛教之前的藏文善本書《頗哇心法》所載的「定觀出苦」（Chöd）儀式[1]。定觀出苦法來自古代犧牲和驅邪的習俗，可能遠比本教本身更古老。寧瑪派黑教中至高無上的佛陀化身名叫普賢菩薩，源自一個古神祇，跟宙斯、朱彼特、印歐族的戴衍匹塔等天神可能是近親，一般相信上述天神共同的祖先都出自中亞文化。

中國和日本佛教中，只有少數菩薩和歷史上的釋迦牟尼佛普遍被繪成肖像，禪宗則去除大部分佛教圖像，以配合其恬淡、清明、簡單的風格。為避免狂熱的信仰，鼓勵自由思考和懷疑，禪宗大膽使用矛盾、幽默、風馬牛不相及的言行，甚至嘉許燒掉木佛像取暖的和尚。反之，西藏佛教收併了印度教和本教的眾神，必須膜拜佛陀的無數法相和表徵，孰輕孰重依教派而不同。在蒂汝容這樣偏遠的喜馬拉雅山角落，民眾仍偏愛寧瑪派及其中的本教遺跡。此處本教的天神變成地上的王者，將天藍和雪白等仙境顏色帶入佛教徒的禱告旛旗中。在塔拉科的浮屠裡，普賢菩薩和傳說建立寧瑪派舊佛教的蓮華生大師就比釋迦牟尼佛來得重要。

浮屠是一種紀念碑、聖殿兼聖骨箱，傳說源自佛陀的墓塚，卻漸漸變成生命的象徵。紅色的方形基座（表示大地），上面有白色大圓頂（水），再加上尖塔（火），彎月（空氣）及日盤（太空）。整個喜馬拉雅佛教區，城鎮和村莊的入口都有這樣的建築守護著。大一點的浮屠也許有個房間專門擺曼陀羅和佛教圖像，例如，塔拉科浮屠的內側西牆就繪有三個菩薩像，東牆則是三個佛陀：一為過去佛（即給人光明的燃燈佛），一為歷史上的釋迦牟尼佛，一為未來佛（即彌勒佛，目前是菩薩，未來將再生為佛）。

*

說藏語的塔拉科人不是布特族，亦非藏族，而是早年上溯溪谷、後來改信佛教的馬加爾人；十二世紀印度的回教聖戰曾大肆剷除佛教徒，他們大概是那個時候逃出來的難民。鬧市的屋頂是

---

1 W. Y. 伊文斯溫茲《西藏瑜伽與祕密教義》。

平的，用石頭築成，每棟建物都是多層樓的要塞，頂上插著禱告旛旗。女人像河谷民族戴銅耳環，像丘陵居民身披條紋毯子，男子也沒有固定的打扮，貧民大抵穿得像西藏牧人，我們在雅馬卡北面山區碰見的村長則打扮得像城鎮的印度人。

達瓦和生病的譚莽人在村長家等我們。村長家雖然面積大些，倒是塔拉科典型的建築；樓下是關山羊、綿羊和牛隻的廄舍：要上樓只能從廄舍院子爬一道狹窄的陡木梯，梯頂拴著一隻惡犬看家。廄房的屋頂就是二樓的黏土地板，大多數家人和小羊、羔羊、雞都住在上層。小雞自由跑來跑去，在銅罐、水瓶和柴堆之間東張西望；藤條簍子白天用來背乾貨，晚上翻過來把雞關在裡面。在屋子的牆上挖個洞當門，比地面高一大截（很像美國西南部佛德台地等地方的安納沙齊族古住宅），牆面上點綴著大大的白色圓點；不規則的木窗給外廳帶來少許光線，內室則一片漆黑。屋簷柱兩端刻有動物的頭像，羊皮、葫蘆、乾肉都吊在柱子上。

廄舍屋頂的露台上另有一道扶梯登上三樓，三樓可就不許母雞上去，不容雞糞亂灑囉！一堆堆暖洋洋的蕎麥、大麥、玉蜀黍、豆子、大麻、小米攤在草蓆或自織的毯子上晾曬，有個男人一面趕樹上的麻雀、一面把黃色大南瓜堆在角落裡。下雪之前的秋天，塔拉科家家戶戶在屋頂上曬冬糧，綑紮牲畜吃的乾草，堆柴枝準備冬天的柴火。等蕎麥去了殼，麩皮就跟乾草堆在一起做冬天的秣料。樓頂一側有一大木缸發酵的大麥，準備釀造當地名叫「嗆」的啤酒，酒渣再拿來餵牛，舊式經濟是什麼都不浪費的。

我們到達的時候，達瓦眼睛還腫腫的，他怯生生端茶給我們喝，而在墊子上睡覺的譚莽人則一躍而起。皮林姆（全名皮林姆巴哈杜・喇嘛，「喇嘛」是他們土話「譚莽人」的意思）自動跑來接我的背包，把今天早晨在山上已曬乾的睡袋再攤開來曬，我熱情地謝謝他。他看見我們很高興，我開玩笑尊稱他「喇嘛」，活像他是我的師父，他開心極了。其他的譚莽人在附近徘徊，眼睛雖半瞎，但一心想幫忙。近黃昏時，高山嚮導們帶著賓巴哈杜露面了，賓巴哈杜行個舊軍禮向「洋大人」致敬，隨即休息去了。

塔拉科下午三、四點就已暗矇矇，貝利河對岸向南的山坡則陽光普照。天快黑了，婦女們把穀類裝進自編的麻袋，收進屋裡。現在雪峰染上了顏色，男孩們吹著口哨把牛羊從高山牧草場趕回家。雞啼犬吠，棍子輕敲在牛隻硬硬的身體上，村中悍婦吼聲不絕，這是古往今來每一個農村秋日傍晚的音籟。但塔拉科是蒂汝容的首都，警察局的小收音機放出電池快用光的罐頭音樂聲，打從九月底以來這是我們第一次聽到類似噪音的東西。GS嘆口氣說：「在十七世紀聽到二十世紀的音符。」聽到這聲音，他的遺憾不下於我。

七點左右，收音機停了，村中的嘈雜聲也靜下來。我們露天躺在屋頂上。徒步旅行長路漫漫，為了限制行李重量，珍貴的煤油和手電筒電池都得限用，所以黑夜很長。我們像當地人，日落而息，黎明即起。

我觀察夜幕降臨良久良久。一隻蝙蝠啾啾叫，星子出現了，太陽正在地球背面燃燒。不久火星浮現在塔臘普河流出多爾泊地區的北山缺口上空；我躺在舒服溫暖的睡袋裡，彷彿飄浮在天空的圓缽下。天上有童年時亮晶晶的銀河——如今在西方世界，銀河已被空氣污染和眩目的人造燈光遮住了；到了我孫子那一輩，夜的威力、夜的祥和、夜的療效將完全泯滅無蹤。

我每隔一會兒就醒來看看天空的漩渦星雲。獵戶座升起了，金牛宮昂星團的七姊妹也升起了。流星在黑夜微亮的虛空中劃出一道圓弧，四點左右天空出現一顆衛星，靜得要命，活像從另一個世界、另一個時代來探查太空奧祕的航空器。

一匹馬發出幾聲嘶叫。

月亮高掛在西藏上空，南面讓恩隘口那頭的高山裡，火星漸漸消失了。如今人在上面留下了不敬的垃圾、可愛的小高爾夫球，月亮失去了多少尊嚴啊！可是蒂汝容的群狗仍覺得月兒很神祕，月亮一出來牠們就嚇得驚嚎，整夜此起彼落；等別的狗都休息了，隔壁的狗還向宇宙訓話訓了一個鐘頭。西藏獒犬白天大抵在睡覺，晚上才放出來對付野狼和盜匪；沒有這些壞胚可對付，陌生人也行。惡犬在外，我不想冒險上街，破曉時分就照鎮上的風格，站在屋頂邊緣，對著泥土街道小便。

十月十九日　雪人(I)大腳丫

日出時分，我們還在睡袋裡，一嘴金牙的蒲澤林端麥片粥給我們吃。土克丹到處交朋友，我從他的朋友那兒買到一張牢固的七彩條紋手織毯子。揚布已招募到七名挑夫，於是今天早上我們離開傳說中的「宗」國。

賓巴哈杜不跟我們走。這位廓爾喀老兵含淚立正，叫了一聲「洋大人」，他穿著GS送給他的嶄新白膠鞋和白色滑雪襪，襪子高高拉在樹根樣的短腿上，有股排場用錯了地方的感覺，膝蓋以上仍穿著平常的褐色破衣，披著含砂的粗毛毯。現在他用力拄著枴棍，轉身爬上山坡，要往南越過藍色的讓恩隘口高崗，穿過雪地到森恩河邊的洞窟，再走回雅馬卡和多帕坦，東行到卡里干達基河。

塔拉科的警官無聊又盛大地接見我們一番，自己大概無權刁難我們，就向杜納希的上級報告。我們趁他還沒想出什麼怪主意，趕快離開，穿過梯田花圃陡直走向貝利河。梯田裡有四種很像小米的穀類，不太眼熟，說不定幾千年前中東人就種過了，一般相信中東人是最早培育野生穀類的民族。一路上有很多南瓜和豆子，我亟需彌補死氣沉沉、沒有變化的白糧，下山時便一面走、一面摘紫色的生蠶豆吃。

河邊有一群喜馬拉雅捲尾猴侵入紅粟園，一共四十一隻，包括六隻抱在手中的幼猴，牠們把不吃的植物弄倒，鬧著玩兒。土克丹很開心，出聲叫道：「嘿，大姊！」有個女人一面扔石頭、一面從園子跑出來，猴子捲著尾巴不慌不忙走進岩石堆，回頭悠哉悠哉冷眼看人。牠們碩大俊美，身體呈銀棕色，是世上最美的靈長類之一，面孔霜白，表情超脫得幾近傲慢——但至少在公猴領袖來說，這表情恰到好處。牠控制了猴群之後，習慣故意弄死幼猴，讓母猴們快點進入發情期，好為牠傳種。

印度教徒都把捲尾猴當作猴神哈努曼的表徵，神聖不可侵犯。而且常有人抬出他們來解釋「可惡的雪人」的腳印，當然也有人支持熊、雪豹、大足鳥和融雪等說法。五十年前一隊英國登山客在聖母峰北側的高雪原上見到直立的巨獸留下幾百個腳印，從此全世界有好多心煩意亂的科學家起而反駁「雪人」（Yeti）存在的說法。但正如傳說中的太平洋西北岸大雨林的北美野人（sasquatch）一樣，反駁雪人存在的說詞純屬臆測，言必引述知名觀察家的愚蠢假設或謊言，甚至比牠存在的證據更不「科學」。雪人腳印的照片和塑模前後一致——很怪很寬的靈長類腳板——目睹的記錄也前後一致，大抵來自尼泊爾東部人口稠密的雪巴鄉。

雪人常被描述成紅棕色帶毛的人或獸，頭上有冠狀隆起，所以看起來頭尖尖的，儘管腳特別大（完全不像熊的長腳，熊腳趾至少稍稍對稱），體型據稱跟青春期男孩差不多，但也有個子較大的報導。喜馬拉雅南面沒有棕熊，黑熊和捲尾猴則家喻戶曉，不可能弄錯。目睹雪人大抵在冬天，那時候熊正在冬眠（營養不足的時候，雪人會出來在寺院和村莊附近覓食），大多數雪人的腳印很大，不可能是猴子留下來的，連融雪時節都不可能。捲尾猴很少在雪地上出現，也許雪人亦然，我們不妨這麼說：雪人可能穿越雪地到高崗或隔壁的山谷覓食，但主要的住處一定是喜馬拉雅各處深谷的雲霧森林，那些地方特別不適宜人類進出。其實從生物學家的眼光看來，喜馬拉雅地區大多還是人跡未到之處。正如GS說的，人類對雪豹的自然史幾乎一無所知，至於比較容易接近的喜馬拉雅藍羊，我們才正要長途跋涉去找基本資料呢！

上個月在加德滿都，有位到尼泊爾東部亞龍山谷負責田野調查計畫的青年生物學家，把一個白灰泥拓模的靈長類大腳印擺在我們的晚餐桌上，足印是六個月前在他帳篷外的雪地裡拓下的[1]，那些腳印穿過陡峭的雪原一路通進河谷森林，他和同事們無法追蹤。他說的動物顯然就是「可惡的雪人」。我等著GS表示懷疑，但他只點點頭，小心拿起模型，翻過來又放下，皺著眉一臉專心，最後才說，他最感興趣的是這個雪人腳印十分類似猩猩。後來他告訴我，他並不是客套，他心中認為腳印是一種未經科學描述的人或獸所留下。自從登山客艾利克．席普頓於一九五一年在聖母峰首度清晰拍下雪人腳印後，GS不顧同儕的嘲笑，堅信有這種人或獸存在。GS說：「雪人的資料至少有百分之九十五是胡扯，但我根據席普頓的照片和其他證據，相信這邊有科學上還未知的動物存在。」（他對北美野人仍然存疑，可是連倫敦大學的約翰．納皮爾博士之

1《大西洋月刊》（*Atlantic*）一九七五年十一月號，艾德華．克羅寧〈雪人〉（Edward Cronin. The Yeti），並請看《大羚羊月刊》（*Oryx*）一九七三年五月號，克羅寧、J．麥克尼萊（J. McNeely.）及H．艾默瑞（H. Emery）合寫的〈雪人非雪人〉（The Yeti-Not a Snowman）。

流的靈長類權威都接受了；反之，納皮爾雖為席普頓的照片感到不安，卻不相信有雪人存在[2]）。有個理論說雪人是很久以前「智人」激增，消滅了較原始的類人動物時，被趕入密林的殘存物種；但牠的腳印是奇怪的獸足，跟巨猿甚至人猿等次類人動物比較接近，所以不能做為上述理論的支柱。然而，幾百張北美野人足跡的照片和拓模顯示一種非常粗大的類人動物足印，大腳趾跟另外幾根趾頭很接近，不像其他已知的靈長類是分開的——例如一隻巨大的南方古猿類原人就是如此（因此有人認為，北美野人可能不是「科學所知」，而是像腔棘魚類一樣，過早被列為「絕種」動物）。

人類歷次遠征尋找北美野人和雪人，都無功而返，這成為反駁牠們存在（以及舉世都有的「大腳」現象）的最有力論點。然而，這只能證明「大腳」的住處深不可入，這些稀有人獸躲藏許多世紀後，變得非常小心。要找「大腳」，最好的方法也許是在可能的地區紮營，靜靜住在那邊，等牠們好奇心起，自動出來探查。

尼泊爾政府對雪人的事很認真，下令嚴禁殺害雪人。可是有一位亞龍谷的科學家獲准蒐集一隻這種動物，我問他：「如果某個晴天早晨有雪人在你追捕得到的範圍內出現，你會怎麼做？」我覺得不能等事情來了才做決定。那位生物學家被我問得心緒不寧，他還沒拿定主意，或者主意已定，但良心有點不安。

過了一會兒，他抬頭反問我一個問題。GS是生物學家，千里迢迢、翻山越嶺去蒐集西藏高原的野生動物資料，他可以理解。但我為什麼要去呢？我希望找到什麼？

我聳聳肩，很不自在。說我對藍羊或雪豹甚至遙遠的喇嘛寺廟有興趣，並不能回答他的疑問，雖然句句都是實言；說我要去朝聖似乎很愚蠢、很不明確，其實這說來也是實情。於是我坦承自己不知道。我怎能說我想深入高山祕境去尋找一種仍然未知，而且跟雪人一樣，說不定一追尋反而會失落的東西呢？

*

我們走一條舊木橋過河，攀下貝利河峽谷。今天我的心情有點悲哀，身體也有些微不舒服，GS認為是高度驟減的關係——我們已從讓恩隘口下降七千呎——我後悔吃那些紫色的生豆子；不管是什麼原因，反正我的腸胃跟心情一樣沉重，先前在雪地上高昂的興致已不見了。

我因為寫日記，所以記得日期，很早就搞不清禮拜幾了。我們遺忘的世界可能正發生種種大事，想來虛無縹緲，宛如下一世紀的事情。與其說我們倒退回到過去，不如說時間好像會循環，過去和未來都失去了意義。愛因斯坦說觀察者的時間是唯一真實的時間，觀察家隨時帶著自己的時空，我現在更了解他的意思了。在這片山區，我們已遠遠落在歷史後頭。

我渴望放鬆，免於事物的羈絆，少積聚，少依賴，行動更單純些。所以我買了那條毯子之

---

2 約翰・納皮爾《大腳：神話和現實中的雪人和北美野人》（John Napier. *Big Foot: The Yeti and Sasquatch in Myth and Reality*. New York: E. P. Dutton, 1973.）

後，覺得很不自在——又多了一樣「物」、多了一樣靈魂的負擔。編織者想以最合理的價格賣出色彩優美的厚毯子，但我在土克丹的鼓勵下跟他殺價，竟買到了，雖然這是意料中事，但我的心情卻很沮喪，何況在交易中擔任翻譯的土克丹和皮林姆眼中，這件毯子賣十八美元，已經比挑夫一天十五盧比的工資多了十一、二倍。高山嚮導們的境遇也好不了多少，即使冒生命危險爬高山，也沒什麼賺頭，至少直到最近，爬最危險的峰頭，日薪不過四美元左右，而我們這種徒步旅行的高山嚮導只收兩美元。

峽谷對面最陡的山坡上，有人嘗試燒草農耕，貝利河沿線和尼泊爾大部分地方，好田地早就沒有了。峽谷中到不了的角落仍有大松樹，那是曠野受摧殘的紀念碑——不久維繫這片山麓的最後一批林木也會消失。洪水挾帶腐蝕石塊從冰河沖下來，世世代代切割出多少深峽谷和一層層非凡的褶皺岩石，與讓恩山口那一端等高的山谷比起來，此處的深峽谷不僅熱而且也乾得嚇人，簡直可說患了乾燥病。喜馬拉雅上升，擋住了印度洋季風雨，我們發現，一走近西藏高原的山區荒漠，讓恩山口以南每天下午都會出現的雲也不見蹤影了。不過天氣雖熱，倒有一陣涼風順著峽谷吹上來，而河邊小路也十分怡人。在熔岩腫塊上，我看見一隻跟岩羚羊和北美山羊有親戚關係的棕色小山羚羊，此外，唯一的動物只有戴勝鳥和白蝴蝶了。

一條亮晶晶的支流雅里川從德瓦利里克雪峰呈瀑布狀流下來，我們在距離不遠的河岸上紮營，蒲澤林買到整根的玉米和小番茄給我們當晚餐。這邊的小村子就在杜納希以東，而杜納希是多爾泊的邊境行政據點。

貝利河繼續往西流到尼泊爾西邊，位於塔拉科和久木拉貿易大路上的提布里科特，我們在幾哩下方北拐過橋，攀爬蘇里河谷。從行政單位的觀點，我們一過貝利河就等於進入多爾泊區，但我想像中的「多爾泊國度」則是遠在坎吉羅巴另一頭。

當時多帕坦有人警告我們：塔拉科或杜納希的警方檢查哨也許不理會我們的許可證，硬是禁止我們繼續進入多爾泊。我們擔心這一點，還辯論應付的方法，為此掛心了好幾天。我們一路都碰到語言障礙的問題，地方官員（我們公然宣稱對野生動物有興趣，他們已是疑心重重）因此更缺乏安全感，往往為保住面子而固執己見。雪巴人是佛教徒，替我們作證不算數，所以，我們很可能在走完三星期的路之後，離目的地只剩一週左右，才無緣無故受阻，功虧一簣。

十月二十日　別指望什麼

杜納希的警官出遠門，改由尼泊爾議會的當地議員跟我們打交道；這位先生老成世故，英語說得不錯，對我們的目標很了解，還請我們喝茶，警局下屬們也不跟他搶功。我們鬆了一口氣，盡快上路，免得多生枝節。現在我們的「水晶山」之旅就只剩坎吉羅巴山岡恩隘口這道難關了。

杜納希有座橋橫過貝利河，小路陡陡升上鼠尾草、針矛和銀葉野橄欖叢生的乾山麓。遠遠的下方，貝利河變成寬闊的滑石灘水道，向蘇里河的匯入口彎去。蘇里河從伏克蘇木多湖和坎吉羅巴雪山奔流而下，在貝利河北岸有一小段水面碧藍藍的，後來才沉到灰濁濁的冰河洪流中。蘇里河窄峽谷非常險峻，路面先是爬升到貝利河上方高處，然後在交會口上面繞過陡陡的山麓，進入寬峽谷；即使海拔高出水面一千多呎，坡度仍然很大，有些地方路寬只有兩呎，甚至不到兩呎；有時候路面流失或山崩堵死，我們只好在鬆動的岩石間勉力掙扎前進。

GS橫繫在背包外的望遠鏡一卡到岩石就會把他撞下崖邊，他在懸岩上卻一副漫不經心的樣子，我幾乎不敢看他。不過我已漸漸堅強起來，走路輕快多了，比較少摔跤，雙腿和肺部彈性增強，重心放在腹部深處，讓那重心去「靈觀」。這種時候再危險的地方我都不會頭暈，雙腳自然跨向堅實的立足點，我流動自如。但有時候我一整天甚至更長的時間失去這種對事物的感覺，呼吸高漲在胸腔上半部，只好緊攀著崖邊，彷彿攀住生命。當然啦！害人送命的正是這種攀附、這種驚惶：古埃及話中的「抓緊」、亞述語的「抓緊山」一詞都是委婉指涉「死亡」[1]。

出發前我曾向榮道禪師道別，跟他談起幾個月來不斷出現的死神怪呢喃，他點點頭：也許這種低語正是靈魂「大死」和再生的前兆。他喃喃說：「雪也許代表絕滅，以及更新。」停了半晌，他又警告我：「別指望什麼。」禪師很高興只有兩人同行——他似乎覺得，要真正朝聖，這條件是必要的。他叫我在山間行走不妨誦誦觀音經，還跟我說了一個禪學公案：

群山盡覆雪——因何此山獨禿？

禪師由黑色座墊上站起，拉著我的肩膀，用他的額頭碰我的額頭三次，然後重重打我的背，又大吼一聲，送我上路。

「別指望什麼。」我一路想這句忠告；我必須輕輕鬆鬆上路，不考慮成果問題。我沒念觀音經，倒一路念「唵嘛呢叭彌吽」，反正頌讚對象是同一位大菩薩。每走一步念一個字，聲音洪亮有力，比較適宜上山的沉重慢步。

唵……嘛呢……叭……彌……吽！

1 米西亞・伊里亞德《意象與象徵》（Mircea Eliade. *Images and Symbols*. New York: Sheed & Ward, 1961.）

路上有一隻古銅色大蚱蜢，在陽光下有如琥珀發著亮光；好大好大，亮得神奇，我暗想這隻蚱蜢會不會是某一位西藏古僧正在練幻身術。但變幻完成體尚未出現，蚱蜢已輕率躍出懸崖，到幾百呎以下開始新生活去了。我以此為戒，決定好好珍惜生命，忙謝過蚱蜢，機機靈靈踏上征途。

蘇里河上方的路邊有一個空村子，「內多爾泊」的犛牛牧人到低坡上放牛吃草，常利用空村子過冬。可是秋天早晨的暗影和清光對比下，村舍門口和窗口黑得像骷髏頭的眼洞，禱告旛旗迎風啪啪響，山谷高處傳來小孩的叫聲，使得空寂感更加深了。村子下面有一條小溪流下山來，GS溯溪走一小段路，想拍捲尾猴的照片。我在溫暖的陽光下洗澡，溪水流過扁石，閃著清澈的寒光。最後GS回來，高山嚮導們也到了，我們一起在溪邊的柳樹和山楊綠蔭下用餐，吃粗麵薄餅，灑些野生的細大麻子增加香味，這種麻子我們還得跟喜馬拉雅黃雀搶食哩！

從這個地方要陡陡爬升一個多鐘頭。塔拉科挑夫們直發牢騷，連譚莽人也拚命喘氣，只有卡頌還在唱歌。一戶沒帶牲口的藏族人家由小路下來，怯生生點個頭就走遠了。到了海拔九千四百呎的地方，小路通到斷崖頂，接著繞山迂迴，高度漸漸往下降。貝利河遠在我們後面下方，坎吉羅巴山群的一座雪峰在北面的藍天高高聳起，靜得像一片雲。一群紅嘴山鴉乘著氣流一路歡唱而來，我大喜過望，又沒什麼新鮮的法子宣洩幸福的感覺，就喜孜孜跟GS大談我的皮靴——這雙靴子終於合腳了，我開心得不得了。他看我這麼興奮，有點驚惶，趕快繼續往前走。我孤零零一個人，遂怡然聆聽背包和皮靴沙沙響、忠實的楞杖敲著山面一路篤篤不絕，我自覺勇氣可比美當年從印度將佛法傳到西藏的蓮華生大師。

路面的雲母和零零星星的石頭閃閃發光，一根黃色和灰藍相間的羽毛躺在那兒，不知是什麼鳥留下來的。我突然有一種莫名的尖銳直覺，總覺得在銀白路面的這根羽毛裡，在木頭和皮革聲、呼吸、陽光、風、水流的律動裡，在不分過去和未來的山水風光裡，在這一刻，在所有時刻，「無常」和「永恆」、「死」和「生」渾成一體。

*

更高的地方，山麓被挖出一個粗洞。旅人面對寒風、懸崖和下方深處急流的怒吼，心生敬畏，覺得建一些祈禱石堆比較妥當。每座大石堆東面都有個獻祭的粗龕，有一座石堆點綴著新鮮的金盞花，一定是稍早在路上碰見的那幾個人放置的。土克丹合掌故作祈求狀，臉上露出狂放又緊張的笑容，照他的說法，這些石堆供奉的是古老的山神馬士塔。

北面高高的山壁上，名叫羅哈岡的村子已經在望了。路旁有野胡桃樹，最後幾片樹葉在憔悴的枯枝上發黃變硬，胡桃都掉光了。枯葉的刮搔和呢喃喚起了依稀記得的另一個秋天的輕愁。破裂的胡桃殼沿路灑滿大扁石面，殼粒間有一隻戴勝鳥的新羽毛，牠可能正在撿拾胡核，被飛越蘇里河峽谷從前面矮樹叢衝出的猛禽給弄死了。羅哈岡下方的一個萌生林裡，楓樹、漆樹、刺槐和野葡萄教人想起家鄉的樹林，但樹木又跟我熟悉的那些有點不同，使這片樹林子如夢如幻，像童話故事中的野樹林，在柔柔的秋霧裡被我發現了。野樹林勾起輕輕的鄉愁，我不是想念家鄉或某個地方，而是想念失去的純真——正如普魯斯特說的，失樂園是唯一的樂園。童年充滿神祕和希望，當一切神祕攤開，我們自以為想要的一切到手了，人生的恐懼也許就來了。也就在看似圓滿的一刻，我們自覺上當、無法挽回，像一個大浪默默在我們背後聳起，這才痛切了解密勒日巴活佛所謂「凡輪迴所做所積必致無了悲局：有為必有壞，有積必有散，有聚必有離，有生必有死……」箇中的深意。面對生老病死，我們被推回目前、推回此時此刻，因為一切盡在於此。而此時此地確實是孩子們的樂園，他們像青蛙或兔子，無憂無慮活在眼前。

不知什麼地方傳來隱泉幽澗的汩汩聲，秋天下午的冷空氣帶有腐植土的礦物質氣味。GS和我放下背包，在林中撿野胡桃，不久高山嚮導和挑夫們也來了，我們學青春少年奔來跑去，在林外的暮靄中敲破難咬的小胡桃，然後爬最後一段陡徑，踏入羅哈岡村。

如果說塔拉科有中古氣息，那羅哈岡簡直就像「黑暗時代」。村子入口的大扁石上刻有「護法」守衛村莊，原始的村口浮屠（像巨型石堆）上擺著大麻要獻給神明。薩庫里人在原始廟宇堆羊頭祭山神馬士塔，他們的古老宗教並沒有被佛教或印度教取代。野獸的木刻芻像捍衛著低矮的石屋，半野生的雜種狗從屋頂上對陌生人狂嚎；蘿蔔園的高竿上掛著死烏鴉，羽毛在十月的晚風中飄揚，那是最原始的稻草人雛型。

我們走進村子，男人驚呆了似的傻傻站著，頑強的女人則隨即回去工作。有一位婦人用奇怪的木杵搗小米，另一位彎身蹲在粗木桶下面，連塔拉科的木桶都已被銅水罐取代了，這兒卻仍在使用。女人穿黑布衣，黑人穿其他文化的衣裳，髒兮兮呈煤灰色，孩子們衣衫襤褸；每一張臉都黑漆漆的，誰然這個地區的人不斷接觸糞土、松煙和煤灰，使得骯髒成為區域特性，但以本區的標準看來，他們還是太黑了些。不過，孩子們儘管一身污泥，卻不像父母那樣猙獰無禮；我們搭帳篷的時候，他們衝過來衝過去，玩遊戲給我們看，慶祝他們生命中難得一見的場面。

羅哈岡在山坡上，順著蘇里河河谷望去，可以看見道拉吉里山西側較矮的幾座雪峰，景色棒極了。不久星星就布滿南面的天空，雜種狗看月亮出來，忍不住發狂。十月的月亮叫我想起家鄉的萬聖節快要到了，不知道我兒子會不會刻南瓜面具。他有一件骷髏骨架戲服，黑布上畫了白白的骨頭，可是今年他細長的馬腿穿上高統運動鞋，會露出一大截——他要穿什麼呢？萬靈夜我兒慶祝火和死的節日，臉上會戴什麼面具？我躺著睡不著，無望地吶喊，上面屋裡的狗看到月光下泛白的帳篷，激動得發狂，從午夜不停叫到天亮，音調和音量從頭尾沒減低分毫。

十月二十一日 闖入

第一道陽光微微染紅了南面的雪峰，我們立刻動身離開羅哈岡。

村外有兩個穿木靴、戴串珠項鍊的小女孩出來提水，停在路邊一角看我們出發，幾分鐘後，我回頭望，她們還站在那兒，像兩根襤褸的殘樁立在黎明的天際。

陽光染得四處的山巔一片火紅，可是陡峭的河谷完全照不到陽光，我們在蘇里河上方的小路走了兩個鐘頭，仍只見破曉的矇矓暗影。到處有野玫瑰開著純淨的淺黃花，一群雪鴿在下方深處的峽谷上下迴旋，我們在深谷對岸的山坡上找尋彎角粗毛羊和其他動物，可惜一隻也沒看到。一路上野生動物很少見，月熊和紅貓熊等珍奇動物根本不見蹤影。

小路在河谷上游與蘇里河相接，沿路看到一個個長了古銅色地衣的大圓石洞窟，還有松樹和胡桃成蔭的河濱，以及蕨類叢生的暖河岸。朝陽照亮了紅葉和暗矇矇、靜悄悄的針葉樹，河面亮燦燦映出森林的倒影，翠綠夾著雪白，河水轟隆轟隆流過水珠磨亮的卵石灘和起泡的淵潭，形成一長列岩影嶙峋的湍流。逝水滔滔的冷氣流中，乾空氣被霧靄軟化了；這水在昨夜的星空下由雪地涓涓滴流而來。下游的瀑布頂上，水光躍入空中、躍向太陽，陽光在波浪中打滾，而波浪舞動著，與遠山的雪景相映成趣。

上游的隱密峽谷裡，石頭的怒吼更加深了黑暗的寂靜。有什麼正在聆聽，我也聆聽著——闖入的是誰呢？誰在呼吸？我摘下一株蕨類看它的芽胞，然後把它扔掉，心中一時充滿疑懼——雪巴人說摘野花和威嚇小孩是兩項大罪。我喃喃道出懊悔之意，陌生的嗓音更加深了闖入的唐突感。我看看四周——是誰在說話？誰在聆聽？那個不是我卻永遠存在的「我」到底是誰呢？

一隻孤鳥的叫聲正提出同樣的問題。

在這深山祕境，在流水的怒號中，我摸摸皮膚看自己是否真正存在；我叫出自己的名字，但不答腔。

一條小支流暗暗的岩壁邊，有隻黑金雙色的蜻蜓使勁兒飛過，身上泛著金光，一粒胡桃落在厚厚的黃葉地，我心想世上可有一條河比早秋的上蘇里河更美麗。隔著薄霧望去，淺灰巨石的水精靈被外面罩的一圈白水花磨得光光滑滑，更高處有一條白綾瀑布從東邊流下巉巖面，碰上溯溪掃來的風，還沒落到地面就變成水霧，霧往上飄到邊緣，在守護的松林裡形成一道光環。

離開了溪畔，小路陡直攀穿樹林，然後沿著滴水的大風洞岩石下面往低處走。再過去是一座草丘，遍生紅色的枸子莓和黃色、藍色、白色的高山花朵，小丘上空，坎吉羅巴高聳入雲，像一座冰堡築在近處的峰頂。光線微暗，路面又向上蘇里河斜降過去，大夥兒在怒號的上蘇里河水邊搭營。我們彼此喊叫，卻聽不見對方的聲音，像幽谷中的鬼魅無聲無息的走動著。

十月二十二日　雪人(II)人或獸

峽谷東側的黎明，地面結凍，棍子一敲就咔咔響，一股股溪泉注入湍流中，薄冰片在溪泉裡發光。四處幾近全黑，我們往上游走，發現朴子樹上有個熊窩——這是我們首度發現俗稱為「月熊」的亞洲黑熊的蹤影。這種熊會坐在枝葉叢中，把樹枝拗彎過來，吃櫻桃狀的果實；折斷的枝子構成平台，可當床鋪睡覺。熊窩一角有隻藍色岩鴿——街鴿的野生祖先——帶一窩十月出世的雛鳥，翅膀還沒長硬呢！我們學黑熊吃秋霜打過的野莓當早餐。

枯松林、潮溼的河邊洞穴，還有旅人的爐子，有兩個洞穴安裝了木架，似乎有隱士住過。架子上繪有卍字符，除了撒哈拉南部和澳洲，世界各地都出現過這種象徵萬物初創的古老符號。美洲原住民的祖先把它帶到北美，在條頓民族的文化中，這種符號代表雷神。卍在特洛伊和古印度即出現過，先是被印度教徒繼而為佛教徒採用。這兒也有意思相反的卍符號，象徵本教信仰，至今仍風行於這一帶山區的古老角落。它既是時間的顛倒，遂被視為對宇宙有毀滅性，常跟邪術聯想在一起。

水聲之外，林間響起悅耳的叫聲。光線暗矇矇，我找不到喊叫的人，便繼續往前走，他又叫了一聲，我終於在對岸的小林子裡看見他，是一位本地居民，正在砍野草做冬天的草料。我看見他很高興，卻又遺憾他出現在這兒——連蘇里河這片荒野有一天都會消失。因為隔岸沒法交談，我們只是笑一笑，他放下鐮刀，舉起手，合掌致意。我也同樣回禮，互相鞠躬，就轉身走開了。

有一條支流從本教聚落彭莫村流下來，交會口附近的幽林被山崩隔為兩半。雜木坡上有個黑影一閃，跳到大圓石後面，山坡上朝陽亮燦燦的，但我只瞥見那動物一眼。說是紅貓熊又嫌大、麝香鹿則又太鬼祟，若說是狼或豹嘛，顏色又太深了，動作且比熊快得多。我持雙筒望遠鏡盯著那靜默的大圓石良久良久，覺得石頭背後有未知的動物存在，但四處靜悄悄，只見陽光和早晨的山麓，以及奔流的逝水。

我整天想著那個躲在石背的敏捷黑影。牠對湍流對岸的一點點動靜未免太警覺了，我身邊沒有伴，不可能發出什麼聲音，而且躲在林蔭下誰也看不見我呀！各種喜馬拉雅哺乳類之中，熊和豹似乎最有可能，但我沒見過熊像這樣跳法，而豹又不會全身暗紅或棕色。會不會是黑豹呢？可是非洲豹和這邊的豹子同種，我在非洲見過豹子很多回；在灌木和卵石充斥的崎嶇地形，豹不太可能跳躍藏身，比較可能蹲踞、倒下再退開。

所以——雖然我願假設是一頭麝香鹿——很難教人不想到雪人。一般認為「雪人獸」棲身在尼泊爾東部的雲霧森林，而上蘇里河這邊林木蒼蒼的幽谷跟那兒高度差不多。就我所知，卡里干達基河以西還沒有雪人露面的報導，但涉及像雪人這樣稀有又機警的人或獸，沒有報導只表示西北山區人口更少、人們來探險的頻率更低而已。

*

到了海拔一萬零八百呎的地方，寬峽谷開展成高山大河谷。一群黑色蓬毛的犛牛正由收割過的山坡大麥田往下走，沒見到牛影先聽見一串清冷微弱的鈴聲；在這處山區，小小的鈴聲往往是人類出現的前兆。走在前頭的牲口馱著一包包東西，身上結有紅領帶和鮮豔的流蘇，不久一對夫妻穿著全套西藏服裝走下小徑，男人身披毯子和束帶罩袍，蓬蓬的長褲塞進紅羊毛靴內，靴子在小腿肚紮緊，女人則穿條紋圍裙和黑布衣。

蕎麥田林列的山坡上有個名叫木瓦的屯居地，「木瓦」是一種山地小米的名稱。木瓦居民和羅哈岡村民比起來乾淨多了，他們的石屋、院子和田地都井井有條，整理得不錯；家裡養了紅色的狗和肥肥壯壯的家畜，蒲澤林向他們買了幾個蛋和馬鈴薯。向陽的山邊四周都有雪峰保護，伏克蘇木多湖流下來的大瀑布在西側的高岩壁上嘩嘩響，跟木瓦溪會合才形成蘇里河。真遺憾！我們必須直接穿過這個恬靜安祥的小村子，趕在天黑前到達伏克蘇木多湖。

木瓦溪畔寒風陣陣，我們脫下皮靴和長褲涉過小溪，水勢又強又急，滔滔流過滑溜溜的岩石堆。我雙腳發麻，找不到立足點，只得在冰涼的溪水中快速行進。突然間，我像馬兒猛顛了一下，差一點洗個冰澡，甚至溺斃。我斜斜溯溪，慘滑幾次，終於安全上岸，在一塊向陽背風的岩石上曬乾身體。

從木瓦溪又陡直爬升，穿過矮柏和喜馬拉雅杉樹林，來到海拔一萬兩千五百呎的山脊——這個山脊在幾座雪峰間構成伏克蘇木多湖的天然堤壩。我比GS超前一段距離，突然有個人騎馬越嶺，問我要去什麼地方。我說：「斯雅精舍。」也就是「水晶寺」。他疑慮重重說：「斯雅！」並回頭看西北面的山峰。他指指南方又指指我。我說：「塔拉科，多帕坦。」他點點頭，複述一遍「多帕坦」，說不定他正要去那邊，很高興知道我們已越過讓恩山口：我一時疏忽，忘了提醒他馬兒過不去。

有個男孩和女孩在杉林間露面。她的籃子裡放一桶山羊乳酪和樺樹皮包裹的乳酪塊，她送我一點，我又買了一些，躲在常綠樹林暖洋洋的針葉地上避風，把乳酪吃光，羅哈岡買的大顆生紅蘿蔔也吃了半個。

林子裡傳來鐘鈴聲，馬蹄在花岡岩上奔馳，有個男人身穿乾淨的罩袍和新羊毛靴，騎著戴銀飾的小馬慢跑上來。這位騎士也問我要到什麼地方，聽說是「斯雅」，他也皺皺眉頭。他用手比了個割喉的姿勢，表示雪很深，然後在叮叮噹噹的鈴聲中策馬而去。

南面的山上雲霧繚繞，寒風對我咻咻不絕。過一會兒，GS來了，他也聽到了同樣的報導，他怕我們入山有點困難。我點點頭，其實出山更教我擔心。岡恩山口已經下雪，不可能在深秋融化，只會愈積愈深。由於存糧最多只夠吃兩個月，若在岡恩隘口那一端被暴風雪困住，可就嚴重了。

到了海拔一萬兩千呎的一處松林草地，山脊向北漸漸展開，幾隻犛牛成群躺在清冷的陽光下，宛如一堆黑色岩石。這些犛牛是從西藏偏遠地區仍然存在的野犛牛馴養而來。雌的叫「布里」（bri），尾巴短毛叢生，臉短短的，一副牛犢狀，看來活像個巨型玩具。犛牛中雜有家牛和犛牛的混血兒，名叫「犏牛」（dzo）。蓬蓬的外皮上，長毛被風一吹，亮閃閃的，有一隻正在嚼反芻的食物。糞土味和雀鳥的吱喳，藍天和白雲，大牲口迎著南面吹來的冷風，俯視巉巖對面包里溪從伏克蘇木多湖流下來，窄窄的河槽爆裂為兩個寬瀑布，再爆成三個，又在下面的木瓦溪會合在一起。

犛牛群後面的花岡岩和常綠樹森森林列，有個翠綠的湖泊在坎吉羅巴山的幾座雪峰下幽光閃閃。我慢慢穿過寂靜的松林走下去。

*

伏克蘇木多湖足足三哩長、半哩寬，深度據說接近半哩，地質學家會說：地震震垮了高河谷這一側的山頭，在現在的湖泊北端阻斷了坎吉羅巴山流下來的河水，才會形成湖泊。但當地傳說則另有解釋：

> 古代薄地（B'od，中國稱西藏「發羌」，因為「發」字古音B'od）信仰本教，這個地區也是其中的一環，湖泊的現址當時有個村莊。西元八世紀，佛教蓮華生大師來到伏克蘇木多，一心想征服山魔。為了這個目的，他迫害一個本教魔女，魔女為了逃命，就送給村民一枚無價的綠松石，請他們保證不洩露她經過這條路。但蓮華生大師把綠松石變成大便，村民以為魔女騙他們，就透露了她的行蹤。她為了復仇，召來大洪水，把全村淹沒在碧綠的湖水中[1]。

儘管如此，本教仍盛行於這一帶，湖東的林莫村有座本教廟宇，那個村子跟八世紀消失在洪流中的古村莊可能沒有多大的差別。遠遠看去，林莫村有如神話中的古堡，牆壁用平屋頂上堆放的那種冬柴築成雉堞狀。天藍和雲白色的禱告旛旗在風中招展，落日被雪峰刺穿，灑下了紋章樣的光芒。

松林裡走出一位穿皮靴和手織衣裳的伐木人，粗聲粗氣叫嚷著，秋風中無人應答，我尾隨這個狂人走到兩座白色的村口浮屠邊。浮屠呈輪狀，點綴著暖紅色，粗肥粗肥，一邊大一邊小，像一棟巨型薑餅屋，附近巨岩下有個洞穴用石頭圍起，裝了個斜斜的小木門，看來很相稱。四周全是紅金色的灌木——伏牛、醋栗和薔薇——還有夏日刺山果的最後幾縷銀花閃閃熠熠。浮屠再過去，湍急的包里溪由伏克蘇木多湖奔流而下，像護城河保衛著城垛圍起的市街。一座插了旗幟的小橋跨在水面上，急流就在此處變窄，下面一哩長的水道環著山脊西端直通到大瀑布。小橋上游不遠處，有一塊大圓石不知怎麼竟有信徒涉足過，中流砥石上刻了「唵嘛呢叭彌吽」字樣，宛如把這段經咒由喜馬拉雅山拋出來，擲給恆河平原上千百萬愚昧無明的大眾。

過了橋，第三座村口浮屠呈拱狀築在通往城街的路上。北牆下有吹雪，三隻黑色大犛牛站在那兒一動也不動，再過去是一小塊一小塊大麥、蕎麥和馬鈴薯田，馬鈴薯十九世紀才傳進山裡。一位個子小小的男孩牽著幾隻犏牛穿過馬鈴薯田，後面拉著一具帶木槳的簡陋犁耙，另外幾個小孩坐在犁耙把手上，讓木槳往燧石地裡沉。他們後面跟一個老頭，跪地用鋤頭搜尋零星的馬鈴薯，其實他連自己的身子都快拖不動了。他看見陌生人，露出黃牙苦笑，似乎為自己年老不中用

1 大衛・史奈爾葛羅夫《喜馬拉雅朝聖行》（David Snellgrove. *Himalayan Pilgrimage*. Oxford: Cassirer, 1961.）

歉疚。

村街上立著一個高高的人影，油膩得發黑的羊皮背心外罩一件紅斗篷，頭戴流蘇紫巾，足蹬褪色的羊毛靴，向我拋來一個豺狼般的獰笑。現在漂亮的孩子們跑出來了，笑咪咪的，一隻默不作聲的獒犬也跑出來，結果被鐵鍊狠狠拖著動不了，瘦瘦的下頦抿出一記痛苦的犬笑。林莫村人人都笑容滿面，我一方面提高警覺、一方面也露出笑容。

凹凸不平的棕色建築裝木門和木栱弧，塌鼻子的蒙古面孔從歪歪斜斜的窗口對陌生人朗笑。一座巨型石臼發出古怪又沉重的砰砰聲，兩個女孩子正用四呎長的木杵輪流搗穀粒，嘴裡抑揚頓挫、柔聲咕噥著打拍子，有兩個木匠正用簡陋的扁斧頭劈松板。林莫村的人落拓不羈，塵垢就當作皮膚的一層，孩子們的臉像瘡痂和污垢做成的圓麵餅皮。男女都把長髮編成豬尾辮，脖子上掛著佛珠、綠松石和骨頭珠子項鍊，以及串起的小護身符。這裡的服裝基本上屬於西藏式——斗篷、圍裙、腰帶，加上犛牛毛做靴底的紅條子羊毛靴。

我們透過揚布向每個人打聽岡恩隘口和斯雅精舍；人群散發出全世界未開化民族那種令人振奮的氣息，汗水、炊煙夾著人類皮脂，那股味兒像泥土但不酸澀。山羊和幾隻綿羊來來去去，男男女女都用手搖紡錘捲羊毛，口裡直說暴風雪已經把岡恩隘口堵死，今冬不會開放了。屋頂上堆著準備當冬糧的特選蕎麥，在夕陽下泛著古銅色的光澤。背風的夕照牆邊，一個頭髮乾乾淨淨的老婦人，正在轉動古老的祈禱法輪，哼哼唧唧，哼哼唧唧。

十月二十三日　失望而別

譚莽人裝備不足，無法橫越岡恩山口，只好在林莫村折回。我們弄來一頭山羊和幾木瓶的「嗆」酒，慶祝幾星期共度的時光，他們笑嘻嘻把山羊宰了。雪巴人不參與殺生，但樂於幫忙吃肉。

午後，皮林姆和同伴們帶著羊頭和前一截羊肉，以及五張酒醉飯飽的肚皮，渡過急流，吱吱喳喳上坡，經過糕餅色的浮屠，消失在向陽的松林裡；他們卸下了重擔，手舞足蹈。我雖然笑咪咪看他們走，心緒卻十分消沉。

土克丹是我們僅存的挑夫，從此我們會付他高山嚮導的薪水，因為他實在太珍貴，我們少不了他。留下土克丹是我的決定，儘管他名聲可疑，但我發現我們找來的人手之中就數他頭腦最好、幫助最大；而且某方面說來，他好像會給我帶來好運。達瓦和吉亞參完全不懂英語，GS又少不了揚布和蒲澤林，所以萬一我比GS先離開斯雅，土克丹可以陪我走。

北風冷颼颼的，可是我們的營帳搭在一座畜欄的高石牆背後，陽光好暖和。儘管有各種下大雪的傳聞，我們決定不用犛牛，牠們雖然可以在深及腹部的新雪中前進，但不久就會被寒冰和層層硬雪卡得動彈不得。於是揚布招募了一群新的挑夫，他們的索價每天二十五盧比。這些吵吵鬧鬧的傢伙已經準備在岡恩隘口裝病打退堂鼓了——「如果我們不得不折回，你付我們多少？」他們說準備食物和縫補衣服需要兩天，有一個人整天待在我們的畜欄內，從紡輪（跟霍皮族印第安人用的很像）中抽出灰色的硬羊毛，縫進小腿肚高的羊毛靴裡，同時一一打量我們的裝備。

錢要怎麼賺法、從哪裡賺已經明明白白，除了挑夫，大家很快就對我們失去了興趣。無論服裝、態度或污穢的程度上，這些林莫村民跟當年為綠寶石變成糞土而出賣魔女的八世紀古村民可能沒有多大的差別。這時節他們大抵吃馬鈴薯度日，秋天村子四周到處有豐富的野果子，他們置之不理。在溪邊，我勸兩個女孩子試試那兒長的醋栗。孩子們不相信。我故意吃給她們看，她們很驚訝，開心得你看我我看你，嘻嘻哈哈笑起來。

*

GS爬上山麓去找喜馬拉雅藍羊，我則到浮屠邊和城內探險。即使我這個外行人也看得出來，浮屠牆上的古壁畫——尤其是天花板的曼陀羅——顯得錯綜複雜、設計精美，可見這個地區往昔的文化比現在活躍得多。赭紅、藍、白是主色，但某些佛陀的面相和表徵也使用黃色和綠色。儘管八世紀本教的村莊被淹沒在伏克蘇木多湖底，此地本教依然盛行，使得佛像的混亂情形更加嚴重。林莫村把釋迦牟尼稱為「身腊普」，信徒們向左轉動祈禱輪，左肩向著祈禱牆和浮屠巡行，而不是右肩。這邊大浮屠的卍字是反過來的，祈禱石上刻有本教的經咒「唵嗎屈木耶沙勒都」（「慈悲相融」）[1]，依照佛教徒初來時被推翻的本教大教義，此經據說源自藏西神祕古國相態國的語言。

「西藏沒有『佛教』這個詞彙。藏人要不就是法門信徒（chos-pa）、要不就是本教信徒（bon'pos）[2]。」但在習俗方面，本教已徹底適應了佛教，佛教也適應了本教，所以表面的形式差不多。

林莫村的河川岩石壁上刻有「唵嘛呢叭彌吽」，壁畫上一個藍色的佛像代表本教的剋星蓮華生大師；浮屠內外的附屬裝飾品都是一般的西藏佛教象徵，例如勝利的海螺殼法器、交纏的蛇、四向陰陽、四瓣和八瓣蓮花等。本教已降格為佛教的一個退化的教派，至少此地的宗教人士自認為如此。有一位城裡人怯生生說：「我是佛教徒，但我反方向繞著祈禱石走。」

通往本教廟宇的小路越過湍流，橫亙馬鈴薯田和草地，來到伏克蘇木多湖畔的冬青樹林。林莫村距湖泊南端四分之一哩左右，居民使用藏文名稱「左娃」，也就是「湖濱」的意思——會不會是被淹沒的古村莊的名字呢？除了寺廟，水濱倒沒人住，湖面不曾行船；半透明的藍綠色可能映得出湖底深處的一粒白砂。石壁環繞的晶瑩湖水中沒有水生動物，連藻類都無法棲身；真是一個不含任何雜質的湖，像佛教譬喻中的無塵明鏡，「莊嚴絕能所，無我亦無人。斷常俱不染，穎

1 大衛・史奈爾葛羅夫《喜馬拉雅朝聖行》。

2 大衛・史奈爾葛羅夫《本教九道》（*The Nine Ways of Bön*. London: Oxford University Press, 1967.）

脫出囂塵。[3]」

水邊小浮屠上有一雙聖眼目送我走上湖邊的樺樹林道。林子那一端就是寺廟建築，背倚著湖泊東壁的巉巖。十七年前，林莫村有兩位本教喇嘛和十二位僧侶，但現在廟門深鎖，幾乎廢棄了。一個患了甲狀腺腫的老廟祝正在做木質水桶和劣質祈禱石，他的老妻蹲在極小極小的馬鈴薯田裡，從中間就可以鋤到每一個角落。上方的彭莫村倒有個本教喇嘛——他們指指西峰——但不知道什麼時候會來。我失望而別。斯雅往北走兩天就可以到沙木林寺，據說沙木林是本教在這一帶偏遠山區的基地。可是照這些人的說法，我們抵達斯雅的機會非常渺茫。

3 約翰·布羅菲爾德《西藏密宗神祕主義》（John Blofeld. *The Tantric Mysticism of Tibet*）。並參考高聞達喇嘛《現代思考大潮流》（*Main Currents of Modern Thought*）中的〈佛教冥思的意義〉（*The significance of Meditation in Buddhism*）。《金剛經》有言「應物萬般形，理中非一異，人法兩俱遺，色心齊一棄，所以證菩提，實由諸相離」。一般相信《金剛經》和《般若波羅蜜經》都是印度聖哲龍樹菩薩所著。

十月二十四日　抓放之間

北面吹來一陣寒風。我洗頭。為了減低存糧耗竭的程度，土克丹和吉亞參今天動身前往久木拉，設法買些米、糖，也許還可以拿到郵件。如果一切順利，他們會在十一月十日左右到斯雅跟我們會合。

昨天我寫信讓土克丹帶出去寄，寫著寫著心緒漸漸消沉，勾起了種種渴望和對孩子們的掛念，把我從高山帶入凡塵。想找普通的字句來描述這段非凡時刻的所見所聞，我有一種無力感，熱情減退，跟著失去信心，內在也失衡了。我的雙腿又僵又沉重，明天我們必須環著伏克蘇木多湖西壁走兩哩多的窄懸岩，我感到害怕。從林莫村可以看見那道懸岩，連GS初見時都嚇了一大跳。他說：「這種事，人不會天天想做的。」我還怕高山隘口的積雪會把我們困在那一端草木不生的荒原上。白擔心只會使情況更糟，但假裝不怕也沒道理嘛！人一輩子爬遠山是一回事，中年才開始又是另一回事。倒不是說四十六歲起步太老，但我可不歡迎冰壁和窄懸岩、湍流上岌岌可危的圓木橋、寒風和暴風雪的威脅；在高山上一失足就無法挽回了。

我不覺得自己怕死，為什麼腦子裡一直想著死亡呢？——不錯，我怕臨死的滋味，尤其在寒地裡（因此也怕這陣冰河吹下來的北風，和寒湖凍死的慘狀），倒不是怕死亡本身。但我戀戀不捨——不捨什麼？其他時刻我自覺像高岡上的藍羊，自由自在，隨時準備面對豺狼和雪豹，現在我突生怯意，渴望長生，又怎麼解釋呢？不錯，家有失母的稚兒，還有很多事尚未完成，所以必須小心，但超過某種程度就不算誠實的理由了。抓放之間，我掙扎得厲害。如今正好有機會放開手，「盡此一寶身，同生極樂國」，我不是指莽莽撞撞，而是坦然接受；不是被動消極，而是灑脫。

就算有機會回頭，我也不要。所以往前走的決定該由我自己負責，全心全意接受，反正我現在就這麼寫，希望話說出來，我會勇氣大增。

我繞著山脊下行，走到急流注入蘇里河的會口。冬青和銀樺樹下，水波順著淺灰色的岩石往前流，兩溪的會口有一隻鷦鷯和一隻棕色的河烏來來去去。河烏是北美水烏鶇的親戚，小鷦鷯則是家鄉的冬鷦鷯——新世界的同科動物，只有這一種遠渡重洋來到歐亞大陸。

水裡的石頭在湍流下撞擊著，有一塊岩石篤篤打到我的背脊。我被一隻蜥蜴的明眸瞪得發呆，心情轉為平靜。蜥蜴類初生時，如今蜥蜴躺的這塊石頭還在海底呢！喏，現在激流把蜥蜴沖走了，再一次把牠送回大海。

十月二十五日　雪豹(I)糞便與足印

我們必須趁杜納希當局傳話叫我們不准走之前，趕快離開林莫村。可是本教教徒還在叫叫嚷嚷，嫌負擔不均，最後揚布取下他們的皮靴帶，混在一起，在每個簍子裡放一條，誰的鞋帶擺在哪個簍子上，誰就背哪一簍。本教教徒一面發牢騷、一面接受了這種力求公平的方式。

我心情憂鬱不安，自己先往前走，順著湖邊懸岩走了一小段路，其他的人才跟上來。部分懸岩已經塌掉了，深溝上架著幼樹做成的薄鷹架。有些地方好窄好窄，危險至極，我的雙腳好幾次不聽使喚，心跳得厲害，身體覺得不舒服。有一截路段真可怕，岩壁連最小最小的扶手點都沒有，環著湖邊上空百餘呎的一個風暴斷崖延伸，我雙手雙膝著地爬行，好像爬了一輩子——唉，不過還是在今生不是在來世——才走到一個稍寬的地方。整整一哩路只有幾個小點可貼著巉崖，讓別人勉強擠過去，這兒就是其中之一。我張口喘氣，讓隊友先行。

好一段時間，本教教徒的談笑聲由後面慢慢貼近。到了那危險的斷崖尖岬，一件不尋常的事發生了。九個人還不見蹤影，卻突然住了口，就像鳥兒被老鷹的影子嚇得噤聲，或者樹蛙停止了鳴叫，在寂靜中留下一股更逼人的寂靜。然後九個身影一個一個側繞過岩石，在龐大的擔子下疑幻似真，而擔子每一秒都可能撞到岩壁，把他們推下懸崖。他們眼睛直盯著前方，往前走過來，穩得像螞蟻，定得像螞蟻，卻又像輕功滑行，宛如精神入了定，自然而然凌空飛掠過地面。他們額上套著拖繩，彎腰駝背，手指張開求平衡，左邊輕觸岩壁，右邊撫著北風。指尖輕輕碰到我的小腿上部，一、二、三、四、五、六、七、八、九隻手，但他們全神貫注，好像分不出冷冷的岩面和暖暖的藍牛仔褲有什麼差別。靜默、無知覺、呆滯的眼神發出鈍鈍的光，九個身影穿著羊毛靴和束帶長衫一一掠過，在清爽的空氣中留下一股油垢和火煙味兒。最難走的一截過去後，叫囂閒扯又恢復了，說不定就像失神片刻醒來，從剛才中斷的地方重新談起。

雪巴嚮導來了，蒲澤林戴著紅帽，露出一口金牙笑咪咪鼓勵我。ＧＳ也出現了，跟他們大夥兒一樣穩健；幸虧巉巖角擋住了我四肢著地爬行的窘態。ＧＳ擠過去說：「這是目前為止第一段『真正』有趣的山路。」真恨不得把他推下去。

接下來的一哩懸岩路比較怡人，可以欣賞神祕的景致。底下是從來沒有小舟或帆船走過的碧綠湖水，上面雪山一座座環抱著藍天。從小冰河流下的溪澗直直劃過岩壁，在小卵石灘上迸開。這邊山路再度攀升，通向伏克蘇木多湖西北角的壁壘。

ＧＳ在湖泊上方的高處回頭等我，手不知指著路面的什麼。我跟上去，凝視那些糞便和足印良久良久。四周都是懸岩，只長了薄薄一層發育不良的柏樹和薔薇。ＧＳ呢喃道：「牠也許就在附近，正看著我們，我們卻永遠看不到牠。」他撿起豹子糞，我們繼續前進。到了高山轉角，狂風陣陣颳來，ＧＳ的高度計指著一萬三千三百呎。

小路穿過冰雪斜斜通下岸邊的銀樺林。伏克蘇木多湖北端有兩個岔灣，各自通到一個隱密的河谷，從林莫村看不出來。東灣在湖對面，非常炫奇美麗，陡陡升入山區幽影中。西北岔灣就是伏克蘇木多河的河谷，泥沼般的凍原溪流形成一個三角洲，礫石成灘，柳樹成蔭，真像阿拉斯加，我們倆都驚嘆太像了。一陣寒風把浪花颳上死寂的灰石灘，太陽落到河谷頂端的坎吉羅巴山群背後，其實晌午剛過不久。斯雅比我們現在的營地高兩千呎，所以一定更冷，我們只有少量珍貴的燃料可點燈，帳篷內無法取暖，但願那邊的西山海拔低一點、日落晚一點。

傍晚北面的天空一片紫藍。寒湖叨叨沖擊著灰色卵石，不見鳥兒的蹤影。

*

林莫村民在湖岸下方紮營，那邊傳來唱歌的聲音。我整天思索他們在懸岩上從我身邊經過時那種入定的狀態，心想會不會就是密宗所謂的「神行[1]」，老手在那種情況下可以敏捷又堅定地滑行，晚上也不例外。「行者不能說話、不能左顧右盼，眼睛必須盯著遠處的一個物體，絕不能為別的事情分心。到達那種入定狀態，雖然正常的意識大部分已被壓抑，人還可以察覺路上的障礙，留心自己的方向和目標[2]。」**Lung-gom**照字面的意思應是「風凝」或「心風自在」。「風」等於梵文「般那」的意思，就是賦予萬物生命的「精」或「氣」：如果「物」是「能」，那麼「神

1 大衛・史奈爾葛羅夫《喜馬拉雅朝聖行》。

2 A・大衛尼爾《西藏奇蹟與奧祕》（A. David-Neel, *Magic and Mystery in Tibet*, New York: Penguin, 1971.），亦請看高聞達喇嘛《白雲之道》（Lama Angarika Govinda, *The Way of the White Clouds*. Boulder: Shambhala, 1971.）

行」可以說是心靈超越物質、物質回歸能（重量和地心引力都相對減低）所以可流動的表徵。據說高段的老瑜伽僧可完全停止生命及其震動，使肉身法相在別人腦子或記憶中完全不留下印象；瑜伽對身體的支配或許可解釋他們這種「隱形」的功力，而「能」可以再結晶成其他的形體。例如，密勒日巴活佛為使敵人混淆不清，訴諸黑派舊佛教密術，在納溪雪山（即聖母峰）化身為雪豹，其理亦同，亞洲聖人和巫師能做這種技藝表演，打從馬可孛羅時代以來就由訝異的旅人指證過；美洲原住民和其他傳統民族之間，也曾有非常類似的入定法的報導。

昔時基督教和回教都描述過身體浮起的案例。有人看見「庫伯蒂諾城的聖約瑟」忘形飛到較低的樹枝上，根據一位十七世紀目擊者的說法，還曾「從教堂中間升空，像鳥兒般飛上高高的聖壇，擁抱神龕[3]」。這種不尋常的天賦，無論是否特意培養，可能都會使學道者逸出神祕體驗上帝存在的正道，所以大師們向來不予鼓勵[4]；除了淫、偷、殺生，佛教僧侶階級的四大罪之一就是妄言具有神奇的威力。據說釋迦牟尼有一次曾把一位門徒升空的技藝斥為雕蟲小技；有一位水邊的瑜迦僧浪費二十年生命學習在水上行走，其實渡船夫只要收一文錢就可以載他過河，釋迦牟尼也為他大嘆不值。

*

我們在火邊談起雪豹。GS說，這種動物不但罕見，而且警覺性奇高，難以捉摸，在牠躺臥的地方又有天然的偽裝，效果好極了，所以人從幾碼外平視都看不見牠。連熟悉山區的人也難得出其不意看到牠的蹤影，大抵是獵人在雪豹剛好走動時，靜靜躺在野生動物群附近，才能一睹天顏。「有一位中亞和西藏探險家碰過狼、野驢、羱羊、亦即『馬可孛羅綿羊』、奧龍哥羚羊[5]、野駱駝、熊，甚至土耳其斯坦老虎，卻從未提過雪豹[6]。」

GS搜尋多年，只見過兩隻成年的雪豹和一隻幼豹。第一次見到雪豹是一九七〇年在巴基斯坦的奇崔爾戈爾；今年春天在同一個地區，用活山羊做餌等了一整個月，才拍下雪豹的照片，這是全世界頭一遭。

雪豹通常在海拔五千呎以上的地方出沒，有時候高達海拔一萬八千呎。雖然什麼地方都很少見到雪豹，牠在中亞山區的活動範圍卻很廣，由阿富汗的興都庫什山，沿著喜馬拉雅山脈東越西藏進入中國南部，北達蘇聯山區和中國西部，直到西伯利亞和蒙古邊界的薩彥嶺都出現過。荒野中抓到的少數品種大抵來自蘇聯的天山山脈，那邊限量捕獵，別的地方則把牠列為受保護的動物。

---

3 見伊里亞德《薩滿巫教：原始的狂歡技術》（Eliade, *Shamanism; Archaic Techniques of Ecstasy*. Princeton: Princeton University Press, 1964.）。

4 「回教蘇菲教派把奇蹟看作擋在靈魂和上帝之間的『面紗』。印度教性靈大師們則叫門徒不要把專注冥思時意外產生的副產品——所謂『神通力』——放在心上。」請看阿爾多斯・赫胥黎《常年哲學》（Aldous Huxley. *The Perennial Philosophyl*. New York：Arno Press, 1970.）。

5 譯註：奧龍哥（Orongo）是太平洋東側復活節島（Easter Island）上的一個村莊。復活節島以神祕的巨型石雕聞名。

6 斯文・赫定《中亞與西藏第一卷：走向聖城拉薩》（Sven Hedin. *Central Asia and Tibet, 1: Towards the Holy City of Lhasa*. West-port Conn: Greenwood, 1968.）

典型的雪豹眼睛霜白，皮毛是淺淺的霧灰色，有黑色薔薇形小花，因為毛多又深，所以看不清楚。成豹的體重很少超過一百磅，身長包括長尾巴很少超過六呎，尾梢粗粗的，可能為了平衡和保暖，但牠可以輕易殺死體型有牠三倍大的動物。牠的腳掌奇大，臉短短的，腦袋有紋章，像神話中的靈豹；出獵時大膽又靈活。而且善跳；雖然常以藍羊為獵物，有時候也吃牲口，包括重達數百磅的小犛牛。這表示人也可能成為牠的好獵物，只是還沒聽過攻擊人的報導。

貓科大動物就數雪豹最神祕，牠的社會制度至今無人知曉，看到的幾乎都是單隻，也許捕殺獵物時會與同類碰頭，像老虎那樣，也可能像典型的豹子一樣不合群，獨來獨往。

十月二十六日　紅面魔——不可信賴的挑夫

昨夜我們在伏克蘇木多河口用枯木升了營火，我在火邊坐了好久，望著星星從山上升起。林莫村人在湖岸一處洞穴紮營，他們又唱又笑走過來，模仿「洋大人」和雪巴嚮導的每一句話。「謝謝你！」（Thak you!）、「很好！」（Ferry good!）、「荷！達瓦！」他們爽快多姿，但和善中帶點挑釁，我們無法信賴他們。昨天早上他們故意拖延兩個鐘頭才出發，以便早睡晚起走三天，不必兩天兼程趕路，而且不斷停下來休息，今天早上有一個人發牢騷，惹得其他的人也抗議負擔太重。由於揚布對這些人好像不夠果斷，GS大聲叫那人閉嘴，否則回家。今天我們離林莫村只有幾個鐘頭的腳程，這一招還管用，若在積雪中則又是另一回事了。這些「紅面魔」可以任意擺布我們，大家全知道。也許我們該用二十世紀初人家描寫過的專橫方法對付倨傲不馴的西藏人：「我全力撲向他，抓住他的辮子，直接從肩膀出拳打了他臉上好幾記。我放開他的時候，他趴倒在地，求我原諒。為了一舉打破這個西藏人的某些妄想，我叫他把我的鞋子舔乾淨……他想開溜，我再度抓住他的辮子，既然他膽敢不請自來跨上前台階，我就把他踢下去[1]。」

1 A·亨利·薩瓦吉·蘭道《禁地》（A. Herry Savage Landor, *In the Forbidden Land*. New York, 1899.）

（這位直率的英國人在藏西不斷被盜匪騷擾——難怪他的作品取名叫《禁地》。其實西藏不見得永遠是《禁地》；十七世紀末廓爾喀軍多次侵略，後來中國人又幾度入侵——包括一九二〇年和一九五〇年那兩次——在此之前西藏對罕見的訪客是很歡迎的。不過，藏地比世界任何地方偏遠難入；在中共最後一次入侵以前，北京到拉薩要走八個月[2]。）

我們在上個月的今天離開加德滿都，理論上明天該到達斯雅，已經比預料中慢兩個禮拜了。GS為進度受阻而擔心，不過林莫村上方的藍羊還沒有發情的跡象。反覆耽擱的結果，費用額外增加了，一而再再而三，挑夫們領了錢只是枯坐和睡覺。GS計算預算很嚴格——他對贊助的協會負責，一絲不苟——雖然加進我的錢，但遠征軍在博卡拉就已費用不足，沒法多僱一個挑夫扛燈油、沒法多買佐餐的罐頭食品，甚至買不起一瓶烈酒。香腸、餅乾、咖啡都沒有了，糖、巧克力、罐裝乳酪、花生醬和沙丁魚也都快吃光了；我們很快就得吃苦飯、粗麵粉、扁豆、洋蔥和幾個馬鈴薯度日，沒有奶油可加。晝短夜長，不能取暖，點燈的燃料快沒了，粗食無配料，斯雅精舍的日子一定很艱辛，大部分時間得窩在睡袋中保暖；我在這個破帳篷裡寫筆記，甚至不能將身體坐直，必須彎腰弓著脖子。

靜靜的湖面有紅葉漂浮；一位本教教徒咳了幾聲。營址上空的銀樺林裡，藍羊正在天邊的草地上吃草。高山的日照時間要看峰頭的位置而定，今天太陽出現在湖對岸的河谷頂端，比昨天早了八十分鐘。不久我們上路，往西上溯伏克蘇木多河，前往北面岡恩溪流下來的會口。

坎吉羅巴小山崩不斷，轟隆轟隆回響著，土石大概正隨著南坡融雪滾下來，看不見雪塵，只見藍天上發光的白點。雪崩聲勾起伏克蘇木多下方大瀑布的巨響，或者風暴聲或風浪聲，反正有一陣空洞又深邃的落雷，宛如萬物嘶吼的回音。

這處樺歪柳瘦的河谷在大太陽下也陰森森的，看不見活鳥，只見礫石灘上無數的紅尾鴝死屍，南遷的一整群都在這兒，可能是十月初遇到暴風雪死亡的。看我們的助手面色凝重，死鳥和峰頂不祥的隆隆聲也許是西藏神話中專門折磨進香客的山魔發出了警告喔！我們明天說不定能到目的地，但GS說得不錯，就算挑夫們可以信賴，那必定也是最艱苦的一天。他要自己背睡袋，也提醒我自己背。他說：「晴天海拔一萬七千呎不算太高，可是那種高度，天氣變得很快，不能鬧著玩；風突然一起，一下子就能讓你的體溫降個十五、二十度，所以我喜歡隨身帶睡袋，以防緊急狀況或受傷。」GS也顯得悶悶不樂。我們雖然嘴上不說，心裡都明白萬一受傷或生病一定很嚴重，而且一天比一天慘。考慮來回雙程，博卡拉在兩個月的腳程外，最近的杜納希電報局就算沒失靈，能不能找到醫生還很難說。就算找到了，人家能不能或願不願意暫停營業，為兩個異鄉人長途跋涉、翻山越嶺也很難說。簡言之，我們沒有理由寄望人家大老遠趕來相救。GS說：「人得了穿破性骨折還可以活命，反正隨時可弄斷重接。萬一闌尾破裂……」他沒把話說完。

上溯這座灰色河谷沒有道路，只見模糊的路跡淹沒在沼澤、柳樹灘和礫石溪裡。我們走了好

2 H. E. 李察遜與大衛・史奈爾葛羅夫《西藏文化史》（H. E. Richardson and David Snellgrove. *A Cultural History of Tibet*. London: Weidenfeld, 1968.）

幾個鐘頭，才來到北溪壁一處罅口的沖積岩邊，急流就在那兒從岡恩隘口冰原往下流。大白天山澗暗曚曚的，又陡又窄，在懸岩下爬升必須來來回回穿渡激流兩岸。每次我們脫下靴子和長褲，林莫村民就歡呼起來，一心希望我們這些異鄉人會在滑溜的岩石上摔破腦袋或跌進寒沁沁的水裡。我們兩腿發麻繼續爬，沒出什麼事。到了高一點的地方，山澗變寬了，東邊有崩落的雪塊滾下來，到了上面森林線附近的矮樺樹林，挑夫們把擔子扔下不走了；他們說再上去會太冷，不能紮營。GS無影無蹤（他後來告訴我，他坐在小路附近，看我們通過——他只是想躲開人群），由於揚布對這些人好像有顧忌，我只好氣沖沖上前大叫道：他們兩天來只完成半天的工作，除非我們今天爬高一點，明天早一點出發，否則根本沒希望過山口。沒想到他們又拿起擔子，乖乖再走了一個鐘頭。

到了高峽谷的一個轉彎口，最後的灌木消失了，積雪也加深了；溪水又深又急，不可能涉水而過，有三株樺樹樹苗壓著岩石塊架在水面，上一位旅人顯然把它當作便橋。水珠噴到脆薄的樹苗上，已形成厚厚的冰殼層，我四肢著地爬過去，一點也不慚愧。後來我們的助手來了，靠彼此伸手相攙，直挺挺過了冰橋。可是達瓦穿著笨重的靴子，不屑於求援，一面用我們過山口時要當冰斧用的鋤頭把冰砍掉，一面在岌岌可危的枝條上搖搖晃晃。我又冷又溼，這個蠢傢伙扛著我的乾衣服和睡袋呢！還好他終於過來了。

我們在橋面上方海拔近一萬四千呎的懸岩洞穴裡簡單搭了營。為了想一個人靜一靜，我溯溪走了一會兒，四周幾近全黑，我望著灰色的雀鳥在灰色的雪地上覓食。今天傍晚我心情好多了

——為什麼？我討厭灰灰的伏克蘇木多河，也討厭這條黑澗；烏雲向北飄，眼看要下雪了，挑夫們已指著隘口猛搖頭。但我心情平靜，對即將來臨的一切準備逆來順受，所以很開心。今天早晨揚布從溪流對岸把背包扔過來，達瓦過去接，笨手笨腳沒接住，掉進水裡；說來真奇妙，雖然隊長揚布因此必須穿溼衣服、睡溼睡袋，他卻笑起來，達瓦和蒲澤林也笑了，我的心情就此好轉。看他們那種無憂無慮、聽天由命的精神，那份不是宿命卻是深深信賴人生的接納容忍，我覺得好慚愧。

十月二十七日 善意的等待

我的帳篷呈銳角搭在石頭斜面上，寢具夾在兩塊尖岩之間。但我睡得很熟，醒來心情很高興，享用了一頓熱茶和糌巴早餐。趁著本教教民還沒從他們過夜的樺樹林走過來埋怨，我們天一亮就走出洞窟營；只要他們還沒領到錢，就注定要跟我們走。GS和我興致高昂，自信我們今天終於要抵達斯雅了。

GS說昨天他也覺得生氣和鬱悶。「這些混帳林莫挑夫比『骯髒的卡密』還要糟糕。雪巴嚮導們亂浪費東西、亂弄壞東西，也叫我擔心——你借東西給他們，才一天就破損不堪，活像用了一個月似的。昨天我只是受夠了人類罷了，」他看看四周安靜、清爽的晨光，看看厚雪下的峽谷壁。他把背包扛上肩頭說：「如此而已。希望能走進河谷，不必見到一堆人糞。」

不久，他就繞過峽谷一角消失了。四周空得逼人，我停下來聽冰下急流的嗤嗤聲，然後慢慢轉圓圈，吸收石頭、雪和天空的巨大能量。一條壯觀的冰河像凍結的瀑布占滿了南面的藍天，可是順著那堵冰牆流下來的陽光還沒挨到我頭頂的峽谷邊兒呢！我穿過灰色的黎明世界，往光明處攀爬。

半掩在雪中的落岩夾著冰塊和碎石，爬起來非常吃力。我快速走動藉以驅寒，在洞穴上方一千八百呎峽谷變寬的地方見到了陽光。根據GS手上的地圖，大約該在這一點筆直攀爬北面的谷壁，可是這一帶的地圖想像力豐富有餘，但精準不足。一九五六年五月有一位西藏佛教學者（我讀了他的佳作[1]，才敢權威地大談本區的傳統圖像，其實權威不是來自我本人）來找斯雅精舍，曾在上面的長峽谷頂端紮營，他沒提到爬岡恩隘口之前要先往回走到下游這個地方。由於學者們對小事比大事更不容易犯錯，我總覺得應該再走一哩路到山谷頂端再開始攀爬才對。

可是GS一口咬定自己絕不會錯，他向北拐彎。我在陽光下等了一會兒，看林莫村民走哪一條路，因為他們之中有兩位曾在比較溫暖的季節到過斯雅。不久他們出現了——他們走這麼快，一定是黑峽谷太冷的關係——在第一處陽光下歇腳，再出發的時候他們朝峽谷頂端走出去。GS已翻過一處山脊，不見了蹤影，我在空谷中呼喚，沒人回答。他可能會順著山脊繼續往前走，在更高的地方岔回小路，不然就重新下這座河谷，照我們留在雪地上的的新腳印跟上來。這兒有綿羊的足跡，說不定他遇見喜馬拉雅藍羊了。

到了峽谷頂端，一條模模糊糊的路面開始出現了，順著一系列陡陡的冰瀑往前延伸到某一個地方，溪流和路面又被吹雪埋沒了。打從出了酷寒的低峽谷，挑夫們每隔一會兒就休息一下，現在他們又停在一座因有風吹拂而未積雪的窄山脊上。我替他們開路，繼續攀爬，卻一再栽入沒膝的冰層，勉強前進；後來我抄近路橫切到凍結的瀑布，踩著半露的溪石繼續往上攀爬，到了雪原

1 大衛．史奈爾葛羅夫《喜馬拉雅朝聖行》。

上，溪石終於消失在積雪堆裡。

雪原高高橫陳峰腳下，在無邊的寂靜中實在很嚇人。沒人跟上來，四周的山脊也見不到GS的人影。我希望雪巴嚮導能說服挑夫們前進，於是想找一塊撐得住我體重的雪地容身，但積雪厚，空氣稀薄，我不管向哪邊走，只走十碼就累得走不動了。唯一的機會是直接爬上西山脊，那邊的雪好像被風颳薄了些。

終於有兩個沒帶擔子的本教教民上來觀望，不知道為什麼，雪巴嚮導們留在後面。沒人翻譯，我只好打手勢逗他們，他們哈哈大笑，同意把擔子扛上這處高原。到時候GS和揚布說不定已經露面了，我們可以做些決定。

可是下午挑夫們的腦袋出現在冰瀑上頭，遠征隊顯然遇到了問題。他們繃著臉扔下擔子，連三位雪巴嚮導都悶悶不樂。我指指積雪看來沒那麼嚴重的西山脊——岡恩隘口只要再爬兩個鐘頭，我們只要輪流開道就行了……林莫村民搖搖頭。這些雪原無法通行，而且今天已太晚，今年節令已遲，根本不宜到斯雅，要在那邊紮營更嫌太高、太冷了。雪巴嚮導也幫不上忙。我堅持不改口，心想GS究竟到哪去了。這時候揚布和蒲澤林把我拉到一邊，勸我不要繼續前進。他們信了林莫村民的話，就算到了岡恩隘口，山隘北面極陡又結冰，岌岌可危，去年就有個人在那邊送了命！揚布還擔心他的朋友吉亞參——風一定會把足跡淹沒，吉亞參和土克丹怎麼找得到我們呢？我們不如回林莫村算了。

我背少量行李試走過雪地，實在不能怪挑夫們想打退堂鼓。我們已在伏克蘇木多湖附近見到藍羊和雪豹的蹤跡，那邊不但風景炫奇美麗，而且出了事還可以跟外面的世界相通；我最怕萬一過了岡恩隘口，山隘卻被冬雪堵住出不來，那就糟了。另一方面，我們已來到這麼遠，要放棄也嫌遲了——離岡恩山口只有一哩路，離斯雅也許只有一天的腳程——就算我棄他而去，GS也不會考慮撤退，而我是絕不會遺棄他的。

東面和南面的山頂飄著烏雲，開始下雪了。我掛慮GS，頻頻叫雪巴嚮導們放心，他們卻比我更擔憂。就算林莫村民願意，我們也不能繼續往前走，怕GS萬一出了意外。寒夜將臨，他也許正在某一個冰川裂隙中等待救援。我想起他帶了睡袋，稍微放心了些。

林莫村民嘀嘀咕咕，他們想離開冷冰冰的白色荒原，趁天還沒黑之前在峽谷裡找個棲息之地。我用雙筒望遠鏡掃瞄山脊最後一眼，下令把行李放在黑碎石上被風吹出的一片空地，靠著雪堆擺好，整個用防水油布蓋起來。我宣布明天一大早從這個地方出發，他們沒有任何反應。達瓦和蒲澤林奉派帶著少量用具和食物下坡到洞窟營，那邊有柴燒。揚布和我原路折回，希望在天黑前找到我們的夥伴。

我安慰揚布，說不定下坡的路上就可以碰見GS，結果我們剛剛才出發，他就在冰瀑那頭露面了。遠遠看去便知道，他發現我們還在隘口這一端，很不高興。來到之後，儘管他沒找到岡恩隘口，他仍堅稱自己的地圖不會錯，錯的是這些本地人。有人暗示他失蹤才害我們不能繼續往前走，他惱火了，用指控的口吻說：「看來今天真的搞得一團糟。」不過我想，天黑時他若斷了腿孤零零被遺棄在冰上，遠征隊卻繼續走到斯雅，那他一定更惱火。昨天和今天挑夫們停工的時候，他都不在場，要不是我力爭，我們絕對到不了昨天和現在到達的地方，但我沒有特意指出來。反之，我直接說挑夫們不肯再走了，連雪巴嚮導們都勸我們在林莫村上方調查藍羊和雪豹就好了……。「不！」他說。由於被這些混蛋挑夫之流的人騷擾，林莫村的動物很野很散，我們非去斯雅不可。

我向揚布咧咧嘴，他也苦笑一下。他知道我開路開得筋疲力盡，就把自己的背包交給一個空手的挑夫，好意要接過我的擔子。為了讓GS消消氣，我說：「不，還是替喬治拿吧！」GS接受了這個好意，沒謝揚布也沒謝我，一言不發走下山。揚布猶豫好久才說：「雪若不停，我們永遠到不了斯雅精舍。」（其實他的用字措辭是「更多雪，永遠不去斯雅（More snow, never go Shey.）。」雪巴人的英語很流利，卻不合文法。）我答道，他身為高山嚮導隊長，應該隨時可向GS提出意見。他有沒有這麼做，我不知道。

我慢慢下山，遠遠落在一群人後頭，不急著回到那處黑漆漆的營地。儘管辛苦一天徒勞無功，儘管白白下降三千呎，明天又得千辛萬苦爬上去，儘管峽谷陰森森，天候無常，我的朋友心情不好，明天的前景堪虞，但我和森森巨石、捲雲和吹雪為伍，卻覺得安祥自在，彷彿大地已開門笑納了我。

十月二十八日　相對的因子

昨天傍晚小雨下個不停，今天早上天晴了。林莫村民要求加薪才肯走，沒達到目的，已撒手不幹了。GS嫌他們獅子大開口，我有同感，不過亞洲工資所增加的總花費只有二十五美元左右，我覺得我們的決定是假節省。他認為林莫村人反正走不到隘口就會離我們而去，到時候手頭更拮据，照樣一籌莫展。

GS凌晨離開洞窟營，希望太陽未把積雪曬軟之前，硬雪層能支撐人體的重量；他帶了兩位願意領路但不肯背東西的林莫村人同行，還帶了我們最好的翻譯揚布和最有經驗的登山好手蒲澤林。他們輕裝簡行，想辦法趕到斯雅，但願那邊能招募到新的挑夫。同時達瓦會背一擔薪柴到雪原補給站，以防GS一行人過了岡恩隘口，回程被大雪或黑夜困在那兒。我留下來守營地，留神手腳不乾淨的挑夫——其中一個已把我賴以防身的木棒摸走了。

現在是中午，達瓦上溯黑漆漆的峽谷蹣跚而去。雖然洞窟營是博卡拉以來最不適宜人居的營地，但我很高興獨自在這兒待一天。這處深邃的山溝彎角，眾石嶙峋，又窄又冷，清晨太陽只像預兆般在山峰間露面半小時，除此之外，營地四周一直暗矇矇的。到了這種高度，時值喜馬拉雅之秋，陽光和陰影的差異簡直驚人，帳篷邊的小溪堵滿冰塊，我爬到帳篷上方的岩石坡去取暖寫日記，蜥蜴卻躺在岩坡上曬太陽呢！

午後陽光照一照我的帳篷，馬上又消失了；坎吉羅巴山吹來的寒風猛打著寬峽谷。靜靜坐在一個地方冷得受不了，我向山澗下游走一小段路，來到一處看得見高冰河和大冰瀑的地方。未遭破壞的蠻荒地在陽光下亮瑩瑩的，被風一吹，雪花飄舞，雲在青空中飄過峰頂，色彩非常炫奇。

我再次發現這裡的河流有陰陽兩面，一岸白茫茫直到水邊，一岸則黑矇矇。但黑色這邊有一片白白的積雪，白色那邊卻有一塊黑漆漆的岩石，每一邊都包含著相對的因子。《易經》講陰陽平衡，似乎成了一種先兆，後來的電子說才把能源當作物質、當作萬物水乳交融的「遷流」的表徵，這方面密宗常以佛父佛母交泰之相來表示陰陽調融。密宗認為早期佛教悲觀地畏懼欲望和樂趣，不啻是另一種形式的束縛，他們強調不壓抑生命力卻也不依戀、不渴慕的生存方式。密宗關心總體的生存，認為人身涵蓋整個宇宙。一切思想和行為——包括性能力——若能超越與目標相反的一面，都能納入性靈成長的靈修項目之中。共享性愛、酒、歡宴之際，只要不忘記超然的視角，個別體的妄念自會消失。一切事物和行動都是平等、互相交織的，下自極微生物之自然感覺功能，上至證覺者完全開朗之心識皆為同一本原，甚至有人推薦信徒食用死人肉和穢物，終極擁抱一切生命。因此，密宗可以說是人類最早的宗教本能的實踐[1]：身心、大自然本為一體。但密宗各教派因頹廢而衰微，尤其是寧瑪派黑教，於是十六世紀達賴喇嘛們領導的新格魯教派發動改革。此時印度佛教早就被回教徒剷除，蒙兀兒皇帝阿克巴還下令把印度密宗信徒的肢體縛在大象身上活活分屍。

*

我回來的時候，達瓦、蒲澤林和兩個林莫村人蹲在洞窟營火邊。蒲澤林說我們明天拔營，我像小男孩拍手歡呼，幾張褐色面孔隔著火煙瞪著我瞧。GS帶揚布前往斯雅，叫蒲澤林帶回一張字條，使我的興奮一掃而空。

彼得：

昨天的路線很明顯——抱歉我不在場。直直爬上你說的那處山脊，兩個鐘頭就可以到隘口。

把所有裝備搬到二號營。在隘口搭三號營。一天走兩程，很容易辦到。

用你防身的小刀砍幾根兩到三呎長的細柳枝，沿路每隔幾百呎做個記號，以防路基流失。

給每位挑夫八十盧比的工錢。

GBS十二點在隘口頂端

我帶著達瓦的嵌花銅銀小刀沿著溪石走出去，斜砍發育不良的柳枝。GS為什麼要在海拔近

1 請看吉拉德・赫德《人類的冒險》（Gerald Heard. *The Human Venture*. New York: Harper & Row, 1955.）

一萬八千呎有積雪又有風的山口搭「三號營」呢？反正我們一定會繼續走回「二號營」（我猜他是指雪原補給站），那邊海拔低了一千呎，遮風避雪的效果好得多。我氣沖沖暗想，花個二十五美元的挑夫費，我們本可越過大風、天寒、雪又深的隘口。不錯，字條語氣專斷，似乎暗示GS若在場，挑夫們昨天下午早已走到斯雅，我看了更有氣。

接著一轉念，我又輕鬆下來；字條上一定不是我想的那個意思。GS行為看似暴躁，其實只是唐突，他曾把他要給我看的東西扔進我的帳篷，有一次我扔回去，暗示我不喜歡他這麼沒禮貌。但我對這人了解漸深，看出他這些動作不是沒禮貌，而是一個不喜歡受干擾的男子對別人隱私權的尊重——他知道我正在寫筆記或打坐冥思，也許不願交談。行程艱苦，彼此又無法片刻擺脫對方，這種體貼（也澤及雪巴嚮導們）也許比「有禮貌」更珍貴。有人表面禮貌卻心思粗鄙，遇到逆境就什麼禮貌都顧不得了。

GS在平地很拘禮，不太會表達感情，到了雪山自由奔放的世界，他才煥發出真誠、溫馨的光采。他兩度說出慶幸此行有我相伴，前幾天在林莫村他說他恨不得「摟抱」一個小孩（那小孩鼻子塌塌的，渾身髒兮兮，衝動遂抑止了），令我大吃一驚。儘管他煩惱重重，卻自然流露一股敦厚。雪巴嚮導們看出來了，所以很喜歡他，而且非常尊敬他。蒲澤林常盤腿而坐，怡然自得，在「喬治」膝前哼歌。

我給皮靴上臘、洗襪子、聽蒲澤林邊哼歌邊在一塊圓木片上擀麵餅。我跟嚮導們在洞窟吃晚餐，挨近小小的火堆，火光在幽谷的夜風中搖曳。蒲澤林跟我說，九月他和四、五位村民到尼泊爾東部的庫木布挖馬鈴薯，一個跟「大綿羊」一般大小的雪人幼仔出現了，手腳並用爬下山邊，似乎正在覓食；蒲澤林說牠逃走時用後腿站立，走路比爬行快得多，腦袋尖尖的，顏色「介於紅黑之間」。我想起在上蘇里河見到的不知名人或獸，顏色比一般人指稱的雪人泛紅體色深一點——「介於紅黑之間」差不多吻合。很多原始動物早年都長黑毛，年紀漸大，顏色漸紅，所以也適用這個形容。也許蒲澤林說話不實，或者只是編些「洋大人」愛聽的話，但他說的也可能真有其事。

蒲澤林充滿敬畏的面孔像小孩似的，教我想起GS說的一個故事：在尼泊爾東部的時候，蒲澤林收到一封信說他太太跟別的男人跑了。他哭著站起來，公開把信念給紮營處的所有雪巴村民聽，大家都站在那兒陪他落淚。GS說得不錯：「換了西方人，一定會悄悄溜走，自己默默踢石頭；但你不得不佩服雪巴人凡事這麼開朗。」這麼開朗，毫不設防，所以才如此自由，菩薩真性，像不定向的大氣微風，隨時接納每天發生的大大小小的事情。

十月二十九日　動人的領悟

黎明我帶著滿滿的背包動身，速度相當快，在海拔一萬五千五百呎的地方見到了陽光。此行很有趣，我知道路，可以好好欣賞細節。在被冰磨蝕的積雪空隙處，石頭縫中長出強韌的紅色葉莖多肉植物，很多石頭含有古世紀這些山巔還沉在海底時留下的化石紋。

在雪山中——是不是高度使然？——我覺得開朗、清明，再度像個小孩子。心中百感交集，意外發現自己又快要流淚了，這回是想起黛博拉在世的最後一個禮拜，有一天大清早，醫院打電話來；當時黛博拉已昏睡好幾天，醫生們認為已近彌留狀態，可是一位護士在電話中跟我說，吾妻想跟我說話——她必須告訴我心中已沒有誤解。接著我聽見黛博拉稚童般哀弱又清晰的口音，彷彿我在草地另一頭，對我呼喚道：「彼得？彼得？馬上來！我病得很重！」她一定自覺快要死了，語氣中的迷惘令我辛酸。我穿過冬天的街道跑到醫院，掠過許多繃緊而多疑的都市面孔，街道下冒起一股股凍結的水氣又飄走了。

如今在半個地球外，淚水在眼角凍結，我聽見陌生的嗓音，像落單的山狐狸嗚嗚叫，過了一會兒我又忍不住笑出來，心想黛博拉發覺我在雪山間為逝去的愛嚎哭，也許會大笑一場吧！眼淚和笑，來了又去，然後我自覺好軟弱、好迷離。清晨因高度而患的頭疼反而奇蹟般痊癒了。

雪原補給站空空如也，只有白雪和寂靜、冷風和藍天。我在暖陽下休息，白茫茫的虛空有如柔軟的壽衣圍在我四周。雖然沒人在場，但我在這片空無中的存在卻好像受到了矚目似的。

蒲澤林來了以後，我們在雪堆間的礫石溝搭起兩座帳篷；東西還好端端擱在霧濛濛的吹雪中。我遺失的木棍就在這兒，昨天動身攀爬的時候，有個本教教徒走過我的帳篷，順手牽羊拿走了，如今被他插在雪丘上。正午剛過，達瓦來了，我們吃完麵餅，就要背三大簍東西到隘口，再下坡回這個營地過夜。達瓦雖在道拉吉里山吃過苦頭，還是漫不經心，我規定沒圍眼布不准離營，他才勉強圍上。今年稍早，他曾為一支遠征安納普魯四號峰的美國隊伍服務，但只留在基地營。他沒有登山經驗，以成年人身分行事的經驗看來也不多。

沒有風，天氣很熱，及膝的積雪被太陽曬軟了。昨天早晨積雪未融前，ＧＳ一行人在地面留下了足跡，我們的皮靴踩著他們的足跡前進。我用破簍子背一麻袋扁豆，我可以保證，就算ＧＳ哄挑夫們往前走，遇到逆境時，他們走不到一百碼就會撒手不幹的。細帶子勒進我肩膀，簍子的枝條把我的羊毛罩衫刺破好幾個洞，而繫著粗繩的簍子左右搖晃得緊，害我失去平衡。空氣稀薄，我氣喘吁吁，身體很不舒服。眼睛盯著陡坡上前前後後交織的模糊腳印，免得看到迢迢長路心灰意冷。陽光在晶瑩的雪地泛出波光。

沒有路標，只見一望無際被鹹汗水模糊了的夢幻白影，往隘口的路呈瘋狂的螺旋形聳向藍天上的雪峰。不知道什麼地方傳來轟隆轟隆的雪崩聲。置身在海拔一萬七千呎高處，空氣極端匱乏，我卻背著六十磅扁豆，陷在軟雪中掙扎前進。每走幾呎，就上氣不接下氣地停歇一陣，肺都要脹破了。昨天的憤怒又湧上心頭，我咒罵GS太節省，才害我們今天爬這一趟山隘。今天我們要從洞窟營背行李涉過寒冰和厚雪，到達四千呎上方的岡恩隘口，明天每人還得再背兩擔東西上來。今天GS和揚布為什麼不回來幫忙呢？明知土克丹和吉亞參沒有嚮導根本走不了這麼遠，何必擺柳枝做記號給他們看？如果GS背過一袋扁豆在及膝的軟雪中爬陡坡走一千多呎以上，他絕不會傳什麼鬼話說一天走兩趟很輕鬆。

接著我宛如聽見遠處一聲驚雷，又恢復了神智，覺得發這頓脾氣實在很荒謬。我了解這個人，他若留在斯雅（如果他不來是出了意外，後果難以想像），自有他的道理。我發怒徒然耗費自己亟需的精力，體會至此，氣很容易就消了。

坡度愈來愈陡，我幾乎四肢著地，指節挨著積雪學猴子爬，這一來重心向前傾，刮破的肩膀因此稍稍得到休息。有三個念頭支持我前進：一是到多爾泊那一頭往西藏北眺，風光怡人；二是自由自在越過這片晶瑩的雪地下行，就可以喝熱茶、吃餅乾了；三是我突然發覺，陽光下我這兩隻拉著簍繩的手，方方正正布滿人生疤紋的褐色手背，跟父親的一雙老手沒什麼差別——在這種高度有此領悟，十分動人。我同時是眼前的我、過去的孩童、未來的老人。

苦苦跋涉三個鐘頭到隘口，上面有一陣極寒冷的北風，害我們俯貼在地上，無法站起來。原來岡恩山口只是兩塊危巖間一座窄脊上僅有的尖點，往另一側下行便進入積雪的大盆地。下行的頭一百呎，坡度陡得嚇人，沒有手的動物絕對下不去；稍一失足，就會足足滾下大半哩。

岡恩山隘海拔一萬七千八百呎，比阿拉斯加之外的美國任何一座山峰來得高，可是三面都有更高的山巍巍聳立。除了西藏，尼泊爾是全世界海拔最高的國家。山北的地平線泛著暗紫，那就是藏人的國度了。岡恩隘口北側的幾道幽谷暗矇矇的，其中必有一處通往斯雅精舍。

面對這樣的空茫，不難想像群峰之間的某處——就像讓恩山口下的索爾溪谷那塊綠地一樣——也許存在著世界的中心香拔拉。傳說老子向隘口門神提出「道」的問題，就牽牛消失在這片空茫之中；將佛法從印度傳到中國的菩提達摩祖師亦然。但我的第一個印象卻是混混沌沌的一堆亮麗山脊，一點生命都沒有，沒有炊煙，沒有路徑，沒有茅舍，連飛鳥都沒有。

向南望去，坎吉羅巴山群下有個棕色小點沐浴在陽光下，那就是我們的營地了。我沿著雪坡退回，拔腿狂奔，北面景觀的壓迫感逐漸消失。坎吉羅巴冰壁浮現在眼前，冰河在夕陽下泛著柔光。我又蹦又跳，飛快走完最後一段下坡路。

日落時分，一隻黑色的老鷹由群峰之間掠過，接著酷寒就從快速出現的星辰間降臨了。我們沒有多餘的燃料，只能趕快進帳篷，等待寒夜過去。

十月三十日　雪原上的苦差事

破曉時分，我探頭看外面安靜的宇宙，冰珠塞了我一鼻孔；我縮回睡袋，遮住腦袋。今天GS和揚布若不來，我要做個艱難的決定。由於我們的退路是走結冰的圓石堆下坡，可千萬不能被風雪困在這兒，反正燃料快用光了，我們無論如何不能留下。此處一片死寂，正是人類不宜的預警。

黎明時烏鴉來到營地。接著冷冷的陽光在白茫茫的世界邊緣升起，帶來陣陣輕風。

今天早上，我們得再扛三擔東西上岡恩隘口，然後再下來扛三擔上去，這樣就湊成九擔了；總共有十四擔。為了躲避嚴冬，我們等陽光照到斜坡，才用力攀爬，利用未融的積雪層，一個半鐘頭後抵達隘口。北面積雪的山谷仍一片幽暗，不見同伴的影子，也沒有鳥獸的蹤跡。

雪巴嚮導們立刻下山，他們好像也覺得這一片空茫有壓迫感。剩下我孤零零一個，霎時被北面的空寂所包圍——沒有風，沒有雲，沒有路，沒有鳥，只有山峰間晶瑩的彎角狀巨石，一塊塊像懾人的紀念碑掙脫了冰雪的魔爪，將無情的自體聳進藍天。晨光下，岩石映在雪上的影子尖尖的；明暗的張力中存在著宇宙的力量。這股萬物回歸的沉靜，這就是現實，靈魂和健全的身心，在這兒不比一陣吹雪更有意義；這種無常和無意義，好動人、好嚇人，突如其來，宛如打坐冥想中突然發現自體是透明的一樣。雪山比海或天空更能當「真如」的明鏡——完全靜止，完全清晰，一片虛空，是沒有生命或聲音卻承載著一切生命和聲音的空寂。但只要我仍是「我」，仍能感知那「空」而且置身在「空」之外，那麼鏡面依舊罩著一層雪霧。

有個側影掠過下面的白色荒原，手上垂盪著一捲黑色的東西，是達瓦帶著拖繩和頭帶，但這片光明中有個東西晃動，卻不止是達瓦。太陽正在嘶吼，把每粒雪花的結晶填滿，都快撐破了。我興奮得滿面通紅、感動莫名，熱淚再度凝結在臉上。這些石與山、萬事萬物、雪、空氣——地球嗡嗡響。一切都在動，充滿威力，充滿光明。

*

我急著趁雪沒軟化前再度攀升，所以走得很快。這回我的簍子裝了一袋洋蔥——洋蔥的臭味在濃烈的雪封空氣中真是蔥勁兒十足！按理說洋蔥不該這麼重的。後來我才發現，狡猾的蒲澤林在洋蔥底下藏了兩加崙的食用油，他在我後面嘻嘻哈哈偷笑。

積雪外緣已經融掉了，我一路突破障礙往上爬，此行比上一趟足足多花了半小時，但比昨天少一個鐘頭。正午過不久，我們抵達隘口，蒲澤林首先俯視下面的積雪大盆地，回頭看著我，笑臉換成皺眉，嘆了一口氣說道：「喬治在那邊。沒有挑夫。」達瓦和我疲乏地靠著空空的碎石堆坐，解下背東西的繩索。「喬治」穿著鮮藍色的羊毛罩衫在遠遠的下方緩步往上爬；更下方，揚布正在一塊白岩石上休息。陽光普照，北面的高山看來不那麼凶險了，但我們看ＧＳ走動的樣子就知道，通往斯雅的路徑埋在深雪中。背上的熱汗轉涼後，我們凝視下面，目瞪口呆。

今天空氣稀薄、擔子重都算不了什麼，我最怕的是雪光，被亮燦燦的白雪照了兩天，我的頭部、眼睛、腦子都完蛋了——我頭暈眼花，在世界高峰邊緣搖搖晃晃。蒲澤林和達瓦也患了灼傷和頭暈——儘管我再三叮嚀，達瓦仍沒把遮眼布當一回事。我們爬了兩次，肚子餓了，不等GS和揚布，就下坡回雪原營地。大家嘴裡不說，其實心灰意冷；把十四擔東西從雪原營地搬越岡恩隘口，再搬下斯雅，這個苦差事全靠我們五個人完成。

午後，GS和揚布抵達營地，帶來壞消息——斯雅沒有挑夫也沒有糧食。十月初的暴風雨把我們困在多帕坦，不出所料，當時這裡的山峰下了暴風雪，迫使當地人封閉「水晶寺」，棄守斯雅，越過東山到撒爾當去了，只留兩個女人守著倉庫。

GS自動提起前兩天他所謂的「便箋」，解釋說岡恩隘口又冷風又大，他只能寫要點；他叫我付錢給兩位林莫村民，是因為他手指凍僵，沒法數錢，搞不好錢會被風颳到西藏去。我坦承自己不太喜歡那張便箋，想要說出理由，他早已預料到我的反感，忙說便箋內容無意批評我的行動，只是承認我對路線的本能判斷是正確的；而他「在錯誤的山頭等太久」，耽誤了我們的時間。他會那樣寫法、我會有那樣誤解，他認為是頭幾天的壓力使然，高山過敏症也是原因之一，好多高山遠征就是這樣告吹的。他句句實言，我自覺好愚蠢。我想起自己第一次到高海拔的安地斯山脈，忽然變得反覆無常，任何一陣突來的響聲都會引發暴怒。兩人立刻決定不再提這件事——我們很高興能聚首——由於兩人在這個營地必須共用一頂小帳篷，和樂是好事——對斯雅的事也興奮莫名，因為也有好消息，那邊的藍羊又多又溫馴，我們大老遠來調查的發情期才剛要開始哩！

明天早上天氣如果不錯，我們就運最後五包東西到岡恩隘口，再將十四包行李一起沿著山壁往下溜，送到積雪盆地底部的一個黑色冰潭上。從那邊再接力搬運，往河流下游走三個鐘頭到斯雅。我們會在雪原營地留個祈禱石堆和食物給土克丹和吉亞參，並指示他們別理會林莫村民的勸告，繼續向斯雅邁進；他們輕裝簡行，從雪原營地大概只要半天就可以走到斯雅。萬一隘口被暴風封死，他們可以繞遠路從木瓦村經由撒爾當到我們那兒；斯雅的女人說那條路要經過三個高山隘口，但沒有一個像岡恩山隘這麼凶險。如果這些辦法都行不通，他們就在杜納希等我們。

*

夢中我高高興興上山。有一個地方崩掉了，四處一片光明。什麼都沒變，卻樣樣令人驚異、泛著冷光、很自由，我終於獲得解放飛上天……我常做這個夢。有時候我向前奔跑，然後像風箏般飄起，高高地在地球上空，總是透明飛行一段時間才醒來。我怕墜地，「寧可」醒來，可是這種夢讓我知道自己是萬物的一環，只要我肯放輕鬆，繼續前進就行了。宋淵禪師曾說：「不要沉重，要輕，輕，輕——充滿光明！」

我最近做夢已兩度看見極強極亮的光，「把我吵醒了」，但那道光並沒有延續到清醒狀態。醒和夢哪一個真實呢？宋淵禪師的師父此生寫的最後一個漢字、最後說的一句話，就是「夢」。

十月三十一日 及時一躍

今天是十月的最後一天。

我累了，早上爬那段路比昨天同一時刻多花了半個鐘頭。到了盆地外緣，我們先休息一會兒，才往盆地中的藍色倒影走下去。我插下木棍，然後在雪壁上踢出一個立足點，再把木棍往下挪，再踢下一步——GS叫道：「一次只能挪動一點！」——最後總算來到尖頁岩斜槽上方的一個據點，我弄平一小塊地方站穩雙腳，準備接上面拋下來的東西。太陽曬不到的地方，空氣冷颼颼的。GS把我的背包傳下來，然後是一袋扁豆，再來是合成橡膠大袋子裝的麵粉。我把扁豆和麵粉甩到我右邊；他們打算從那兒清出整片頁岩，把東西滑下去。鬆垮垮的一袋扁豆，不久就落在百碼下岩壁和斜坡接壤的地方，可是滑溜溜的合成橡膠袋一口氣掉進更下方的盆地裡，速度極快，雪巴嚮導們把腦袋伸出邊緣，鼓掌歡呼。

我帶著背包用木棍戳雪探路，小心翼翼下坡來到扁豆袋旁邊，然後一面推送粗麻袋、一面繼續往下走。盆地側邊極陡，我四肢著地面向斜坡，身體幾乎呈直立狀，一路得把腳印用力按進硬雪層，才不會連翻滾落，刮傷身體。

上面的人陸續再搬些擔子到盆地外緣，他們的身影看起來好小好小；我看見蒲澤林正往剛才我立足的小平地走下來，就在這一刻，正當太陽由岡恩隘口邊緣射下寒湛湛的光芒，天空突然傳來一聲警告——一包東西要下來囉！

天上的黑影、世界末日的太陽、發亮的冰，還有這個黑溜溜蹦下來的東西——起先很小，每彈撞一下就彷彿加大幾分；有一擔東西掉下來囉！我帶著背包笨手笨腳，緊抓著硬雪層，深怕隨便一動就會出錯，因為那黑溜溜的東西下滑的彈道實在太不規則了；我拚命踢冰，弄出一個立足點，準備在最後一刻向旁邊跳。那俯衝而下的東西撞到我上面的斜坡又彈開，遮住了天空；有人大聲吆喝。即使在如夢如幻的最後一秒，我仍沒料到那玩意兒會正巧撞到我置身的地方，實在太驚人了！我慌忙向左一躍，GS的大箱子——書、備用靴、攝影設備——撞碎了我剛剛置身的雪層，呼嘯而下。我在斜坡上失去了立足點，開始往下滾，幸虧木棍插透硬雪層深處，幫了我的大忙，我手腳伸開趴倒在地，額頭向著白雪，氣喘吁吁。遠遠的高處傳來GS的聲音，正大罵蒲澤林不小心。後來我跟蒲澤林開玩笑（「我還以為你是我的朋友哩！」），他緊張兮兮怪笑說：「對不起！」

我們希望中午能把東西推送到雪湖，可是現在天暖無風，對我們不利。有些地方很陡，東西在硬雪層順利滑下，一個人可以運三件，可是後來太陽當空，東西便一路卡住，必須用力拖過軟雪地。我們經常連褲襠都陷進雪堆，第一件行李運到雪湖，已經下午三、四點了，其它的還散列在高高的斜坡上。GS穿雪鞋，情況比我們好一點。不過我們全都一身溼，筋疲力盡。

太陽落在盆地陡壁後方，酷寒眼看要來了。雪巴嚮導們沒背東西，快速趕往斯雅，但天黑之前不可能抵達。我雖然很想今天晚上就到斯雅，不過溼淋淋、累兮兮在積雪、冰溪石和浮冰中跋涉三個鐘頭，未免太愚蠢，我主張在這邊紮營，GS同意了。我們中午沒吃東西，可是現在太累，根本不餓，於是我們在怪異的小塘邊露營——這個季節白天冰雪融化，只見一窪黑乎乎的黏土——分享最後一罐沙丁魚。黃昏暮色降臨後，就在睡袋裡擠成一團。

日暮的風已漸漸停息，由於四周的雪堆又深又乾，都會飄動，風停是件好事。GS倒頭就能睡著，漫漫長夜對我來說卻很難挨。我想起薄暮中飛過天空的黑色大老鷹，一定是金鷹。我上回見到這種鳥，是在北美西部的山區。有一隻老鷹每天此時掠過雪原營地，也許就是這一隻吧！英勇的鳥兒啊！在這片白茫茫的苦寒荒地，在這黑暗的邊緣，牠能追獵什麼？

水晶山

正如伸在面前的手遮住了最大的山，瑣碎的凡俗生活也教人看不見世上充斥的巨大光明與奧祕，凡能將瑣事抽離眼前，宛如移開一隻手的，就能目睹內在世界的大亮光。

布拉茲勞的納哈曼猶太法師（Rabbi Nachmann of Bratzlav）

日日月月是永恆的過客。消逝而去的年華亦然……我曾長久被吹動浮雲的風誘惑——內心充滿強烈的飄泊欲念……我穿行雲霧間，吐納高山的稀薄空氣，足踩滑溜溜的冰雪，最後更彷彿穿過通往太陽和月亮的雲門，抵達山巔，上氣不接下氣，幾乎凍死。不一會兒太陽下山了，月亮在空中泛出光明。

芭蕉《奧之細道》（Basho. *The Narrow Rood to the Deep North.*）

十一月一日　抵達水晶寺

這處黑池塘營地雖遠在岡恩隘口下方，海拔仍高達一萬七千呎，太陽下山後一個鐘頭，我的皮靴就結冰了。GS的溫度計指著攝氏零下二十度（華氏零下四度），我把所有衣物全穿在身上，還是整夜冷得發抖。黎明總算來了，可是這種高度很難把一壺冰燒成熱水。九點過後，我的皮靴才解凍，我們遂踏上征途。

這個積雪盆地是一條冰川的源頭，冰川順著深邃的峽谷流到斯雅。我們在峽谷內遇見揚布和蒲澤林正要去拿食物和炊具，他們說達瓦嚴重雪盲，又病倒了。

四處冰冷幽暗，雪巴人的足跡順著溪邊光滑的圓石伸展，半路上我滑一跤，帽子上插的戴勝鳥羽毛遺失了。河流倏然陡落，斯雅海拔比岡恩隘口低三千呎，深雪中很不好走，所以雪巴人沒留下固定路線；大家各自在雪堆間掙扎通行。最後，從峽谷一處高角隅，成堆成堆粗糙的紅棕色民房終於在望了。另一條河從東邊來會，寺院像小碉堡立在交會口的斷崖上；下游一哩處，兩條河都消失在又深又黑的幽谷中。寺院朝南，除了廟後面的山麓矮坡，整片沒有樹的荒地大多覆蓋著冰雪，偶有凸岩點綴其間，宛如白紙寫黑字一般，氣氛荒寂狂放，壓倒了寥寥幾間民居的氣勢。

高高的西面，一座白色金字塔飄浮在空中——那正是「水晶山」。夏天這座大岩岡成了全多爾泊以北地區進香客的聖殿，他們照規定繞「水晶山」走一圈，參加斯雅的聖祭[1]。下雪時節此峰強有力的形狀最是鼓舞人心，即使今天沒有雲飄過，峰頭仍彷彿正穿破藍天往上伸。「這一座山的威力強大又微妙，遠遠近近的人彷彿被什麼看不見的磁石吸過來一般，自動自發蜂擁而來，他們情願歷盡艱苦和匱乏，一心想接近並朝拜這股神力的中心……現代人腦中數字第一，但當地人膜拜或信仰的態度不受海拔多高等科學數據影響，也不是為了『征服』山丘才來……[2]」

斯雅下方有個礫石孤島，得穿過一條淺水道的積冰和石頭走過去。孤島較低的一端有多扇祈禱牆和一座動物石欄；再過去有小導管把河水引向祈禱法輪，法輪狀似風車，各自擺在不同的石頭聖龕裡。現在導管結冰，法輪靜止不動。小浮屠頂上供著白石英水晶，可能是夏天從「水晶山」拿來的，夏季裡五座祈禱法輪會推動五座古祈禱鼓，把「唵嘛呢叭彌吽」的經咒傳遍冷冷的峽谷四方。

過了木板橋，小路爬上坡岸，通到懸崖上兩座紅白相間的浮屠邊，我緩步登臨。禱告幡旗迎風輕響，有個風鈴裝了半月形的木翼推動鐘舌；除了冰河流到溪石上的聲音，斯雅精舍最先聽見的動靜就是輕風中的風鈴聲。

六座石屋成串抹了紅色，表示斯雅是寺院，不是村莊。另外，有五棟小一點的房子坐落在山丘更高處；屋群上方有一隊藍羊，肉眼即可看見。往河對岸北邊看去，一間紅色的隱廬立在峽谷入口的斷崖面上。此外，除了祈禱牆和石畜欄，就只有融雪處的巨大岩層和乾乾沒有樹的山坡，以及白雲和藍天了。

我慢慢往前走，身心都鈍鈍的。回頭看「黑河」上游的巨大冰簷，心知我們已越過坎吉羅巴山，來到西藏高原的山丘荒漠——我們已從南至北穿越喜馬拉雅山。可是我直到攀升這段從冬河到懸崖的急陡短徑，才發覺自己跋涉三十五天之後是多麼疲乏。喏，十一月的第一天，我終於站在「水晶寺」和積雪下的奇石、旗幟和風鈴面前。

廟堂和附屬房舍構成一個朝南的廟院。兩個女人和兩個嬰兒坐在陽光下，沒有歡迎的表示。前幾天揚布和GS第一次露面時，女人怕康巴族盜匪，躲在屋內閉門不出，現在對我們莫名其妙的任務顯然還是很懷疑。年紀較輕的女人正用古老的織布機織一塊粗布。我說了聲：「Namaste!」（有禮了）她學舌般回了一遍。除了三隻長毛犏牛和一隻黑色的老母山羊，她們是唯一留守斯雅的哨兵。廟內的人稱這個地方為蘇木多，就是「交會口」的意思——懸崖下有兩條河交會，一為甘珠河，即「雪水」之意（因為源頭的黑池塘、黑峽谷中的黑鷹和黑黝黝的石與冰的圖案，我暗地裡稱之為「黑河」）；另一條為耶珠河，是「低水」的意思（因為來自東邊的雪地，我稱之為「白河」）。

揚布占用了唯一沒上鎖的房舍當廚房兼儲藏室。那兒跟別的房子一樣，扁平的屋頂是由黏土

1 大衛·史奈爾葛羅夫《喜馬拉雅朝聖行》。
2 高聞達喇嘛《白雲之道》。

加樹枝築成的，上面堆著薪柴，有個小木門通進未隔間的室內，西牆有個小窗戶可透入午後的陽光。孤零零的陽光宛如中古壁畫上的一道光明，照亮了被煙熏黑的梁柱。屋頂很矮，GS和我都得彎腰低頭，地上光禿禿的，只有一個三角泥灶用來架鍋子，灶裡燒牛糞或柴枝，煙很濃，靠近地面的地方留有吹火的小洞。揚布和蒲澤林的帳篷就在門外，達瓦睡在屋內看守補給品，GS的藍色帳篷搭在屋外上坡處，我則搭遠一點，上溯「黑河」朝東對著日出的方向。

雪巴嚮導們叫年輕的女人「娜姆」，即「女主人」之意；烹飪小屋是她哥哥塔西昌榮以前的住處（西藏人和美洲土著一樣，往往覺得叫人全名很失禮）。她兒子年約四歲，叫做卡馬虔貝；女兒約兩歲，叫妮瑪柏蒂。「妮瑪」意為「太陽」或「向陽」——「向陽柏蒂」！老婦人叫「索娜姆」，她丈夫張拉普克和女兒卡莉瑪柏蒂都到撒爾當過冬去了，索娜姆一個人住在山坡上那個廢棄的小村子裡。「娜姆」說下雪前這邊有四十個人，包括二十幾位僧侶及兩位喇嘛：他們都翻山越嶺到撒爾當去了，她丈夫過幾天會從那邊回來——這話是不是存心警告沒帶女人來的異國男人呢？「娜姆」的丈夫有「水晶寺」的鑰匙——她是這麼說的——四、五天或二十天後他來時一定會隨身帶著。「娜姆」年約三十歲，壯碩明豔，而且很獨立。她不拘禮地談起藏地卻不談尼泊爾；連林莫村都算異國土地，遠在岡恩隘口那一端。

喇嘛不在，真教人失望。不過，我們能到這兒已經夠開心了，好幾次我們都以為永遠到不了哩！現在早上醒來，再也不用穿上溼皮靴，拔營催人出發；傍晚也有家可回。日子不受挑夫困擾，惡劣的天候也有個地方遮風避雨。斯雅通到外面世界的高隘口橫在雪峰間，如今在寒星下看來恍如鬼魅。喝下扁豆湯，肚子暖洋洋的，我們走出煙霧彌漫的小屋，GS大聲說：「上帝啊，真慶幸我今夜不在那邊！」我們知道能在無風的好天氣越過岡恩隘口實在太幸運了，心想晴天不知能持續多久，土克丹和吉亞參不知道會不會露面。現在已是十一月，一切都要看雪水而定。

十一月二日 令人興奮的動物

斯雅海拔將近一萬五千呎，與讓恩山口等高，坐落在俗稱為「內多爾泊」的地區[1]，與東多爾泊隔著一列新月形分布的高峰，大概是世界上高度數一數二的人類居住地了。居民純屬西藏後裔，生活方式跟中亞來的韃靼羌族沒有多大的差別，一般相信羌人就是最早的藏民，而此地居民說話跟兩千年前左右來的游牧民族相仿。多爾泊以前是藏西的一部分，佛教肯定很早就以某一形式傳到這兒。卡納里大河以北以西，西藏高原向印度教徒和佛教徒口中的「須彌」或「（蘇）迷盧」聖山，也就是濕婆神的家和世界的中心凱拉斯岡聳去；有四條大河從凱拉斯山呈大曼陀羅形（圓輪包正方）流向印度的海洋，一為卡納里河，一為印度河，一為蘇特勒吉河，一為婆羅馬普特拉河。

斯雅精舍（藏語發音為Shel-dgon-pa）是噶舉教派的廟宇，這個教派在十一世紀脫離寧瑪派的「時輪經密宗」而成立。時輪經（Kalachakra）也是十一世紀傳入西藏，傳說源自名叫「香拔拉之旅」的密宗哲學，教人如何超越時間（死亡），一般相信文殊菩薩畫像中出現的「智慧之書」就是《時輪經》[2]。在時輪經教義中，本已眾多的佛陀面相再次分裂，同一個神明又分化成祥和與憤怒兩個面貌，所以大慈大悲的的觀自在菩薩也被視為「死亡之神」、「大時間」、「大黑天」——密宗以擬人化手法表現宇宙的瓦解力，常將他刻畫成身披骷髏和人皮、揮舞著標槍、足踩著正在交媾的人類。凡是願讓過去死亡以求重生的人，「大黑天」會予以解放；凡是貪戀輪迴中的現世，一再陷於飢渴、飽足間者，「大黑天」會加以威嚇——他那裝滿血的骷髏頭杯子正是種種渴欲的象徵。「經過改革」的噶舉派、薩迦派和後來達賴．喇嘛領導的格魯教派，都保留時輪經中眾神祥和兼凶殘的面貌，不知是件好事還是壞事。十六世紀以後，西藏佛教一直由達賴喇嘛主控至今。

噶舉教派由「譯師」瑪巴大喇嘛創建，他曾三度到印度，從名師納洛巴學習；回到西藏後，把法輪傳給密勒日巴活佛。後來密勒日巴的門徒從噶舉教派分裂出去，成立卡瑪教派，十三世紀這個新教派是最早在元朝皇帝忽必烈身邊得勢的西藏教派[3]（根據馬可孛羅的記載，忽必烈大帝改信佛教，有位喇嘛使一個杯子自動升至皇帝唇邊，因此壓倒基督教、回教和道教的傳教士，鞏固了忽必烈的佛教信仰）。

十六世紀以來的格魯派宗教改革並未改變噶舉——卡瑪派的本質，至少在「水晶山」這種偏

---

1 大衛．史奈爾葛羅夫，《四位多爾泊喇嘛》（David Snellgrove, *Four Lamas of Dolpo*. Cambridge, Mass: Harvard University Press, 1967）

2 L. A. 瓦德爾《西藏佛教》（L. A. Waddell. The Buddhism of Tibet. London, 1895.）

3 《皇家人類學會期刊》（Journal of the Royal Anthropological Society）一九五八年十月號H. E. 李察遜的文章〈卡瑪教派史記〉（H. E. Richardson, The Karma-pa Sect "A Historical Note"）

遠地方沒有。卡瑪派的禁欲清規和簡約的教義不鼓勵玄學的思索，卻鼓勵人長時間打坐入定，幾乎跟禪宗一模一樣，禪宗也強調直觀經驗甚於僧侶教儀和學理。兩者都被稱為解放的「近路」，雖然這條近路艱辛陡直，卻也是佛教的精髓，把一切宗教裝飾都削除了。「水晶寺」屬於這種「禪」派，斯雅喇嘛是有分量的活佛，被整個多爾泊地區尊為瑪巴喇嘛的現代化身，我覺得真是美妙的因緣。來這邊的路上，我想像自己依照祕傳儀式晉見喇嘛，並點酥酒燈，甚至曾希望拜他為師。如今寺廟上鎖，喇嘛出遠門，就當作是我的性靈野心受到了報應，這個仍以自我為中心、像山羊迎著北風咩咩叫的「自我」，受到了無聲的教誨吧！

*

昨夜氣溫降到攝氏零下十三度，一陣強烈的東風啪啪打著我的帳篷。今天早上我把帳篷搬進一棟空屋的畜欄內。圍欄壁上有出色的石雕，其中一幅刻的是觀自在菩薩（大悲神主）淚水中出生的多羅（藏語叫多爾瑪）女神，也是菩薩精神的具體代表。多爾瑪是「大悲神主」的女性面，也是西藏的守護女神。我看見她在牆上，覺得很開心。

寺廟有別於毗連的建築，兩側帶屋頂的陽台下各有一個考究的浮雕入口，屋頂上擺了大量飾物，包括禱告幡旗、法螺、羱羊的大角，以及不丹北部和西藏東南獨有的錫金雄鹿的巨角（由於這兩種動物都不產在這兒，GS看了羱羊角和巨鹿角十分著迷，何況錫金鹿據說已經絕種[4]）。

寺廟雖然緊鎖著，橋上方巉崖上的兩座大浮屠卻依稀可看出廟內的圖像畫法。浮屠約三十呎高，典型的方形紅基座加紅花邊的白圓頂，圓錐漸漸尖上去，頂上有個月形冠和太陽圓盤。基座四面是各種象徵動物的粗泥壁畫——東面是象，南面是馬，西面是孔雀，北面是鷹頭人身的金翅鳥，翅膀載的顯然是太陽和月亮。這種鷹頭人身鳥和浮屠內的「卍」字都是佛教之前的符號，門上的陰陽符號也是一樣，據說陰陽符號遠在三千年前中國早期的道教出現前就已經有了。

其中一座浮屠內有個小房間，裡面擺兩排古祈禱輪，一排各五個，訪客可以同時轉十次「唵嘛呢叭彌吽」；每個輪子都代表佛陀起先推動的法輪，也代表宇宙的旋轉。牆上和天花板上有彩繪曼陀羅和佛像，包括普賢菩薩及在伏克蘇木多湖打擊魔女的蓮華生大師——在這邊他被繪成凶猛的時輪經「虎神」面目，當作「護法」。有個和藹可親的菩薩，四隻手各拿一串念珠、一朵蓮花和代表慈悲的藍球或「嘛呢」，他就是觀自在菩薩，亦即「大悲神主」。主控一切的是「金剛大持」，就是象徵宇宙能源精華的「雷霆」金剛鑽的持有人。「金剛大持」是西藏的原始佛陀，他將法輪傳給印度大智者提洛巴，因此開始了著名的轉世化身序列——提洛巴傳給納洛巴，再傳給「譯師」瑪巴喇嘛，再傳給密勒日巴活佛，以此類推，直到今世。他還出現在屋外的圓頂壁畫上，肩上挑著金牛宮七星和黑鐮刀月亮；身體呈天藍色，象徵他永恆的本質；手持一個鐘，代表無言智慧的完美之音。圓頂旁擺一具風鈴，微小清脆的鈴聲隨風變幻，似乎更加深了這個地方的

4《紐約動物學公報》（*New York Zoological Society Bulletin*）一九七一年春季號喬治・B・夏勒〈一位博物學家在南亞〉（George B. Schaller. “A Naturalist in South Asia”）

寂靜。

第二座浮屠的大小和特性與這一座差不多，浮屠和寺廟房舍之間有許多雕刻石板，幾千幾萬片堆成五呎高的平台，那麼多祈禱石聚在一起對我而言是空前絕後。上面最常刻的是「唵嘛呢叭囉吽」經咒，不過也有生命之輪、雕刻佛像和禱告文，一堆又一堆。石板的重量從十磅到幾百磅，不一而足；有些是最近的，有些很古老，上面的碑銘飽經風霜，已經模糊了，壓在底下的石板更是數都數不清。而且這些石板堆成的巨牆幾乎圍住寺院和毗連的房舍，以及北側的一群小浮屠，河洲上和小徑沿線也有大量祈禱石牆。牆壁底層的祈禱石大概有幾百年的歷史。雖然沒人知道最初的祈禱石鑄刻時誰住在這個地方，但斯雅地區有大量老石板堆積，足以證明「水晶山」是西藏佛教的古聖地，說不定佛教出現前也是本教聖地呢！山北不遠處的沙木林寺是本教的古堡壘，藏有本教最古老的經書，我不禁想像這片古雅的天地可能正是本教教徒聲稱為他們宗教庇護所的相熊王國。說相熊古國「神祕」也許還太輕描淡寫：地理書上找不到多爾泊國度，連我這種相信古國存在的人，都覺得它神祕無比哩！

＊

今天早晨我在曬得到太陽的帳篷裡洗澡，整理裝備。達瓦害雪盲症，還在叫苦連天。揚布和蒲澤林已越過「黑河」去找矮柏樹的殘枝當柴燒。GS爬上蘇木多山麓看藍羊去了，早晨十點左右他凍得半死回來。我們匆匆吃了一頓粗麵餅，就動身去勘察本區其他的藍羊群，往東走上「白河」北岸的撒爾當小徑。「白河」跟這個季節的索爾溪和其他東西向的河流一樣，朝北這邊冰天雪地，對岸卻可以看見山撥鼠從洞穴裡出來漫無章法亂逛，而在雪地上留下的足跡；也許牠們太早被印度洋季風帶來的暴風雪困在地下，中間曾外出覓食吧！不過牠們現在正在冬眠，沒有新近留下的山撥鼠蹤跡，大地似乎顯得空蕩蕩的。

雪雲聚在山頂上空，晶瑩的河水流過黑色岩石，轉成黑色。一隻孤零零的犏牛用鼻子去挖石頭地。GS撿了一隻大型肉食動物的糞便，在手上翻來翻去，自言自語說狐狸腳印在黑池塘那麼多，這兒海拔更低，為什麼卻不常見呢！「說是狐狸又太大了，我想……」

GS自言自語的當兒，我掃瞄山坡找藍羊的蹤影，蘇木多以東這片綿延的丘陵，我們連一隻藍羊都沒見到。他突然說：「停！不要動！兩隻雪豹！」我看見一個淺色的身影溜到雪痕斑斑的矮山岡背後，GS激動莫名咕噥道：「尾巴太短！可能是狐狸——」

「不，大得多——」我說。

「狼！狼！」他嚷道。

喏，牠們在那兒。

狼群不慌不忙爬上矮岡另一側的斜坡，使光禿禿的山丘生動不少。北面斜坡上的兩隻雀躍嬉戲，不一會兒就停下來打量我們，溫馴得教人吃驚。接著牠們橫過小丘，跟正在爬石溝的三隻結伴而去。狼群每隔一會兒就停下來看看我們，我們用望遠鏡津津有味欣賞發光的狼毛：兩隻是銀色的，兩隻是淺金色，一隻是沒有顏色的霜白，霜色的雄狼塊頭很大，看來是領袖。每一隻狼的尾尖都是黑色的。背上有一處細微的黑色波紋。GS說：「難怪沒有狐狸或豹的蹤跡！難怪藍羊待在河邊斷崖附近，遠離這處曠野！」我問狼群會不會獵殺狐狸和豹，他說會。基於某些理由，狼群在這邊出現害我們嚇一大跳，這種神祕的動物應該住在西藏才對。牠們是亞洲種的柴狼，我們倆在阿拉斯加都見過。狼向來是令人興奮的動物——牠們走進空山，山活躍起來了。雪地上有五組狼的腳印，路旁的舊狼糞含有易碎物質和軟軟的黃毛——是藍羊和山撥鼠的毛。

路上走來一個老婦人，她孤零零從撒爾當翻過斯雅隘口東行，我們看她出現時，嚇了一跳；她看到我們，也嚇一跳。老婦人見過那五隻狼（土語叫 jangu），還看過另外兩隻，但她對狼似乎不怎麼在意，反而比較提防我們這兩個高大的異鄉人。

我們暗想剛才有一隻孤零零的犏牛離狼群向東折返的地方不過半哩路，現在不知怎麼樣了。後來「娜姆」說要狼群每年要害死兩、三隻犏牛，在畜欄裡一次可弄死五、六隻羊。她溯溪去找她的犏牛，日落前終於把孤零零的牲口牽回來了。

十一月三日　藍羊(II)狼來了

這處貧瘠安靜的所在有太多東西教我著迷，我輕輕走，惟恐打破箇中的魔咒。斯雅的喇嘛禁止殺生，所以藍羊和狼都敢接近寺廟建築。山丘和石頭河床中含有古代這一片參天巨岩還浸在海底時留下的化石。四處都是祈禱石牆、禱告幡旗、祈禱輪和湍流中的祈禱磨坊，召喚大自然的一切元素共同讚頌那「一」。東風飄來，天氣可能有變，我在帳篷裡聽到東面傳來雅致的風鈴聲和潺潺的流水聲。破曉時分，兩隻大渡鴉來了，長長的足趾刮著祈禱牆。

太陽在白茫茫的山上折射回來，把空氣弄得寒沁沁的。獨居在山頂小村莊的索娜姆老婆婆，天不亮就在山上撿夏天用的牛糞，晾乾以備烹飪之需。她的身影看來黑鴉鴉一團，太陽出來後，她在天邊站直起來，瘦削的側影被太陽照得火紅火紅。

寺院上方的蘇木多斜坡上出現十一隻藍羊，六隻公羊在一起，母羊和幼羊另成一堆；雖然牠們彼此靠近，猛聞尿騷味，但沒有發情的跡象。我們在索娜姆家上方瞭望，看見「黑河」對岸向西的山坡上還有三群——一群六隻，一群十四隻，另一群多達二十六隻。

羊隻動來動去，GS無法將望遠鏡鎖定在牠們身上，大聲叫我把雙筒望遠鏡從十四隻那群轉向河流正對面六隻那一群。他問道：「那些羊為什麼奔跑？」過了一會兒又吆喝道：「狼！」六隻羊全部跑向斷崖，殿後那隻正穿過一片雪地向懸岩奔去，兩隻直接下山的狼跑過去攔截牠。高反差的光線中，藍灰色的小東西好像跑得很快、很難抓，可是狼隻魚貫而行，在硬雪地穩穩前進，接著跑過亂蓬蓬的柏樹叢，越過陡岩下坡，藍羊眼看要在山上被截住去路，撞翻倒地，但最後一刻牠終於逃脫，走到狼隻到不了的窄懸岩上。

空氣凍凍的，整座山繃得好緊；寂靜在耳邊回響。羊隻身體顫動，眾狼喘個不停；此外一切都是靜止的，彷彿整個世界全靠這些淺色身影的布局才不至於解體。接著我開始呼吸，山也開始呼吸，世界再次動起來。

兩隻狼四處看一眼，不慌不忙上坡而去，那步伐一天大約可走五十哩。兩隻同伴跟牠們會合，四隻一起在高山犛牛牧草場閒逛、在糞堆打滾。其中兩隻不包括在昨天看到的五隻之中，我們想起老婦人說她見過七隻。接著牠們往前疾行，消失在一座雪嶺後方。嶺上那群十四隻的藍羊驚慌跑了一陣，然後在高處列隊俯視狼群，看牠們走開。不一會兒藍羊又全部啃起草來，連先前被追上懸崖的那六隻也出來了。

我們回頭想說話，卻只是搖頭咧咧嘴。GS終於嘆口氣說：「長途跋涉五個禮拜，光看這個場面也值得了。我一輩子沒見過這麼刺激的豺狼狩獵鏡頭。」過了一會兒，他的興奮未消，嘀嘀咕咕問我說記不記得「非洲瑟倫蓋蒂平原那個下雨的午後，我們在暴風雨的異光中看一群野狗殺斑馬，成千上萬動物狂奔的場面」？我點點頭。昨天近看狼群，我至今還很興奮，今天能再看到牠們，看牠們這樣追獵喜馬拉雅藍羊，飛奔過巉崖，就在斯雅精舍視線範圍內——實在太幸福了！

ＧＳ研究肉食動物多年，轉而迷上了住在偏遠高山的特有綿羊和山羊。羊類中又以這種「藍羊」最特殊，我們千里迢迢來看牠，其理在此。據推想綿羊和山羊源自同一祖先，亦即所謂斑羚，而斑羚是在喜馬拉雅以南的某個地方演化出來的[1]；這個概括的祖先可能類似喜馬拉雅小斑羚——我們上個月在貝利河的乾峽谷見過。除了六種代表性的山羊（Capra）和六種代表性的綿羊（Ovis），羊類還包括三種喜馬拉雅彎角粗毛羊（Hemi tragus）、北非大角野羊（Ammo traqus）和喜馬拉雅藍羊（Pseudois），全都展現出綿羊和山羊兩者的特性。彎角粗毛羊的形態和行為似乎介於斑羚和代表性山羊之間，被歸類為山羊，看來像綿羊的非洲大角野羊也大抵算山羊。喜馬拉雅藍羊看起來像綿羊，教人想起洛磯山的綿羊，不只外貌大抵相似，連棲息地的類型也相似——都喜住在鄰近斷崖的起伏丘陵上。ＧＳ說某些品種四隻腳上都有趾間分泌腺，一般認定那是綿羊的特徵，而這些品種沒有山羊類的腥羶味、鬍鬚和膝蓋硬皮。不過，ＧＳ認為喜馬拉雅藍羊不屬於綿羊而屬於山羊類，希望能觀察牠在發情期的舉動，證實自己的看法。

亞洲野生山羊和綿羊的資料大多靠獵人的報導得來，所以喜馬拉雅藍羊的分類至今仍有爭議。由於藍羊如今在世上很少見，在牠自己荒涼的棲息地加以觀察不失為解決疑問的方法。牠們住在森林線以上，海拔一萬八千呎處，鄰近斷崖，那是世間動物最偏遠的活動範圍之一——拉達克和克什米爾以東，越過西藏直達中國西北部，南至喜馬拉雅山巔，北至崑崙山和阿爾泰山。尼

1 蓋斯特《山綿羊》（V. Geist. *Mountain Sheep*. Chicago: University of Chicago Press, 1971.）

泊爾的道拉吉里山群西翼和南翼也發現過少數藍羊（我們在讓恩隘口附近見到的就是這一批），東面的上亞龍河谷也有，但以西北部靠近西藏邊境這一帶發現的最多。

今天早晨我用望遠鏡第一次小心檢視藍羊。牠們跟洛磯山的綿羊一樣，短腿，身體強壯，背很寬，動作敏捷，四肢靈活，長著魔鬼般的金色眸子。雄性角粗粗的，身體呈俊俏的深藍灰色，臀部和肚子白白的，臉上的斑塊、胸脯和側翼的條紋都呈醒目的黑色，四隻腿前側也是黑的；體側的黑條紋跟角一樣會隨年齡變粗。雌性個子小得多，毛色黯淡，黑白對比不強，角像母綿羊一樣細細長長。反之，雄性的角很重，由上往外向後彎。還有，頭顱底部的基枕骨像山羊，大大的假蹄和四肢前側明顯的斑紋也像山羊。既然情況混淆不清，發情的舉動將是決定性的要素，可是能找到的報告資料有限，連發情狀況都曖昧不明。例如，求偶的綿羊很少把尾巴翹到水平面以上，山羊則會把尾巴往後拱到臀部上面——典型的山羊拱起尾巴可幫助傳播香香的尾線分泌物。喜馬拉雅彎角粗毛羊和藍羊可能沒有那種香精，只好退而求其次將尾巴翹得半天高。

雖然雄性羊群還完整未散——公羊群居是山羊類的特性——但雄羊互相跨騎彼此的身體，可以算性行為，也可以說是要確立主宰權；很多種綿羊和山羊的雄性幼羊外形近似雌羊，又喜歡模仿雌羊，公羊分不清楚，遂對屬下的雌羊和幼雄羊一視同仁[2]。少數表現出GS所謂「摩擦臀部」的怪異行為（以前沒有人報導過），用臉頰摩擦另一隻公羊的屁股。靠近雌羊時，公羊會「踢腳」——朝雌羊的方向隨意扭動腳部，顯然是爬上雌羊身上交配的前奏，也可以展現牠腿上俊美的斑紋。公羊還把口鼻伸到母羊的小便中，似乎想知道雌羊是不是正在發情，而且激動地舔自己的陰莖。可是巴基斯坦捻角山羊和一般野山羊（家羊的祖先，產於巴基斯坦到希臘之間）都會把陰莖放進嘴裡，大量撒尿，然後吐在自己的身上，這些習性藍羊卻沒有。公山羊的鬍子是一種適應環境的特徵，可充做吸尿海綿，使山羊著名的強烈氣味永遠不消失。

發情期的渴欲開始了，連幼羊都玩著用角相抵、用足相踢的遊戲，彷彿怕錯過藍羊一年中唯一活躍的時光。GS奇怪幼羊的數目為什麼那樣少，斷言山巔環境太差，幼羊病弱，又有狼和豹來捕獵，頭一年的夭折率可能高達百分之五十。少年期的藍羊也許只有三分之一能長到成年，這樣已足夠維持羊群的生存了；終年無雪的棲息地有限，羊群必須調節數目來適應環境。西藏高原的這一個地區近似石頭沙漠和不毛的山坡，植物以兩種有刺的灌木為主，一為雞錦兒，一為忍冬；幾乎任何植物藍羊都會吃一點，包括乾乾的永久性花草和油柏；山羊類適應了堅硬磨人的糧食，上述帶刺的灌木牠們也有限啃食一些。不過，除了荊棘間的少數草叢外，幾乎所有可食的土生青草都已被夏天從遠處村莊帶來的犛牛、綿羊和山羊啃食一空，過度放牧破壞草皮，已造成沖蝕的後果。

2 同註1。

十一月四日「札康」隱廬

天寒地凍，每天晚上不得不在睡袋裡待十二個鐘頭，我大抵用來禪修。每天凌晨天亮前，我把絨毛罩衫拉進睡袋裡暖一暖，然後打坐誦經四十五分鐘左右。念的是觀音經和心經（也就是大乘佛教最基本的大《般若波羅蜜經》的精華）。林莫村的浮屠裡亂糟糟堆了好多小泥像，我曾從中拿了一尊泥土製的「渣渣佛」，如今晨修就對著這佛像，感覺比較莊嚴——說不定它是本教的偶像，但也無所謂了。我把佛像放在帳外的扁平聖龕上，黎明東方的陽光沿著「白河」照過來，會先照到佛像，我則縮成一團坐在帳門裡，此時溫度從來沒高過攝氏零下十二度。帳篷後面那間粉紅色石屋的屋頂柴堆上住了一隻耐寒的小鳥，有時候會陪我誦經。牠輕撲著尾巴，在佛像附近的乾糞裡覓食；腦袋淺灰色，鳥喙細細的，胸脯赤褐，肚子則是白色——是一隻鴝岩鷚。

今天達瓦病況好轉，他和揚布、蒲澤林要爬到黑池塘再搬三擔東西下來。我們凡事要靠他們心甘情願，總是盡可能不讓他們太勞累，東西也跟他們分享，不先提出要求，等他們自告奮勇——他們一向如此——不過他們的工作很累人，酬勞又低，若非他們忠心耿耿，看多了挑夫叛逃的舉動，他們盡可離我們而去。

接下來幾天，他們會一天跑一趟，把剩下的擔子扛進來。從洞窟營以後的這段時期，他們同時領高山嚮導和挑夫的酬勞。儘管他們很浪費又漫不經心，忘了把護目鏡帶進雪山，甚至忘了帶牢靠的冬衣，但他們的精神卻很了不起。至少他們三個穿了得體的靴子。反之，吉亞參明明在加德滿都領了買靴子的錢，卻用來買了無關緊要的東西；土克丹依照雪巴人的習慣，上次遠征回來就把靴子賣掉，這次光腳出發；他們過岡恩隘口，只好穿我們發給挑夫過讓恩隘口冰層的那種廉價東方膠底鞋。

我們過橋到河上沙洲，然後跳踩溪石，涉過淺灘到對岸。

太陽和高高的卷雪在「黑河」河面投下金屬般的光芒，亮光下斯雅精舍、兩座浮屠，以及廟院的禱告幡旗，在不毛的峭壁上有如紋章圖形，白雪更襯出了它孤零零的輪廓。我們從懸崖上目送雪巴嚮導們爬下陡徑，像男童般高高興興疾行過橋。我們要去追蹤西坡上的藍羊群，並沿著斷崖找尋雪豹的蹤跡，還要去拜訪名叫「札康」的紅色隱廬，並撿些柴火。

＊

從「水晶山」下陡峻的雪原往下走，有一連串山脊，末端都是直直陡落「黑河」的拱壁或尖岬；一路北行，山脊一座比一座低，山脊之間是深深的幽谷溪澗。山路在幽谷中彎進彎出，順著山形線繞過外側的尖岬，此處和區內所有的山丘一樣，不時可見禱告幡旗和祈禱石牆。一個鐘頭後我們來到紅色隱廬對面，隱廬高高立在峽谷對岸的斷崖邊；三隻巨大的喜馬拉雅兀鷹在「黑河」峽谷升起的冷氣流中一再盤旋。路面繼續繞過尖岬進入溪谷，溪谷還暗矇矇的，朝北這邊覆蓋著冰雪層；這兒坡度很陡，一失足就可能送命。到了幽谷頂端，小路橫越冰川，上坡通到隱廬，隱廬建在一塊懸岩上，背倚著藍色和紅色的鮮麗斷崖。更北的一處巉崖角落裡還有一間比較小的隱廬，比這間更孤立。這種地點是西藏地區傳統的靈修淨地，「傲然孤立在風吹雨打的山巔，與野山野水為伍，彷彿公然蔑視地平線看不見的仇敵[1]。」

札康隱廬共有四間石屋緊貼著岩壁，恍如褐雨燕的鳥巢。一間是挖了窄窗孔的斗室，面對窗外積雪與天空純白純藍的世界；另一間裝了歪七扭八的門和木刻窗。懸岩上闢有一塊極小的馬鈴薯田，馬鈴薯切片擺在石頭上曬。斷崖壁邊有幾堆冬天當燃料的牛糞和柏樹枝，水從一個洞穴流出來，啪啪滴落在石板導管上，再由導管流進一個大銅鍋。洞穴裡築有一座小浮屠供奉水神。

這座隱廬是真正的精舍，不能算廟宇，卻是「孤獨幽居之所[2]」；精舍盡可能倚著湖邊或溪邊的斷崖建造，住的往往是孤僧。「札康」懸著白色和藍色的禱告幡旗，有個驚人的華麗陽台窗漆成大紅、火紅、藍色和青綠；向陽的牆壁上點綴著石雕佛像。

隱廬的位置很特別，看不見別的東西，只見雪峰聳入晴空；連斯雅都被村子上方的斜坡擋住了。效果如夢如幻，搞得GS心情亂紛紛，直抗議隱士的生活和孤獨的冥思：「總得納進某些東西吧！」可是冥思的要義就是放開一切——「大盈不沖，其用不窮[3]。」

一塊懸岩上靜坐著兩位褐膚的僧人，似乎正等待著什麼。一個正在補羊毛靴，一個正用羊腦加犛牛油調成的黃色糊漿熏製羊皮。他們笑咪咪一派祥和，沒搭理我們的問候；也許他們住在這兒曾發願不開口。補靴的是面容清秀的年輕人，大約二十出頭。另一位看不出年紀，身披破皮衣，是個俊俏的跛子。我們道別時，兩人微微頷首，再度微笑，仍舊沒說話。

有一條陡徑通到斷崖上方的斜坡，怪異的黃綠色地衣是那兒唯一的色彩，此外就只有荊棘和高山荒漠的頁岩了。我們在一座大浮屠的石頭上吃油膩膩的圓麵團，蒲澤林名之為「鬆餅」；另外幾天則吃未發酵的青稞素粉所做的乾麵團薄餅，美其名叫「麵包」——無所謂。烹飪小屋的晚餐，東西淡而無味，教人洩氣，可是在山上的陽光和清風中、在爽快的寒意中，吃什麼都有一股純淨鮮活的滋味。

我讓GS一個人觀察札康的羊群，自己走下山徑去撿柴。路上碰到一個頭髮亂紛紛的陌生人，看來正要去隱廬，反正這條路也不通別的地方。他一面誦經、一面上山來到山脊尖，我不得不停下來讓他通過，他放下簍子，走到一塊圓石後面，蹲下再回來，老實不客氣說：「你去哪裡？」我說：「斯雅精舍。」他複述一遍，我們都指著蘇木多斜坡，把意思弄清楚。這位行人裹著發黑的羊皮，戴著一般的念珠和護身符、銀質皮囊、銀燧石盒、銀匕首。他開口要香菸，我說沒有，他半信半疑笑起來，舉起匕首朝我的脖子比一比，表示他若要搶劫，我就死定了。我們沒道再見，各走各的。

再下去，也就是上次狼群追羊的地方，有一簇簇倒伏的柏樹，我揀它的枯枝來用。柏樹是眼

---

1 大衛尼爾《西藏奇蹟與奧祕》。
2 同註1。
3 老子《道德經》。

前唯一能到手的薪柴，深谷中雖有矮樺樹，但人到不了那兒。我用背包裡帶來的繩子綁好一大綑柴枝，扛在背上，下山過河，爬斷崖到斯雅。廟裡生機盎然，原來有十一個撒爾當人來找十一頭犛牛，路上碰到的那個人就是其中之一。犛牛曾到這兒避暑，喜歡這個地方，自動自發跑回來了。小山邊可以看見好幾頭牲口，其他的一路走到河洲上，那邊還有草可吃。

來賓擠在我們的烹飪小屋，看雪巴嚮導們卸下岡恩隘口帶下來的破食物簍子。這些牧人說，有九隻或十隻狼巡迴狩獵，定期經過斯雅，而河邊斷崖上有兩、三隻雪豹居留。他們還說撒爾當有警方檢查哨，勸我們別走那邊。有一個人趁我們不在，溜進我的帳篷摸走一雙正在晾的襪子，還把我的本教佛像撞倒了；他們在此期間，整天都得留人守衛。揚布相信牧人會向撒爾當警局報告我們的行蹤，由於多爾泊這處偏遠地區不歡迎外國人，這幾天可能會有人來找我們的麻煩。

十一月五日　冒犯特使

昨晚天一黑雪就停了，不久月亮出來，星星也出來了。今晨天空晴朗，黎明時分，黑溜溜、毛蓬蓬的犛牛一動也不動站在結冰的河邊。

九月以來，ＧＳ第一次心滿意足。他跟我一樣，為斯雅目瞪口呆，覺得不枉長途跋涉走一遭。他連吃東西都在記資料。我一直暗想，多麼不尋常啊——我知道這個形容詞不充分而且也不怎麼精確。與其說我們在這邊發現的一切非比尋常，不如說一切都直接體現了心目中本區該有的特質，「山、狼……雪和火各實現其真如本性，各有其來源[1]。」可是每天烏雲在北面和南面堆積，我都覺得不安。岡恩隘口和南面地區看樣子要下雪了。我浪費時間擔心雪會困住我們，實在很慚愧，何況ＧＳ一點都不擔心。但是今天早上他說，光是夜眺我們來時走過的雪峰就足以把他嚇回睡袋裡。他當然跟我一樣心知肚明——廟裡沒有多餘的糧食供我們吃，至少不夠每個人熬過冬天。

---

1 馬爾康姆・羅瑞《主啊，從天堂住處聆聽我們的心聲》（Malcolm Lowry. *Hear Us, O Lord from Heaven Thy Dwelling Place.* Philadelphia: Lippincott, 1961.）

下午三、四點突然下起冰雹，不久下雹改為下雪，天黑後還下個不停。揚布從黑池塘回來，說我們從岡恩隘口下來的路已經不見了，撒爾當的人則告訴我們，過幾天我們想去的沙木林寺那條路也已經被積雪堵死。只要斯雅山隘往東的道路暢通，一天就可走到撒爾當，這些人說撒爾當到塔臘普和貝利河有一條海拔較低的路，整個冬天都可通行。不過我們沒有塔臘普區的通行證，也不想在塔臘普監獄過冬。GS說要「連夜通過塔臘普警察哨」，可是很難不被警犬發覺。他往往迂迴提到困難處，等我發生興趣了，他又馬上說：「好啦，我們別想它了，只管幹我們的活兒，到時候再看吧！」

*

近午時分，東南面吹來一陣風，天空烏雲密布，冷極了。昨天撒爾當人宰了一頭犛牛，說要賣肉給我們，可是我們的資金剩下不多，付不起他們要的天價；另外一個人叫我們買帶皮的餿牛油，我們還是買不起。現在幾個撒爾當人把肉和馬鈴薯擺在叛逃的牲口背上帶走了，GS的兩支溫度計也被他們摸走了一支。由於溫度計是他專業設備的一環，他自然非常生氣，威脅那些留下來的人要報告撒爾當警方——說他們已冒犯了加德滿都皇家政府派來勘察能否設國家公園的特使！雖然句句實言，但是這些散髮狂人身處喜馬拉雅深山中，過著幾百年前的日子，他們怎麼會吃這一套！

說要賣犛牛給我們的男子名叫桐都，戴一副醒目的耳環，留著兩撇八字鬍，同行的青年名叫塔西芬佐。在娜姆和塔西芬佐協助下，他把犛牛肉和馬鈴薯擺在四隻留在廟前的犛牛和犏牛背上。犛牛鼻子短短的，矮尾巴毛茸茸，有一種動人的風采，但牠們毛髮亂蓬蓬，身體重達半噸以上，脾氣粗野。塔西芬佐在牠們面前戰戰兢兢，但桐都則堅定又溫和，一面煞有介事柔聲跟牠們說話，一面將載貨的木頭鑲皮鞍座綁好，抬起手織的白底褐色條紋貨袋，以麻繩將東西綁緊。他的動作有一股閒適的氣韻，使他看來強大有力，顯然他是這邊的頭兒，再過五、六天他從撒爾當回來，會帶回寺廟的鑰匙。他一言不發，領著犛牛走進東方，留下小女兒琪琳多瑪陪妮瑪柏蒂坐在毯子上曬太陽、吃馬鈴薯。廟院風大又冷，妮瑪柏蒂卻沒穿衣服，她哥哥卡馬虔貝穿一件破布罩衫。臉蛋紅紅的琪琳多瑪身子髒兮兮，裹著粗麻布，看來活像一粒笑咪咪的活馬鈴薯。桐都走了以後，娜姆繼續幹活兒，把犛牛糞燃料攤在祈禱牆和廢宅邊晾曬。

十一月六日　正確欣賞這個世界

在凜冽的寒星下，斯雅的夜晚凜冽難當；若有狼掌踩在結冰的小徑，整個峽谷都可以聽得清清楚楚。天亮前起了一陣大風，啪啪吹動著帳篷的帆布，今天早上風停了，比昨天更冷。破曉時分，下面的「白河」覆蓋著冰雪，冰層下的溪水寂靜無聲。

兩隻渡鴉來到廟頂的法螺上。牠們古哇古哇叫著，雪巴人就稱牠們為「古哇」。渡鴉停在禱告幡旗和西藏羱羊的大角之間，破鑼嗓子奇蹟般發出一聲怪異的「啊荷」音，迎接第一道陽光。牠們宛如黑夜的最後遺緒，每天日出前就消逝無蹤。

太陽在「白河」的源頭升起，照亮了帳篷的帆布。鴝岩鷚穿過結冰的院子飛走了。七點鐘大夥兒在烹飪小屋吃粥喝茶當早餐，飯後我大抵陪GS看羊，過一會兒藍羊躺下來，我就跟他分道揚鑣，自己去遠征。我常掃瞄「黑河」對岸的洞穴和懸岩，希望看到雪豹；對於化石、狼和小鳥我特別當心。有時候我觀察天空和山嶺，有時候打坐冥思，盡量讓腦子空出來，到達樣樣「止息、自由、不朽……萬物永遠各得其所……凡事背後都有個無限的存在[1]」的境界（這不是佛教徒說的，而是一位十七世紀的英國人所言）。不久一切聲音、一切所見所感都變得近在眼前，有一種內涵，彷彿宇宙正在立正——以我們自己為中心的宇宙，跟我們自己非同非異的宇宙，即或從科學觀點看來也是如此：人內部和山內部一樣，都有很多氫和氧、鈣、磷、鉀等元素構成的環節。「直到海水在你血管中流動，直到你以天為衣、以星辰為冠，把自己當作全世界唯一的繼承人，而且世上每個人都跟你一樣，是世上唯一的繼承者……那時你才能正確欣賞這個世界[2]。」

我在蘇木多山有個打坐冥思的地方，是一塊露出地表的斷岩，像神龕嵌進山坡，三面有花岡岩碎片和密密的荊棘保護，除了南風都吹不進來。豔陽下那邊很暖和，岩石縫庇護了不少貼在荒漠山邊的矮植物——有野生蕎麥的紅棕色死莖、叢生的委陵菜、淺色高山火絨草和乾乾的永久花，甚至有幾簇稀稀落落的大麻。我安置一塊粗岩石當瞭望台，架起雙筒望遠鏡，以備野生動物恰好出現在視線中，然後盤腿調息，直到氣若游絲為止。

現在四周的山巒有了生機，「水晶山」動起來了。不久，冰下深處傳來潺潺的急流聲，我好像不可能聽到這種聲音嘛！即使沒有風，河流的聲音仍來來去去、起起落落，像風一樣。我興起一股向外展開的本能，讓所有生命進入，像花兒浸滿了陽光。恨不得掙脫這個老莢殼，拋出精力，展翅高飛……

我不覺得情緒有什麼波動，但心靈開展卻使我眼前浮出一層輕霧。接著霧氣散去，冷風吹醒了我的頭腦，身心一體乘著輕風來去自如。映滿陽光的佛陀坐姿。有一天我要在雪花中打坐。

1 湯瑪士・崔荷恩《冥想的世紀》（Thomas Traherne. *Centuries of Meditation.*）
2 同註1。

我把視線從雪峰移向閃亮的荊棘、雪地和地衣。雖然我看不見真理，但真理近在眼前，具現在我坐的岩石中。我的腦子無法理解《心經》「色即空，空即色」的觀念，這些硬石頭卻讓我的骨頭領悟到了——萬物所含的「空」，藍黑色太空的虛空。我打坐，偶爾會覺得大岩石正在跳舞。

山的奧祕在於山只是存在，跟我一樣，但山單單純純存在，我卻不然。山沒有「意義」，它本身就是意義；山存在著。太陽是圓的。生命響徹我全身，山丘亦然，當我聽見時，彼此就共有一種東西。我了解這一切，不憑腦子卻憑一顆心，我知道想捕捉不可言傳的東西是多麼無意義，也知道日後我重讀這些紀錄，心境改變，將只剩空洞的字句符號而已。

*

四點左右，太陽染紅了「水晶山」。我豎起領子、戴上手套，下山到蘇木多斜坡；我的帳篷儲存了一天最後的陽光。我在背風的營帳門口喝熱茶，看黑夜由大地升起。深藍的天空布滿神聖的落日餘暉，把一隻飛入山陰裡的昏鴉映成銀色的夜鳥。接著寂靜降臨，寒意也降臨了。氣溫已降到冰點下，天亮之前還會再降二十度。

天黑時，我經過死氣沉沉的房舍，走到烹飪小屋，蒲澤林會在那邊烤一條青稞麵包。雪巴嚮導們架了兩張石桌，傍晚小屋還算安逸，土灶裡燒著牛糞和冒煙的柏樹，暖洋洋的。

GS照例比我先到，正在記資料。我們淚汪汪就著煤油燈看書寫字。彼此見面很開心，但是整頓晚餐說不上幾句話。晚餐通常吃苦苦的米飯加番茄醬或醬油、鹽和辣椒，偶爾有稀稀的扁豆湯佐餐。飯後我盯者火光坐一會兒，直到柏樹火煙熏得看不見東西才說聲晚安，低頭走出矮門框，在星光下小心翼翼繞過結冰的牆壁，走到冷冷的帳篷，在那兒待十二鐘頭以上，等待天明。我把小蕊蠟燭插在煤油瓶裡，秉燭夜讀，直到差點窒息，遂在大地寂靜的核心靜靜躺下，良久良久，有如小孩般得意與興奮。我在雅馬卡小村採過一大包大麻，沿路曬乾，往後得用它來熬過此行沒有燈火的漫漫長夜。目前我暈陶陶的，還用不著。

密勒日巴活佛曾說：「此生來世與中陰，做一體修而熟稔。」有時候我暗想自己究竟是漫遊到前世還是來生，這邊的長夜實在太靜也太冷了。

十一月七日 藍羊(III)唏—兒—瑞

我在高山上遇見一群藍羊，共有二十七隻，雌雄老少都有；先前蘇木多公羊自成一群，沒跟雌羊和幼羊混居，至今才改變。

藍羊看到人，便越過一道雪嶺向北亂竄。GS正在「札康」附近工作，我追蹤這一支頗有希望的混居隊伍，想替GS做點觀察。後來藍羊在斜向「黑河」谷口的青草陡坡躺下，我退到牠們看不見的地方，先讓牠們鎮定下來，再想辦法靠近。

我靜靜坐了很久。一隻黑色的紅尾鴝來到附近的岩石上，展開赤褐色的尾巴，上下激動地蹦跳。接著紅嘴山鴉嘎嘎叫著乘風而來，五十幾隻成群結隊輕唱輕舞著；小烏鴉組成一支支飛行小隊伍，從視線中直直墜落，給寂靜的空中帶來一股激流。

我在羊毛罩衫裡發現幾顆羅哈岡帶來的野胡桃，便用石頭把它敲碎。從山上這個據點可以眺望四方。東面「白河」由雪地流下來——那是撒爾當的方向。南面「黑河」峽谷往上通入坎吉羅巴山。西面是金字塔形的「水晶山」大孤岡，把藍天中夾帶亂雲的風兒隔成兩半。北面蘇木多山那一頭，沙木林寺橫臥在峽谷上方隱密的高原上，那是古老的本教大據點。

蘇木多的藍羊群已經走上海拔一萬五千多呎的高坡。風由南面吹來，夾帶著我的氣味，所以我向東走半哩才開始攀爬，等我爬完，風已轉向北面，我可以蜿蜒走到離最近一隻羊不到百碼的地方。

這樣置身羊群中好刺激喲！我趴臥在地上，風吹不到我，我呼吸時整座暖山也在呼吸，活像要把我吸進去。羊全都躺下了，只有兩隻例外；四隻位置高一點的大公羊面對著我，一點也不驚慌。牠們口嚼反芻的食物，多皺的面孔扭向破損的大角，太陽在牠們藍色的粗毛上泛出柔光。這些公羊又大又重，背很寬，強壯俊美。我雖然在羊群下風處，卻沒聞到半點怪味。

有一隻公羊察覺到我的存在，脖子呈優雅的圓弧，眼睛和耳朵張得很大，輕鬆又敏捷，教我莫名其妙想起土克丹——我們的邪僧如今不知道在幹什麼——其他的藍羊都在打盹兒。大多數幼羊屁股朝山坡下我這個方向躺著（成年的羊正相反，牠們預期危險會來自下方），有兩隻呈青春期姿態四肢伸開，頭後轉貼著體側。這是晨休，每天都觀察得到；牠們至少一個鐘頭不會再吃草。我退回小岡前等著，一個鐘頭後，我再度潛近，牠們正好站起來。有一隻母羊蹲下來小便，一隻公羊把口鼻伸進尿液中，然後伸進母羊的陰戶，好像喜出望外般地伸伸脖子，翹起上唇，閉上眼睛，以便好好品嘗牠的發現。另外一隻公羊追隨另一頭母羊，也用鼻子去戳母羊的屁股；還有一隻公羊把頭轉向自己體側，似乎跟山羊一樣想找自己的陰莖，然後又沒興趣了。

後來群羊開始吃草，扭著脖子去找忍冬矮株下的一簇簇青草，有幾隻啃食忍冬樹小小的黃綠色葉子。牠們在母羊帶領下——這種混合群通常由母羊領路——一面吃、一面往坡下走，最後消失在小岡丘下。牠們再露面時，直衝著我躺的吊床而來，突然間離得好近好近，我必須一吋一吋放低雙筒望遠鏡，免得驚動牠們，並把下巴深深埋進山坡稀落的草木中，希望牠們把我的棕髮看作山撥鼠。牠們一邊吃草、一邊走過來，公羊不知羞地跟在母羊後面聞個不停，兩隻今年生的羊寶寶殿後。

帶頭的母羊從坡上不到十碼的凹處走出來，往東走一小段，突然聞到我的氣味，迅速回頭瞪著我在下側塵埃中靜止的身影。牠眼睛圓圓的，一動也不動，只是站著，腿上的黑斑因神經緊張而微微地顫抖，實在美極了。這時候第一頭公羊來到牠身邊，也聞到我的氣味。公羊一跳，往我的方向轉，尾巴直直聳入半空中，用力跺著右前足，嘴裡發出怪異刺耳的高音唏——兒——瑞——不像有蹄動物，倒像松鼠（後來我向GS仔細描述這件事。就我們所知，這是第一筆有關藍羊嗓音的資料）。這頭公羊大膽上前查看，其他的也跟過來，整山藍色、滿是帶角的羊頭和羊臉、羊的震動，我盡量屏住氣息。緊張之際，有幾隻羊假裝吃草，有一隻公羊急躁地輕咬小羊的屁股，結果拔下一撮銀毛，在陽光下閃閃發亮。牠們不慌不忙走開，繞著斜坡往東走。不久，兩隻母羊的腦袋又出現了，好像要確定有沒有什麼動物跟在後頭。接著全部走得無影無蹤。

下山的路上，我在上村索娜姆老太太院子外面停了一會兒。索娜姆穿著被煤煙熏黑的破衣和粗紡靴，戴著少女時代留下來的珊瑚色珠子。她伸出小腿坐在乾牛糞堆上，正用一架搖搖欲墜裝在石頭和棍子上的克難手織機織毛毯，再用舊草鞋頂著石頭把它整個繃緊。她織的羊毛有一種俊美細緻的圖案，可見鄉野老太婆也懂得講究設計。我欣賞她突來的笑容、強壯的背脊和不怕冷的髒皮膚。

多年前，索娜姆也曾是兩頰紅潤的嬰兒，跟「向陽柏蒂」一樣。如今她在風燭殘年努力工作。昏黃的半月下，寒意漸漸降臨，不久黑夜就要來了，她將無聲無息穿過窄門，吃一點大麥。她每天天一亮就出去找牛糞，夜裡她夢見什麼呢？也許她比較聰明，根本不去想它，只是忙著活下去，像狼那樣；生存是她冥思的方式。我問揚布：「索娜姆可以使用娜姆家附近的空屋，為什麼要一個人住在上村過冬呢？」他似乎大吃一驚，說道：「她養成了那個地方的習性。」

十一月八日　貴比黃金的犛牛糞

娜姆替GS裝捕鼠器，他很快就在山邊抓到一系列毛茸茸的短尾鼠、一幫田鼠和一隻小地鼠[1]。除了藍羊和狼，這邊還有黃鼠狼、西藏野兔和狐狸的足跡，不過牠們全像冬眠的山撥鼠，躲著不出來，除了驚鴻一瞥見過野兔，我們只能找些糞便將就將就。有一種不明的松雞也是如此——可能是西藏鷓鴣。本地有一小群山鳥，包括老鷹、大禿鷹、胡兀鷹、紅嘴山鴉、高地鴿子、燕雀類、紅尾鴝、鳴禽和雲雀；向陽山坡上還有耐寒的石龍子，以及各類螞蟻、蜜蜂、蚱蜢和蜘蛛。

我心想住在「白河」對岸的許多小動物不知道怎麼樣了。牠們困在厚雪下已經一個多月，通常牠們必須比住在同一座河谷向陽面這邊的同類多冬眠四個月。我覺得本該一模一樣的同類經過千年的各種適應（或不適應），結果產生各種異同，研究起來一定很有趣，GS也有同感。

昨天又有一批犛牛出現。娜姆的哥哥，也就是我們烹飪小屋的主人翁格迪帶媳婦和兒子們來，還牽來一頭掛著鈴鐺的小馬。翁格迪在撒爾當一定聽到風聲，說他的一間房子被前來蒐集死老鼠和狼屎的外國人占用，他想乘機撈點好處。這傢伙眼睛很尖，足智多謀，整天笑咪咪的，他大概是看到雪巴人架的石桌，印象深刻，就要求每天收五盧比的租金，不過最後說定若加一磅廉價茶葉，每天算一盧比就好了。翁格迪對我們擁有的東西羨慕得不得了，他貪得無厭簡直著了魔。他妹妹說，下半月他要越過東多爾泊遠征賈木生和卡里干達基河，甚至可能遠到加德滿都去以物易物。他以前到過加德滿都，因此在這一帶小有名氣。就算翁格迪不來，我們的餅乾罐、塑膠容器等寶貝反正也帶不走，蒲澤林就拿這些東西跟他換了不少馬鈴薯和一些犛牛奶油。昨天晚上我們將馬鈴薯抹上奶油，放在炭火中烤——離開博卡拉以來第一次吃奶油，好幾個星期沒吃過這樣的「佳餚」了。

*

朝陽照亮了我的薄帳篷，把棕色塑膠製的破袋子妝點成子宮般神奇的氣球。沒錯，帳篷還是原來可憐的帳篷，污跡斑斑，襤褸扁塌，但我發覺自己漸漸愛上了它，它就是我的家。每天我把從院子裡乾糞堆滑進來、吹進來、滲進來的厚塵埃掃出去。我們每次洗完澡，過幾分鐘就一身灰沙，自然比較能諒解當地人不注意整潔的習性。我身上已滿是污垢了。

清早的晨光下，娜姆在祈禱牆邊撿晾乾的犛牛糞，扔進背後的廣口竹籃裡。這些糞餅很寶貴，撒爾當那邊燃料比這邊更缺乏，她哥哥翁格迪走時要帶一些糞餅翻過東山到撒爾當去。犛牛

1 分別為：史托利卡高山田鼠（Alticola Stoliczkanus）、（未命名的）田鼠（Pitymys irene）和（未命名的）地鼠（Sorex avaneus）。

糞燒起來火焰又熱又清，幾乎沒有煙，在森林線以上的這一帶荒漠貴比黃金，要換等重的任何東西都換得到。

今天早上翁格迪的小兒子提馬譚弟按照自己深不可測的節拍，不動聲色地敲皮鼓，空洞的聲音迴盪在山風裡。

砰——砰——砰，

砰——砰——砰，

砰。

翁格迪和大兒子卡瑪多耶以及漂亮的娃娃兒媳婦譚蒂沙木努一起將馬鈴薯、肉和大麥打包裝上犛牛背，準備運到撒爾當去賣，還帶了一個粗糙的五斗櫃。揚布要跟他們同行，到撒爾當詢問食物、警局和塔腊普的路況，以防岡恩隘口遭到冰封。

譚蒂沙木努趁翁格迪不注意，塞了四粒馬鈴薯給我。她送東西是自發的，心思單純，自己快樂得站在那兒微笑，眼珠子圓滾滾，在陽光下兩頰泛紅。這時候翁格迪正在勸我出讓我們僅有的煤油燈；等我們煤油燒完了，他過一、兩個禮拜回來，煤油燈就歸他所有。卡馬多耶也笑容滿面，向我要東西，於是我們生機勃勃的你一言我一語，其實談話間雙方都懂的只有「撒爾當」這幾個字。

ＧＳ和我今天大清早去看藍羊，彼此商量好一個計畫。如果土克丹和吉亞參已經趕到，我就在十一月十八日離開斯雅，否則我們就假定某種可能的不幸已經發生。就算土克丹不來，我仍照計畫出發，頭一段路由揚布作陪。我們會翻越東山走撒爾當那條路出去，希望在半途碰到失蹤的兩位雪巴嚮導，假如碰不到，揚布就在撒爾當替我找個挑夫，因為GS要他盡快趕回斯雅。事情說定，我心情好多了，這問題也可以擱在一邊了。

十一月九日　雪豹(II)一堆排泄物

札康再過去那條路沿著「黑河」峽谷峭壁而行，一路都是大斷崖和拱壁的動人奇觀，往北通到耶朱——甘朱河和大卡納里河的交會口。很多地方的路面只剩一塊懸岩，每道山澗幽谷的北側都覆蓋著晶瑩的冰塊和積雪層。連南側的小徑都很窄，我一步一步專心走，遇見了很像大狐狸的足跡。由於印痕不明顯，GS又先走好遠叫不回來，也因為我們至今沒找到雪豹的足跡，我靜靜沒說話；反正我們回程時印子應該還在。就在這時候我抬頭一望，看見GS停在小路前頭。我追上去，他指著遠遠的一處貓爪痕和腳印。腳印已模糊，但至少我們知道這兒有雪豹。

白天我們大抵各走各的，吃早餐和晚餐才在泥爐邊碰面，可是我們每次像群居動物般一起活動，總有好運到來。再過去一點又看到一處爪痕，然後又有一處，GS看看前方路面從斷崖角轉入幽谷的地方說：「下一個尖岬應該有豹子糞便——牠們會選那種地方。」喏，就在那兒，在路邊浮屠的祈禱石下，簡直快要發亮了——我莫名其妙暗想道，真是「蓮心的珍寶」，內心很感動，向吾友點點頭。GS說：「真了不起，對吧！為一堆排泄物高興成這樣？」他把豹子糞放進特別準備的塑膠袋，跟我們的午餐一起塞進背包。雖然足跡可能是一個禮拜前留下的，但我們仍掃瞄了多日來苦追無結果的河流兩側向陽的懸岩和開口的洞穴。

在懸岩小徑上我們又找到兩團糞和六處爪痕，還在山澗北面的積雪中看到融失的貓科動物腳印。也許這傢伙不住附近，只是像狼一樣巡迴狩獵經過這兒而已。狼群已將近一星期不見蹤影。不過這處洞穴和懸岩的迷宮頗宜豹子出沒，牠的仇敵——狼——上不去，要捕獵住在上面山脊且常常逛到斷崖附近的藍羊又很容易。剩下幾天我們不見得會看見雪豹，雪豹卻一定看得到我們。

下一條山澗對岸是另一間隱廬，土紅色點綴著藍灰和白色。屋外沒有柴堆或其他生命跡象，白色禱告幡旗被風吹裂成一條一條。附近的斷崖中有幾個頂上被煙熏黑的洞穴和小室的殘骸，以前一定住過隱士；也許他們的食物是人家從札康帶給他們的；這間小精舍半遮住一個堵起的洞穴，剛好塞進黑峽谷斷崖的外角，跟札康一樣朝南，在「黑河」上游。由於斯雅浮屠的尖端正好在望，不像札康隱廬只看得見一片純藍與純白，場景遂不如札康那樣如夢如幻，但絕壁陡落千呎，急流怒吼不絕，風聲咻咻，四周的壁壘使天空為之黯淡，環境顯得更教人不安。朝聖小徑從「黑河」上坡，繞過「水晶山」又在尖岬北側重新碰上黑峽谷，再由札康回斯雅，隱廬就位在朝聖小徑的最後一截；不過路面大抵被積雪掩埋了。

我躲在向陽的台階上，仰靠著暖洋洋的木門，吃一塊蒲澤林做的青稞麵包，這麵包的外形和味道活像祈禱牆挖下來、布滿地衣的石頭曼陀羅。藍羊在小天井裡拉了好多羊屎，門楣上有手繪的太陽和月亮。但在這荒涼的地方、在萬物的邊緣，硬如石頭的麵包、羊糞和月亮畫、被風吹得半透明的旗子碎片……看來都有如夢幻，所謂心智健全也是虛幻的。「黑河」中溪石深深呢喃——我為什麼感到不安呢？想嚥下急流、陽光和風，吸進生命的豐饒……然而……我猶豫退避那種聲響，覺得宛如宇宙驚雷的回音。

*

今天GS在懸岩上摔了跤。他推測是大氣中的離子造成情緒低潮，跟法國南部又乾又冷的西北風一樣（最近有人推測，對動植物有正面影響的陰離子可能跟「般那」，亦即「生命能」有關[2]），我們一致認為人消沉時會笨手笨腳，但他覺得自己摔跤是初期病弱的徵兆，例如快要感冒之類的。也許他說得沒錯，也許是我自己空想，稍早我曾在同一塊懸岩上不自覺用靴子去踩鬆脫的石頭和藏在積雪下的冰塊，自覺遲鈍、笨重又恐慌；空氣中有一種能、一種漫無章法的威脅。回程壓迫感消除了，我變得輕快又敏捷。像現在這樣，我左腳踩在外緣比較順，但不能解釋兩個鐘頭前還害我恐懼不堪的深淵，為什麼現在走過會突然這麼靈活、這麼快樂。我並沒有降低注意力，相反的，正是每一步路的動作、感覺和聲音使我充滿活力。陽光從上面的雪峰射下來，黑色的紅嘴山鴉在空空的雪原上排成一小隊一小隊飛舞者，光明與黑暗貫穿小徑，「現在」威風凜凜無所不包。

---

2 請看羅勃・歐恩思坦《意識心理學》（Robert Ornstein. *The Psychology of Consciousness*. New York: Grossman, 1973.）

十一月十日　藍羊⑷情投意合

這棟房子的石頭院牆很高，我的帳篷在牆外，和其他帳篷隔開，所以很容易遭小偷，而竊案在這一帶時有所聞。我特別留意兩個昨天從撒爾當來的羊毛商，他們比大多數人猥穢，又沒帶羊毛或其他誠實買賣的商品。我從河西回家的路上碰見其中一位在娜姆家院子裡吃大麥粒；另一位不請自來我的帳篷，把頭伸進摺門看裡面的東西——我暗想，這可能是竊盜的前奏。帳篷很小，住裡面好像披件外罩似的，突然伸進另一顆腦袋——而且是個既陌生又骯髒、像狼頭一樣的腦袋——兩人的臉貼得好近好近，我真不喜歡。他看帳內有人，並沒把腦袋縮回去。我想這證明他是清白的，但我還是冷冷做了個手勢，要他馬上出去。這時候他第一次開口，非常溫和地用英語問道：「我走？」我大吃一驚。接著他微微一笑退出去，我原先覺得那張臉狡猾、病態，如今一笑完全改觀，笑容並不迷人，卻是全心接受甚至讚許世間萬事而發出的幸福微笑。

我打開帳門在背後叫他，但不知道要說什麼；那人向我揮揮手，告別了我失禮的舉動，就走出廟院不見蹤影。

不久，我發現在娜姆家院子裡吃大麥粒的另一個商人也笑容可掬，只是不像他的同伴看來那麼純真。ＧＳ和蒲澤林都相信那兩個人是寺廟扒手，會順手牽羊摸走我們最後一把扁豆，所以晚餐桌上我決定不談他們的笑容多麼和煦。大家說好了烹飪小屋的木門應該上鎖，免得他們趁達瓦鼾睡時偷東西；次日雪巴嚮導們要小心警戒，直到這一對聲名狼藉的傢伙走了為止。

今天早晨天一亮，那兩個羊毛商就動身上溯「黑河」往岡恩隘口走去，我們一切的預防措施都顯得好愚蠢。我深覺遺憾，本來想好聲好氣祝他們一路順風，為自己的多疑贖罪，已經來不及了。其實他倆是我們的恩人。今天土克丹和吉亞參也許會抵達林莫村，兩位羊毛商若越過岡恩隘口，等於在高山深雪中為土克丹和吉亞參重新打通山路。他們得知最近有兩個人越過岡恩隘口，就有勇氣闖關了。

今天早上娜姆陪我們喝茶，還帶來烤過的大麥粒，給灰撲撲的稀飯帶來一點喜色。她擔保那兩個羊毛商人不是壞人，說他們去年從貝利河邊的家鄉來過此地。以前他們曾把東西賣入「布特」或「薄」地——她念成「波」音。依照傳統，尼泊爾中部的U省和譚省在西藏人口中都叫「薄」，是「出生地」或「家」的意思；藏東名叫卡木斯，藏西以前包括洛國（木斯塘）和朵國等小國。我想起朵國籍的楚敦旺額（「楚家大師旺額」之意），他跟密勒日巴活佛同為瑪巴喇嘛的徒弟；如果古代的朵國和多爾泊是同一個地方，那麼精舍西邊石場上最古老的底層祈禱石可能是十一世紀刻的。當時楚敦旺額曾在這片山區行走，密勒日巴活佛住在離他洞穴不遠的蕁麻叢中，皮膚正逐漸轉綠。密勒日巴提到「無法無天的朵國野莫人和野頗人[1]」，心中想的也許正是像撒爾當來客那種手腳不太乾淨的傢伙吧！

今天早晨我爬上蘇木多山，觀察十二隻至今還對母羊不感興趣的公羊，牠們一直留在雪原下方的地平線上。我辛苦爬了兩個鐘頭，位置比「黑池塘」高，整座往岡恩隘口攀升的「黑河」峽谷一覽無遺。岡恩隘口再過去，赫赫一堵白牆占滿了西南面的天空；那就是坎吉羅巴山的大冰壁，水晶陡坡和白翼的雪簷蔚為壁壘，高度兩萬餘呎。東邊只有輕空氣吹來，但坎吉羅巴山上的強風由尖岬和峰頂吹來雪花雲，在藍天下變成半透明狀。

白茫茫中有兩個黑色小點正在移動。兩位羊毛商正接近黑池塘，午後也許就能到達隘口；今夜他們大概會睡在洞窟營地，明天傍晚可安抵林莫村。看到荒原上的那兩個人影，我不知道為什麼想起商販翁格迪，然後想起一九六一年初次造訪加德滿都的往事，當時是冬天，古市集擠滿了下山做生意的山地人。那年尼泊爾河谷湧入許多西藏難民，用珍貴的宗教物品換取生活物資，他們大部分跟翁格迪之類戴著珠子、梳著辮子下山賣羊毛和鹽以換取小刀和茶葉的布特人沒什麼差別。我在阿山市集發現一尊綠色「不動明王」銅像，後來擺在黛博拉垂死病房的小聖龕中央；「不動明王」是釋迦牟尼在迦耶菩提樹下抗拒魔鬼誘惑時的法相。佛像擺在一個松樹皮做的寶座上，膝上放一粒紅莓，頭頂有一棵用珠光永久花紮成的「菩提」，與斯雅斜坡這一帶乾乾的永久花非常類似。

這幾天天色明亮，很像十月在蒂汝容的日子。萬里無雲，好晴好晴好晴。雖然曬不到太陽的地方從早到晚都很冷，風也不斷地吹，但陽光卻熱烘烘的——想想十一月天海拔一萬五千呎以

1《密勒日巴活佛道歌集》（*The Hundred Thousand Songs of Milarepa*. Secaucus, N. J.: University Book, 1975.）

上，居然還見得到亮晶晶帶條紋的蜥蜴！我生平頭一次領會太陽的純熱，由外太空穿透多少百萬哩酷寒的大氣照下來。

岩石、四周的雪峰、天空、大鳥和黑色的河流——有什麼言語能捕捉這麼響亮動人的光采？可是響亮有力中卻又興起一種不太能忍受的感覺、一種懸宕不動的恐懼，宛如拿冰去敲石頭，隨時有崩潰的危險。腦子轉來轉去；太陽像兵器閃著寒光。接著「黑峽谷」扭轉蠕動著，「水晶山」宛如恐怖城堡浮現在眼前，整個宇宙因怖慄而顫抖。我的腦袋是巫師手上盛滿血的骷髏杯，我若回頭，眼睛就會直視混亂的核心，看到蜥蜴明眸中所見的截肢、凝血和痛苦的畫面。

接著瘋癲狀態過去了，留下一股餘韻。蜥蜴還在那兒，跟岩石凝成一體，側翼在陽光下一起一伏，而陽光給我們的皮膚帶來共同的溫暖；永恆並不遙遠，就在我們身邊。

*

我計畫背對著陽光從上方東側接近公藍羊；輕柔的東風不久就要停了，晴朗的日子每天早晨都如此，稍停一會兒將改吹北風，不會夾帶我的氣味。我爬到山脊東端的雪線，等待風停。

我至今只遠看過西藏雪鷺鳥，現在牠們飛過頂峰，乘著陣陣輕風由藍天掠過，跟雲雀一起落在岩石間，然後輕聲拍翼飛起，來匆匆去匆匆，白翅招展，在晨光下繞著山巔巡迴，消失在北面。

風向改變，四周靜悄悄，積雪下可聽見融化後涓涓細流的聲音——全世界都歇止了。我順著山脊往西挪，俯視碎石堆和雪地交錯的原野，望過去望過去，視線中出現一處奇異的彎角露岩。藍羊很機警，眼睛望著山巒低處——最近一塊彎角岩在西面下方，約隔兩百碼左右。我蹲著，悄悄挪向跟獵物僅隔幾碼的石堆，躲在那兒自滿地偷笑，沒想到報應馬上來了，獸蹄踩在山上的咚咚聲突然傳進耳膜。

羊群繞著頂峰向西北面走，我也跟過去。這回我安抵有利的位置，嚴密監視，看見情投意合的公羊推、撞、舔、聞伴侶的身體，並爬上牠們背後進行交配。可是不久就傳來熟悉的「唏——兒——瑞，唏——兒——瑞，唏——兒——瑞」叫聲，很像齧齒動物的叱罵，我遂在草叢中尋找山撥鼠。不只一隻藍羊驚慌悶哼，幾秒鐘後整群又踩著礫石潰逃而去，害我目瞪口呆——我躲得很好，而且一動也沒動呀！

也許我低估了自己的體味。

一隻金色的老鷹啾啾尖叫著，在視平線的高度滑翔過雪地。這種高貴的鳥兒本來該有一副低沉的嗓子，但低音在大片空寂中傳不了多遠。不久之後，野鴿子拍著藍色的翅膀飛過——在西藏高原此處，這種土耳其斯坦山鴿取代了雪鴿。空氣凍結，鴿子和老鷹看來美極了，卻不能安慰我跟丟了藍羊的遺憾，我越過山脊一路追到北面的孤岡，雪地上的新腳印通下一道奇陡又結冰的險降坡，人和狼都走不下去。不過多虧羊群帶我來這兒，也只有這個地方看得見東北面高原上那兩座淺色的建築。由於「黑峽谷」深不可渡，翻山的道路又被雪封死了，我驚鴻一瞥，今生頭一次也是最後一次看到了古老的本教廟宇沙木林寺。

*

揚布今天下午回來，帶回大好的消息。從撒爾當越嶺到塔腊普的山路真的幾乎整個冬天暢行無阻，只要越過斯雅隘口就能到撒爾當。從撒爾當到林莫下方的木瓦村有一條犛牛小徑由大瀑布下經過，開放的時間比岡恩隘口更長。這個季節很多撒爾當人動身前往木瓦和貝利河找尋冬季的工作——有些當勞工和挑夫，有的在塔拉科和久木拉之間的大路出租犛牛，還有人運羊毛和鹽做買賣。目前他們正在跳舞喝「嗆」酒，準備冬天成群離鄉，可是一定有少數人會留下來，我們需要僱人出山的時候，不愁找不到人手了。

揚布在撒爾當曾經跟後來經過斯雅的兩名羊毛商談過話。原來遭我們白眼的兩個漢子當時正要替揚布帶口信給土克丹和吉亞參呢！揚布說撒爾當沒有警察，有「很多廟」，正如傳言，有個斯雅去的喇嘛也在那兒。不過我一心想找的斯雅活佛——現在我們才明白娜姆正在保護他——就是在札康隱廬用犛牛油和腦漿熏製羊皮的那個跛腳和尚。

十一月十一日 另種歸鄉

日暮時分燦爛的火星在東方出現，不久滿月就追隨太陽的腳步向西穿過藍黑色的天空。滿月時節我總是坐立難安、瘋瘋癲癲的，在結冰的寺廟附近亂逛，看月亮。月亮在「白河」上空升起，照亮了小屋屋頂輕飄的禱告幡旗，好像把柴堆給點燃了；我的小泥佛在石龕上輕輕晃動。河流對岸的白雪泛出柔光，岩石和山峰、蛇樣的黑溪流、白雪、天空、星辰、蒼穹——都像「金剛大持」的鐘鈴吭吭響。現在！奧祕就在此！現在！

黎明東方由藍黑轉成銀白，月亮隨著黑夜沉落在西方。十四隻鴿子乘著冰寒的陽光來到院子附近覓食，身子呈淺藍灰色，尾部有寬寬的白條，牠們飛落在硬牆上，尾巴亮閃閃的。山鴿和「水晶山」所有的野生動物一樣，很溫馴，我走近牠們也不飛走，只是翹起溫和的小腦袋，仔細看我。

我隨陽光上山，發現那群混居的藍羊高高在斜坡上。我試著向牠們那邊挪，然後走開，呈「之」字形往上爬，不知怎麼，牠們好像放心了，打量我一會兒，也許斷定不必把我當一回事，就各做各的事去了。整個早上的過程非常沉悶。我繼續往上爬。下方深處，急流掙脫了破曉的冰塊，由山裡夾著灰色碎石往下奔流。

我希望見到雪豹，特意在山上安置一個可遮風避險的瞭望台，正好在雪線上，朝北越過「黑峽谷」，一路可見沙木林寺下方的淺色梯壇。從這邊也看得見「黑河」對岸的札康山麓，還有斷崖洞穴和山澗間的斜坡，所以本區的藍羊萬一被狼或豹攻擊，大抵可以看見（GS估計斯雅附近的山坡上約有一百七十五到兩百頭藍羊）。豹子不像狼，無法一次把東西吃光，牠會在自己殺死的獵物附近停留幾天。所以我們最大的指望就是看到大禿鷹聚集，還有紅嘴山鴉、渡鴉和胡兀鷹。

喜馬拉雅大禿鷹呈淺黃和棕色，個頭幾乎像大型的胡兀鷹；牠在山峰優雅轉彎，給西藏人不少鼓舞，而藏人像吠陀經裡消失的印歐民族，尊敬風也尊敬天空。藍白是本教天神的超凡色彩，天神被當作太空和光明的代表，空中的動物遂成為「本教」的象徵——包括大禿鷹、神祕的鷹頭人身金翅鳥，以及龍。對信佛的西藏人來說，禱告幡旗和風鈴把靈魂的渴望託付給風，黃褐褐的加德滿都舊城上空假日飄滿紅風箏，那風箏也源自西藏。他們還有「天葬」的習俗，將死者的遺體擺在這一類荒野危巖上，讓野生動物食用；剩下的骨頭敲碎磨成粉，混入麵團，再擺出去餵過往的鳥兒。就這樣一切都回歸自然、死回歸生。

大兀鷹的影子在峽谷壁上轉啊轉，也許蘇木多的猛禽以為山水間的這團怪東西——一動也不動打坐冥思的人體——是天葬的死者吧！有一隻羽毛亮晶晶呈銅黑色的幼鷹啾啾叫著飛近，一隻胡兀鷹從後面接近，羽翅突然一用力，俯衝而下，近距離掃過我頭頂，我感到一股氣流。覆蓋在頭頂的呢喃聲害我嚇一跳，我突然躍起，驚動了黑黝黝的鳥兒，牠深深地慢划了四次翅膀。胡兀鷹在喜馬拉雅各峽谷上下飛馳，冷空氣在牠的金色頭顱咻咻響，但我看清牠翅膀的動作就只這麼一回。

黑暗，光明，黑暗：太陽山峰下有一隻翅膀像彎刀的猛禽——我知道，我知道。光線好特別，我們簡直希望在天板上看見大鳥的影子哩！

地面自己旋轉起來，不是驚人大轉，是慢慢呈螺旋形轉動；海拔這麼高，四面大空大寂，那股能量貫穿我全身，使我的身體跟陽光合而為一，最後一小口一小口乾淨的銀色冷空氣彷彿不再屬於我，消融在山嶺吐納的礦物氣息中。一根白色的絨毛映滿了陽光，隨風在我面前飛舞，沒掉落在任何地方，反而立在一根閃亮的荊棘上繼續旋轉。白羽毛、羊糞、光線和號稱為「我」的原子短暫聚合體，沒有絲毫歧異。對面有山，但這個「我」不跟任何東西相對、不對抗任何東西。

我像青苔長在這片山區，我陶醉至極。令人眼花的雪峰和清澈響亮的空氣，寂寞中的天地音籟、唱安魂曲的鳥兒、神話中的野獸、幡旗、大獸角、舊石雕、梳辮子穿手織鞋的粗刻達鞑人像、黑河上的銀色冰雪、岡恩山隘、「水晶山」，在在令人著迷。我還愛日常的奇蹟——朋友們傍晚的呢喃、煙濛濛的柏樹柴火、粗糙無味的食物、艱辛卻單純的日子、一次只做一件事的滿足——當我把藍色的錫杯拿在手上，就不做別的事了。自九月底以來，我們沒接到過現代的消息，一直到十二月之前都不會接到。我的心靈愈來愈清淨，風和太陽貫穿腦子，宛如穿過一口鐘。雖然我們在這兒很少交談，我卻從不孤單；我已回歸自己內部。

終於來到「水晶山」，我真不想離開。我為此苦惱，真的，甚至不得不強顏歡笑，否則只怕會哭出來。我想起黛博拉，心想換了她也會做出微笑狀的。前生——我不是認知，而是感覺到——這些山曾是我的家；遺忘的知識如清泉從地下砂石含水層湧起。瞥視自己的「真如」也是一種新的歸鄉，回到太陽之東、月亮之西。那種歸鄉不需要有家園可回，就像上蘇里河的瀑布還沒碰到地面就化為水霧，再次升入天空。

十一月十二日　訪喇嘛

昨天晚上土克丹和吉亞參來了，比最樂觀的估計還早了一天。一路上天氣都不錯，提布里科特和久木拉之間的低隘口根本沒下雪；他們在林莫村遇到那兩個羊毛商，有人帶他們到岡恩隘口。不過吉亞參先到，忍不住提出他這一面的說法，他說路上出了嚴重的問題，土克丹在久木拉大醉，曾計畫帶著我們郵件中可能找到的錢逃往印度，接著雙方吵了好幾架，前天終於在林莫村痛打一場。

吉亞參年輕，容易激動、心煩意亂，但不是愛撒謊的人。雪巴嚮導們一路提醒我們要留心土克丹。但實際的情形不清楚，郵件已安全抵達。土克丹來了以後，表情照樣開朗安祥，沒說半句吉亞參的壞話，倒用友善的態度包容這個旅行夥伴。我佩服土克丹不設法為自己辯護，連跟吉亞參很要好且從開始就懷疑土克丹的揚布也完全繳了械，聽土克丹說故事聽得笑哈哈。管他是不是小偷，我看到他覺得好高興、好放心，因為我出山的行程還得靠他呢！

我沒打開信就收進背包裡，等我到了久木拉或加德滿都再拆開來看也不遲。今天是十二日，我十八日走；由於土克丹和吉亞參長途跋涉，需要休息，就算信上帶來壞消息，我十五日以前也走不了；好消息也很擾人，我正想學山上那根白絨羽毛，放開一切，隨風飄走，聽到好消息會攪動過去和未來，妄想一切連綿不絕、恆久不變，把眼前一分一秒認真生活的良機都給破壞了。

昨天有一隻巡行的狼在河對岸通往「札康」的山路底部繞著一扇祈禱牆留下整圈腳印，今天早晨山路上有豹子的足跡。藍羊似乎想尋求保護，走到隱廬附近吃草，我跟揚布正好到那兒拜望斯雅的喇嘛。

我們抵達的時候，喇嘛在屋裡誦經。他的隨從坐在外面，仍在切割和整理一小堆馬鈴薯，他是候補喇嘛，眼眸清明，看起來比實際年齡小得多，名叫塔克拉，今年二十二歲，來自藏北大平原。

我們在向陽的懸岩上、精舍藍窗下聽喇嘛念經，凝視雪景。不久，山有了動靜，然後輕移和震動——岩石和藍天的對比顯得多麼鮮活！山若迸裂，用一把白光的烈焰把我們燒光多好。但我還沒準備好、還抗拒著，深怕再也不能死死抓住世界、抓住人生的種種安全幻象。吃迷幻藥時也有過同樣的恐懼，怕失去控制、怕「精神不正常」遠比怕死更嚴重——熟悉的東西失去原先固定的外形，開始旋轉，中心不固定，因為我們是在物體外面而非裡面去找它。

喇嘛露面了，雖然我們沒按慣例帶「卡達」白圍巾來送他，但他看我們來訪似乎很高興。他是個威風凜凜的人，長長的鷹勾鼻和雕像般的顴骨與平原印第安人十分相像；皮膚呈深紅銅色，牙齒很白，黑色長髮紮成一條辮子，穿一件黃銅釦子的舊皮襖，補著各種顏色的手織粗麻布補丁。他說話時赤腳盤腿而坐，走動時則穿上古舊的無帶鞋。他背後的門口掛一張羊皮，是他在室內圍腰暖背用的。後來他向揚布敘述他的歷史，揚布結結巴巴大致翻譯如下：

卡馬．土普朱克五十二年前生在安娜普納峰北坡的西藏小鎮馬囊城，父母都是西藏人。當時斯雅喇嘛土普托克．桑．喜薩已經死了好幾年，由於他是活佛——也就是前任喇嘛轉世的，所以多爾泊人正留心尋找新的活佛。通常活佛會在舊任去世幾年內出現，不是血肉承傳，而是像火焰傳給新蠟燭那樣。奉命四處尋找的人最後來到馬囊城的塔康地方，離朝山聖地木克提納斯不遠，那邊的水、空氣和泥土怪異地燃燒著。搜尋者聽說有個男孩自稱是活佛，就給他試煉，要他從許多幾乎一模一樣的物品堆中毫不猶豫選出已故喇嘛的個人財物，如杯子、衣服、宗教物品等等。土普朱克證明他就是大家要找的活佛，他們就宣布他為活佛，把他帶到斯雅，但他當時只有八歲，每年都要回馬囊去接受其兄巴馬翁嘎喇嘛的宗教指示。

活佛轉世信念是晚近才有的傳統，且溯及既往：十六世紀才存在的達賴喇嘛被認為是「大悲神主」的轉世活佛。噶舉派某一世系由印度聖者提洛巴傳到瑪巴喇嘛，再由瑪巴喇嘛歷經九世紀傳到土普托克．桑．喜薩，再傳卡馬．土普朱克。他跟密勒日巴活佛和其他許多噶舉——卡馬派僧侶一樣，選擇孤獨冥想的隱居生活，那是通往真知的「捷徑」，當然也是至高無上的生存形態。可是屏棄世俗需要最高的紀律，也需要非凡的力量和內在的智謀，我佩服之餘，深感遺憾，相較之下我自己的奉獻不夠熱心，起步也太晚了。

卡馬．土普朱克早就退居「札康」，指望在那兒度過餘生。他本來喜歡在山區散步，十年前開始跛足，看樣子是患了關節炎，兩腿變形，只能辛辛苦苦拄著兩根枴杖走路，就不再散步了。儘管如此，他仍顯得愉快、開朗、自然又強壯，說話時望著「水晶山」微笑，而大山浮在我們頭頂西面的天空，縹縹緲緲。

喇嘛認為，從祈禱石的年代和數目來看，寺廟本身應該很古老，遠比目前的房舍古老得多。多爾泊區的大部分禱告幡旗都是用斯雅保存的古木字模印刷的。古經文說，一千年前有一位偉大的瑜伽僧名叫德魯托布・僧葉・耶西[1]，騎一頭會飛的雪豹來此，把信徒從山神統治的野人變成佛教徒。山神有蛇精助威，不肯皈依，雪豹再生一百零八次，終於收服山神。德魯托布・僧葉・耶西封山神為「護法」，把一座無名山巔化為這座「水晶山」，成為全多爾泊以北地區的聖山。

喇嘛展示他幾年前從藏北西康平原帶回來的西藏羚羊長角。他說，斯雅精舍擺了一對錫金鹿角，那隻鹿也是康地的動物，還有一種「像馬」的動物亦然——大概是野驢吧！至於瓣羊（Ovis amonon：其中最著名的族類就是馬可孛羅羊），此地幾年前還有——他指指村子上方的蘇木多山麓。我恨不得隔著山谷把這些消息全部喊給GS聽。雪豹嘛，他常在札康下方小徑看到。「札康」因為泥土呈紅色而得名。北面斷崖上的小隱廬名叫「多爾瑪揚」或「綠多羅」——揚布告訴我，是「少女們的女神」之意（「綠多羅」是七世紀的尼泊爾公主，嫁給西藏賢君松贊千布，跟另一位皇妃「白多羅」一起勸松贊千布改信佛教[2]）。「多爾瑪揚」精舍住了一位候補喇嘛，但他已雲遊托缽去了。「多爾瑪揚」藏有德魯托布・僧葉・耶西打坐的洞窟，據稱是該區最古老的建築物。去年隱廬裡有一座優美的「綠多羅」雕像被康巴族流民偷走，難怪斯雅的人對我們處處設防。

喇嘛吃力地站起身，蹣跚地走出門外，來到斷崖上的石壇，對著一個三角形小洞蹲下，把尿撒進山澗裡；他彷彿很喜歡視野能有一點小變化，高高興興打量四周，活佛尿亮晶晶滴在陽光普照的石頭上。

不久，我們被帶進精舍，穿過放滿大麥、油、紅辣椒等物的小暗室——東西全是民眾送給卡馬·土普朱克的。喇嘛廟在撒爾當擁有農田，由佃農耕作，產品半數交給廟方，但大部分茶、犛牛油和糌巴是供奉的祭品。卡馬·土普朱克爬一道圓木梯到二樓的房間，上面有一個火盆和幾個銅鍋銅罐。他掀開水罐蓋，把它放在一堆牛糞渣上，洗洗手，然後走進小祈禱室，屋裡的豔藍窗戶對著一片雪景。祈禱室牆上掛著兩幅精美的「唐卡」布畫，聖龕牆上則有這個支脈的創立者卡瑪巴，以及「金剛大持」、釋迦牟尼、「大悲神主」等等黃銅和赤銅雕像。說來意外，一座蓮華生尊者的大雕像正坐聖壇中央，壇上堆滿顏色豔麗的糕餅、蠟紙花、銅盅裝的大麥粒等貢品。兩側的架子擺著古書軸和「唐卡」（牆上的古唐卡年久失修，捲起來的一定更老舊）。四處牆上擠滿壁畫和宗教畫，每一個角落都堆滿寶物，幾乎隱沒在發霉的暗處。喇嘛點了香，打開一個小箱子，拿出聖禮餅，滿面笑容默默獻上。

1 大衛·史奈爾葛羅夫《多爾泊四喇嘛》（*Four Lamas of Dolpo.*）。
2 譯註：松贊干布就是中國史料中的「棄宗弄贊」，「白多羅」即唐代和番的文成公主。

十一月十三日 藍羊(V)狂野之舞

最近兩個禮拜一天比一天晴朗暖和，可是今天清晨天上雲絲縷縷，天氣可能要變了。這幾天早上日出後一個鐘頭左右，太陽和月亮勢均力敵高掛在東面和西面的雪地上空。昨天在北面看到高空卷雲，表示氣溫會下降——今天早晨攝氏零下十一度。蘇木多山上的風吹得人刺痛，蜥蜴已躲進地裡去了。

我從日出到日落一直跟著斯雅藍羊群移動，最近幾天那隊公羊加入了牠們的陣容；一整群在西邊的雪線上。蘇木多山巔海拔接近一萬七千呎，我走「之」字形路線往上爬，不時停下來彎腰，否則就向吃草的羊群做手勢，表示我只是來撿糞，不會害牠們，跟牠們熟悉的其他人類沒有兩樣。等我到達雪線，牠們已開始躺下；我走到大約一百五十碼外的土岡瞭望台。羊群早上十點左右會再吃一次草，然後午休，接著斷斷續續吃草，直到太陽下山。

十點過幾分鐘，藍羊開始吃草，同時密切注意其他的動物。雖然有兩隻母羊偶爾互相追逐，但大抵只有公羊活動——公羊爬到公羊背上，猛烈挨擦屁股，或溫和地推擠。我整天跟單性羊群為伍，「配對」的情況漸漸看出來了：互相試探、推擠、爬上對方背脊、牴觸、摩擦的公羊，似乎還一起吃、一起睡，而且牠們角的大小、黑斑的發展、在群體中的主宰地位都差不多；實力不相當的一對幾乎從未出現過這種試驗性的對抗和接近行為。

藍羊在背風向陽的凹地輕咬一小塊一小塊積雪，用腳掌扒灰沙，才斯斯文文躺下休息。牠們任我走得好近好近、任我細細觀賞牠們橘黃色的眼珠子和角尖搔刮的微妙技術，以及兩性集中在後身的怪異活動——在發情期初階，被揉搓屁股和檢查尿液的羊，對牠們的追求者根本不太理會。其間一歲幼羊瀟灑跑來跑去，躲在煩躁的成羊碰不到的地方。西面的羊群已開始出現真正的戰鬥或進一步的性展示活動，這邊的羊群還沒有；只是偶爾有公羊慢慢接近一隻母羊，脖子伸長垂得低低的，做出GS所謂的「低伸」動作，這是交配的序曲。蘇木多羊群已習慣了我的存在，我可以不用望遠鏡舒舒服服觀察牠們。可惜完全發情的時候還沒到，我就要走了。

中午東南面吹來冷風，在光禿禿、沒遮沒擋的碎石坡很不舒服，而且愈來愈冷，我輕輕趕著羊群向下向西挪，稍微集中一點，小心找岩石或草叢遮風。羊群在一座扁山脊停留一個多鐘頭，我舒服地仰靠著背包，躺在上方濃密的忍冬樹叢裡——「水晶寺」就在正下方，群山和天空環繞，羊群吃草我就嚼乾麵包，喜孜孜與羊打成一片。

下午三、四點鐘，我經歷一陣騷亂，把羊再往下趕一段路，讓GS由札康山坡回來可以不必爬太遠就能仔細看牠們。稍頃，索娜姆老太太出來找羊糞，驚動了羊群，牠們又往東退回去。如今牠們健步如飛，於是我更小心潛進去，繞過山頭逆風爬到跟牠們站立的小土岡相距六十碼的草叢，牠們直立不動，但望錯了方向。不時有一顆羊頭轉向我這邊，我一動也不動，牠們也沒有動靜，精神好緊張，連粗粗的羊角都生動地豎立著，而肌肉則一動也沒動。我一分一秒觀察牠們的外皮被山風吹得起了毛。

我想把牠們再向西趕，就慢慢坐起來，藍羊全部回頭望。這種老是無緣無故奔逃的動物真矛盾，又一次把我給搞糊塗了。人幾乎就在牠們頭頂，牠們反而稍微放鬆了一些，開始吃草，彷彿剛才正因為不知道我在什麼地方才擔心似的。牠們甚至開始躺下。我覺得冷，受不了牠們沒什麼作為，不敢奢望目睹科學所未知的羊類暴行，就粗聲粗氣把牠們往村子趕。這回牠們跑了四分之一哩，直接來到第一批房舍以東的露岩邊。

我下坡到撒爾當小徑，往西拐向斯雅。路上已是暗曚曚一片暮色，可是不到三十碼上方，藍羊站立的岩石卻還浸在陽光裡。現在藍羊演出了狂野的落日場面，我等了一整天的發情期初階開始了。老公羊跳下岩石向其他公羊挑戰，把牠們趕走，年少的公羊則去趕母羊和小羊，連母羊都互相牴觸。藍羊不像典型的綿羊直接往前走，倒像典型的山羊，對陣時先用後腿直立奔跑，然後猛然落地衝鋒——GS大老遠來找的就是這種證據呀！整群三十一隻全部加入混戰，牠們從這塊岩石碰到那塊岩石，山羊的本性表露無遺。後來有一隻把峰頂的大石頭踢鬆了，下面的羊四散奔逃，過一會兒整群都靜止下來。

長角金眼珠的腦袋從喜馬拉雅青空往下瞧，寂靜中最後一塊鵝卵石迸下山丘，落在我腳邊。

藍羊像老人般鎮定等候我——

現在你看到我們沒有？你察覺我們的存在沒有？

陽光退到山坡，藍羊仍愣愣站在岩石上。

我連忙跑進廟院裡想向ＧＳ報告：他只要把腦袋伸出帳篷，就可以研究藍羊了。可是他不在，留了張字條說他希望拍下雪豹的照片，今天晚上會睡在河對岸札康小徑附近。雪豹機警極了，容不下兩個人。

萬一別的計畫都失敗，ＧＳ要派揚布到撒爾當買一頭老羊當活餌吸引雪豹。我渴望看雪豹，可是夜裡蹲在誘餌旁邊，藉閃光燈瞥一眼，不算真的看見。如果雪豹現身，我準備看牠；如果不現身，我也說不出為什麼（至今我還不了解這種直覺）就不打算看了，這跟我沒打算解禪學「公案」同樣道理，不看也甘心。千里迢迢走來，我以為自己一定會失望，但我並沒有那種感覺。我失望卻也不失望。雪豹存在，雪豹在這兒，牠霜朦朧的眼珠子從山區某處望著我們——這就夠了。

晚餐時雪巴人很高興，談話盡量不冷落我，但我過一會兒就埋首寫筆記，讓他們自己輕輕鬆鬆聊天。通常是大夥兒聽土克丹說話。他那雙老僧般的手伸在火焰上，彷彿給人催眠似的，低沉柔和的嗓音侃侃而談，讓大家神魂顛倒好幾個鐘頭。我喜歡看這位邪僧的蒙古裔黃眼珠和野獸般的耳朵，我看他的時候，他大抵正盯著我瞧。改天我要問黃眼珠的土克丹，他前生是不是一隻雪豹或斯雅山坡上的老藍羊？他不會答不出來才對。晚餐時他含著那抹對破壞和復甦一視同仁的菩薩笑容望著我——那是他跟野生動物共有的眼神。

十一月十四日　雪豹(Ⅲ)了不起的動物

我橫渡「黑河」，走出黑漆漆的峽谷，爬上西坡小徑來到陽光下。柏樹叢中有一隻忙碌的小鳥，是西藏刺嘴鶯，身子呈藍灰色，頭頂赤褐，一直唧唧叫個不停。冬天快到了，牠堅持些什麼？

燦爛的早晨，殘月當空，路上的豹子腳印新鮮如花瓣。可是在GS照相機射程大約兩百碼外，腳印好像沒有了，豹子似乎往旁邊跳進柏樹叢去了；離射程較近的兩個腳印是頭一天留下的。過了下一個祈禱石堆後，路面繞過河流上方的山脊，進入「札康」下側陡峻的積雪山澗，雪地上又看見新的腳印，彷彿雪豹橫越山脊避開攝影機的射程線，到下一處山澗幽谷再回到路上。某一個腳印旁邊有個年代久遠的印痕——羊齒狀的腕足類動物化石嵌在斷裂的石頭中。

從「札康」傳來祈禱鼓怪異的聲音——祈禱鼓有時候用兩顆人類骷髏頭做成，與人類大腿骨刻成的喇叭同為密宗打坐常用的樂器，他們不是鼓勵病態的思想，而是提醒大家今生的時光很短暫，藉此增進冥想的深度。說不定只是地穴水滴進銅罐的空洞回音；我不敢確定。這非凡的音籟叫野山野水立正聆聽，豹子也在山麓某處靜靜聽著。

GS到「札康」上空的山脊追蹤雪豹，我只看見那邊有個藍色的小點；一個鐘頭後我追上了他。他大聲喊叫打招呼：「我上當了，牠在攝影機掃描線下方轉上峽谷壁，然後越過山脊，離我躺的地方不到一百碼，再回到路面——典型的反應。」他把雙筒望遠鏡轉向「札康」的羊群——現在西坡較小的隊伍也加入了。「現在我追蹤不到雪豹的足跡了，不過牠這會兒正在附近盯著我們呢！」風向照例在早晨十點左右轉變，羊群突然驚惶逃竄，避開岩石和禿山脊的荊棘，轟隆轟隆衝過帶有浮渣的深雪，跑到「水晶山」高處，正好證實GS所言不虛——就算被人驅趕，藍羊也不會那樣逃法。

雪豹是強有力的生命體，垂直的瞳孔和細微無聲的呼吸可比雪雞滑翔。GS咕噥道：「除非牠走動，我們根本看不見牠，連雪地上都看不見——這種動物真了不起。」我們用雙筒望遠鏡一呎一呎掃瞄光禿禿的山脊面。然後他說：「你知道嗎？我們已看了這麼多，若有我們沒看見的東西，也許更好。」他好像被自己的話嚇一跳，不知道我有沒有會錯他的意思——他大概是說我們已逃過成功的淒涼，不必懷疑「我們千里迢迢來看的就是這玩意兒」嗎？

我說：「這是俳句詩人在發言。」他知道我的意思，兩個人相視一笑。我覺得GS不像兩個月前那麼武斷，對於無法解釋的事情也較能接受了。旅途中他寫了一首俳句，若在加德滿都，他自己可能都會感到懷疑呢！

負重的雲中漢，
雪地一行黑爪痕，
轉瞬成空。

GS要研究的藍羊被豹子一嚇唬，逃到高處雪地去了，他遂陪我最後一次採訪「札康」。揚布特來當翻譯，他在那邊等我們，土克丹也在場——雪巴人之中唯獨他有好奇心，自願渡河攀爬到「札康」。GS有一次說：「連蒲澤林這麼快活可愛的傢伙對於我的事都毫無好奇心；我觀察、做筆記，他可以站在我後面兩個鐘頭不問半句話。」

斯雅喇嘛再度叫我們在石壇上等候，不過這回我們是應邀而來，候補喇嘛塔克拉準備了曬乾的粗粉狀綠色犛牛乳酪、糌巴和藍色瓷杯裝的酥油茶，在山間的陽光下待客。有了味道濃烈的青乳酪和加了鹽巴及犛牛餿奶油的苦茶，糌巴吃起來格外可口，涼風中這頓隱士餐實在太棒了。

塔克拉擺出紅條紋地毯請我們坐下，過了一會兒喇嘛終於裹著狼皮襖露面了。揚布在喇嘛面前似乎小心翼翼，土克丹則鎮定、從容但畢恭畢敬；打從初識他到現在，無論室內或室外，他從未脫下那頂低俗的帽子，如今他脫下來，露出和尚的光頂平頭。我們把自己作品中的圖片拿喇嘛看，興致高昂談了好幾個鐘頭，大部分由土克丹翻譯。土普朱克喇嘛問起旅居美國的西藏喇嘛，我跟他談到十三歲離開西藏、如今在佛蒙特州和科羅拉多州授課的卡瑪派丘顏．尊巴上人。他指著「黑河」對岸的蘇木多斜坡，把上次跟我說過的雪豹和羱羊的事再說一遍給GS聽。

藍羊角翹得高高的、身子繃得緊緊的，開始由「水晶山」慢慢下坡，雪地上呈現一道美麗的弧線。雪豹走了——也許牠們看見牠走的。隔著望遠鏡看去，不時有一隻公羊猛然直立，彷彿要在雪地上跳舞，然後用後腿奔上前再落地，以角去撞情敵的角。

烈日當空，雪變幻流動，我的心沐浴著金剛鑽的光明。土普朱克喇嘛現在大談雪豹，說他在懸岩上常常看到牠——他觀察到的事項相當精確，可見他仔細看過，他知道雪豹在春天交配期最常叫，知道牠住在哪些洞穴和懸岩，知道牠怎麼刮搔、怎麼拉屎。

臨走前，我給他看宋淵禪師送我的那粒刻有「大悲神主」經咒的梅子核，答應把雅木地河茶棚買的露營凳送來給他。喇嘛送我一面白色的禱告幡旗——他稱之為「龍巴」，就是「風畫」的意思——上面有斯雅舊木模印出來的經文和佛像，除了佛教符號，還有山水大神努布．康岱．彭戎的肖像。喇嘛說遠在本教和佛教存在前山水大神已在這兒，也許德魯托克．僧葉．耶西率領一百零八頭雪豹所殲滅的山神就是這一位吧！努布如今是「護法」，印有他肖像的旗幟常常放在橋梁和高山隘口的祈禱石堆上，幫助旅人一路順風。喇嘛專心一意把旗子摺好，然後笑咪咪遞過來。

「水晶寺」活佛看來是個快樂的人，但我暗想他獨居萬籟俱寂的「札康」不知有什麼感覺，如今他已八年沒踏出過那個地方，由於雙腿行動不便，可能一輩子走不開了。揚布面對喇嘛好像很不自在，也許是對自己或我們覺得不自在吧！我吩咐他若覺得失禮就別問這件事，但是過了一會兒，揚布還是問出口了。坦率又單純的聖僧聽了揚布的問題，露出皓齒哈哈一笑，聲震四方。他指一指自己變形的雙腿，毫無自憐或辛酸的意味，彷彿那是我們大家的腿似的，然後向天空和雪山、豔陽和跳舞的藍羊展開雙臂，大聲說：「我在這邊當然快樂！美妙極了！何況我別無選擇！」

全心接受現狀，宋淵禪師可能也會這麼說：我覺得他彷彿當胸戳了我一記。我道謝鞠躬，輕輕走下山，摺好的禱告旗在我的羊毛衫底暖洋洋的。酥油茶和「風畫」、「水晶山」，還有雪地上跳舞的藍羊——已經夠了！

你看見雪豹沒有？沒有！豈不是妙極了？

十一月十五日　一樣的永恆

整個早晨，月亮在空中一動也不動，風鈴迎著強烈的東風響著卻無人聆聽。鴝岩鷚要不已經死了，不然就是越過山嶺南飛了，反正不復在我院子裡露面。酷寒中索娜姆頭上裹著毯子來到烹飪小屋喝一杯茶——散亂的黑髮照例隨風飄揚。現在白天變短了，下午三、四點太陽就已下山，老婦人滿山吆喝，一面叫她的黑色犏牛，一面趕狼。

我一早就爬到蘇木多山的西北山脊，眺望所有的山路，掃瞄「黑河」對岸西坡所有的山谷，如果雪豹出來，我會看見牠；如果牠殺死獵物，我會看見鳥類出沒。GS大清早就過河去找新腳印，他盡量不讓雪豹干擾他研究藍羊，但貓科大動物對他有極大的魔力，其中又以雪豹最為神祕稀罕。這種動物一出現，從藍羊老角上的光芒到地面一粒圓石的響聲……整個山水全部為牠凝神，實在太妙了。

坐著不動冷得要命，我在山脊逛來逛去，每隔一會兒就掃瞄西岩壁，並留意蘇木多藍羊群，牠們的發情期進度好像落後札康藍羊群不少。這個斜坡上有很多化石，大抵是螺紋狀的菊石，河裡有非常美的野岩石。我愛野岩，可是顆粒太大，沒辦法帶過隘口。也許我該拿幾塊祈禱石的碎片，溪岩就任它留在原地吧！

天寒風大，人開始坐立不安，我把最後一塊巧克力留起來，等翻山越嶺往回走之時再吃——永遠為人生做準備，而非一天一天活下去。雪巴嚮導人數過多，更加深我的不安，他們只會耗盡珍貴的糧食，無事可做；每天睡覺閒坐，等待出發。

土克丹和吉亞參恍如外面世界的信差，在月圓時抵達。現在月亮漸虧，斯雅月光清明的日子迅速縮短。他們來了以後，日子過得比較刺激，可是有一種威力正漸漸垮掉，魔咒破除了。

雖然我拚命試著留下來，但我也準備走了。我心靈的另一面想著背包裡未拆的信，渴望見見孩子們，想飲酒做愛，希望身子再度乾乾淨淨、舒舒服服——那一面的我已經面對山丘彼側的南方了。我為此傷心，於是四處張望，想把珍貴的斯雅感覺蝕刻在這本日記中，心知一切努力都是枉然；我必須欣然捨下這個地方的美，正如捨下溪水中的岩石。有感於言語微不足道，深受挫折，我才寫日記，但是隨便一根羊毛、一根永久花枯枝所蘊含的斯雅風情，都遠勝我所有的筆記。我努力讓自己以為理解的東西永垂不朽，反而錯失了核心的意義。

我在瞭望台附近發現一個打坐冥思的地方，位於背風面，是山脊上雪融掉後的一處凹洞。寒冷的山風吹來，我的腦子霎時清明多了，心情也好多了。風、飄揚的草、陽光。垂死的草株和天上南飛的鳥叫聲並不比岩石更短暫，當然也不比它永恆——都是一樣的。山漸漸止息，我的身體融進陽光裡，跟「我」無關的眼淚流了下來。為什麼流淚，我不知道。

前幾天，我對山另有一番了悟，從中看出了某些不變的東西。即使一座一座分開來看（學登山客向山峰挑戰又是另一回事了），那些山的「恆久性」、可怕又無可批駁的磐石特質仍教我驚駭，更加深了人生苦短的感覺。也許正因為害怕人生無常，現代人才會貪飲未提煉過的粗糙經驗，難怪暴力猖狂，情欲吞噬了我們，軍人寧可不忘記他們恐懼的日子——我們依戀自己彷彿要死掉卻又獲得重生的極端片刻。當我們縱情性愛或陷身危險，就被迫進入生機盎然的瞬間，自覺對生命不是袖手旁觀，自覺我們「就是」生命，身心充滿生機，哪怕只是短短一刻也好；跟另一個生命狂歡，渾然忘我，寂寞遂漸漸消退，進入永恆。可是另外的日子裡，這種結合是透過敬畏達成的。

我在窄懸岩上失足，千鈞一髮之際，恐懼的針頭刺穿了心臟和太陽穴，永恆與此時此刻相交。「行」與「識」沒什麼差別，石頭、空氣、冰、太陽、恐懼和自我渾成一體。能把這種尖銳的知覺延伸到正常時間，一分一秒體驗胡兀鷹和狼的感受，學牠們自覺是萬物的中心，根本不需要什麼「真如」的奧祕，真是振奮人心。我們現在吐納的空氣就含有天下所有大師想教我們的奧祕，有一位喇嘛曾謂之曰「眼前這一刻的精準、開放與智慧[1]」。打坐冥想的目的不是知識啟蒙而是在非凡時期也能專心，一心把握此時此刻，除了此刻什麼都不想，把這種「今」的自覺帶進日常生活的每一件事。心有旁騖就等於「在混沌身上畫眼球[2]」。我看藍羊的時候就得看藍羊，不去想性愛、危險或眼前這一刻，因為這一刻在我想著它的剎那間已經過去了。

1 美籍藏裔喇嘛丘顏・尊巴《走性靈唯物論捷徑》（Chögyam Trungpa. *Cutting Through Spiritual Materialism*. Boulder: Shambhala, 1973.）

2 日本道元禪師，《正法眼藏》（Dogen Zenji. *Shobogenzo*. San Francisco: Japan Publications, 1977.）

十一月十六日　快樂即將結束

夜裡雪豹出獵了，札康羊群有一部分向北逃，躲在「多爾瑪揚」隱廬的院落，其他的越嶺往西走；從蘇木多山坡可以看見一列筆跡般的腳印爬上「水晶山」，消失在白色的邊緣，沒入青空。雪豹驅散了札康的羊群後，渡過「黑河」——說不定另有一頭雪豹抵達——蘇木多這邊的大羊群也散開了，公羊和母羊各自回到牠們原先的隊伍。我們爬到村子上方的寬山麓，只看見孤零零的九隻公羊。

離我們斯雅帳篷不足一千呎上方，亦即我昨天走過的小徑上，一隻雪豹在我的皮靴印裡留下爪痕，彷彿示意我不要走。公羊惶惶然，雪豹可能還在山坡某處。不過發情期近了，活動並沒有中斷，GS在筆記本裡匆匆寫個不停。他嚷道：「噢，有隻羊舔陰莖了！好美！」自慰行動不時夾著戰鬥，尤其老公羊一再用後腿直立；不得了，另一隻也同時直立起來，兩隻公羊像受過訓練的搭檔，向前衝，頭互撞一下，同時落地。大多數動物這種衝突必有死傷，可是藍羊雙角間有兩吋左右的顱頂骨，竇腔空間有肉墊，頭部有濃密的羊毛，脖子又粗，可以吸收震撞力，羊角的衝擊面又粗又重。大自然為什麼投注幾百年甚至幾千年的光陰，天擇這些有利於直接衝撞腦部的特性，實在很值得探索。拿我自己來說吧！這段搜尋的日子裡，我若少用點腦筋，好好直接衝撞，倒不失為良策。

今天早上GS說，這麼好的藍羊資料開始進來，他總算放心了；又提到他怕失敗，怕同儕會為他的第一次錯誤幸災樂禍。兩個月來我跟他混得很熟，就指出他常常重複這句話，其實他的憂懼純屬無稽。無論他某一次遠征多麼失敗，他的能力和好名聲是不容置疑的。GS承認自己有輕微的偏執妄想狂，一面坦白討論，一面站在那兒用望遠鏡觀察藍羊世界。他一天比一天開朗和輕鬆，我這麼說，他好像半信半疑，我引述他談雪豹的話：「若有我們沒看見的東西，也許更好。」他似乎不以為然，勉強點點頭，後來卻抗拒他在札康反覆觀察到山會動的說法。他咕噥道：「咦，從某種觀點來說，我是指地理學上而言，喜馬拉雅山當然仍在上升，而且還有侵蝕造成的向下運動——」我打斷祂他的話：「你不是這個意思。在札康的時候不是。」他仍半閉著眼睛看望遠鏡，咧咧嘴。

GS覺得，我們完全靠自己，所以此行有探險的性質；我們跟自己的世界、自己的時代完全失去聯絡，也就沒有車輛、沒有醫生、沒有無線電，更沒有空投、後援隊或其他現代「遠征」的裝備，算來是一次老式的遠征。GS說：「我喜歡這樣，沒有整個混蛋社會支持你，你獨立靠自己，必須為自己的錯誤負責，不能怪組織。人難免會犯錯——只希望別太嚴重。」基於同樣的理由，我也喜歡這樣，何況我在山間行走，留心腳步踏在冰天雪地的回音，萬一犯錯帶來苦果，可以使我心思更加縝密。

早晨十點左右，藍羊靜下來休息，我們往東橫越一大段路，然後又往西，希望把雪豹從山溝裡嚇出來。石頭地上少數足跡並不明顯，沒有新腳印供我們判斷牠可能躲在什麼地方。如果這就是札康那隻貓科大動物，那牠餓了，今夜可能會出來獵殺小動物。牠會留在附近守著自己殺死的獵物，免得被胡兀鷹和大兀鷹搶走，我要看牠就只剩這麼一線希望了。

羊群已散開，看來最近兩個禮拜不可能完全發情；雪豹若走了，下星期不見得會回來。於是我擱下後天要不要走的疑慮，叫土克丹向蒲澤林索取我們出山所需的存糧和幾件器皿。營地東西不夠，我們能帶的東西不多；到撒爾當也許能買到一點糌巴和馬鈴薯。

GS覺得我高估了土克丹的精神習性，他和揚布一樣，也叫我對這個人提高警覺。他說的可能沒有錯，但我仍然慶幸土克丹肯陪我走，他不像其他的人——雪巴隊長例外——他會預先看出問題、主動處理。吉亞參一輩子不想跟土克丹同行，寧願跟揚布留在斯雅，改由達瓦陪我們出去。達瓦患過兩次雪盲，士氣時高時低，他照例獨處時最快樂，每次他下山到「白河」取水，經過我的石牆邊，我都聽見他一面走、一面唱歌。他很少跟別的雪巴嚮導圍爐而坐，寧可坐在牆邊暗處，他們雖然喜歡他，卻愛尋他開心，將他差來差去，他總是靦腆地笑著，似乎感激他們沒當作他不在場。

十一月十七日 群山盡覆雪—因何此山獨禿

昨夜雪豹在廟門外留下了足跡，就在我明天要走的撒爾當小徑上；昨天我的靴印中也發現了爪痕，我不禁把它當作一種徵兆。後來牠重渡「黑河」——不然就是照我們想的，本區有兩隻雪豹。可能前面或後面出現了一匹孤狼——也許就是上星期繞著祈禱牆走一圈的那匹鬼鬼祟祟的傢伙——這一隻或另一隻雪豹遂潛行到札康山路。我在此的最後一天，太陽由冰雪地平線升起，我們爬上西坡，希望測出牠獵殺的位置。大藍羊群有一部分已越過雪地回來，在札康上方小心翼翼吃草，另外一群順著隱廬下方的斷崖懸岩嬌滴滴踏步，雪白的膝頭被陽光照得發亮，但仍有許多頭不見蹤影。以前我只在陡峻的崖壁見過一次藍羊，就是被狼群追趕的那天早上，不過今天牠們可能是自動來的，有幾隻正在舔小洞穴冰柱上的無機鹽，另外幾隻正在咬裂縫中的矮株伏牛漿果。

一隻幼公羊無精打采試著爬上母羊背，不過母羊看來要到十二月初才會完全動情，整個發情期也才會達到高峰。經過幾週來的渴想和前戲，只有幾隻為首的公羊會參加交媾，而每次接觸幾秒鐘就結束了。

GS確定藍羊既非綿羊也非山羊，而是接近兩千萬年前的始祖羊類動物，代表性綿羊和代表性山羊都由牠演化而來。後來他記述道：

> 形態證據指出藍羊基本上屬於山羊類，行為上的證據也印證了這一點。藍羊許多像綿羊的特徵其實要歸因於趨同演化，因為住在通常由綿羊占據的地方，才有這種結果……這個物種跨騎在進化的圍牆兩側，牠若必須選擇要當綿羊還是山羊，只要小小變化一、兩個地方，就可以任擇其一。藍羊跟北非野羊一樣，可能早期就從始祖羊類分裂出來了。若叫我畫出綿羊和山羊品系開始分裂的假想性前身，那牠外表和行為上很多地方都會類似藍羊[1]。

ＧＳ繼續爬上山谷去找雪線附近的藍羊群，我則慢慢沿山脊折返，希望最後一天能多待在我住的那座山上。峽谷的每一座浮屠邊，祈禱石都長了火紅的地衣，光采奪目；荊棘和雕花舊石板亮閃閃的，雪豹足跡若隱若現，柏樹飄來濃香，我心中充滿渴望。我轉身回顧札康、回顧「黑峽谷」的懸崖和幽影、回顧緣慳一面的沙木林寺上面暗矇矇的山丘。「水晶山」挺立在西面的雪原上，禿岩聳入青空；南面是「雪之隘口」罔恩喇流下來的蜿蜒黑色急流。河邊矮斷崖上與白雪相映的，正是村人稱為「蘇木多」的村莊，白色的禱告幡旗在朝陽下暗黝黝飄著。

河洲上，寒冰已凍住了祈禱輪，但橋下水深，灰濁濁流得很快，往西奔向卡納里大河。我在懸岩上最後一次向白色的浮屠致敬、向鮮藍的「金剛大持」鞠躬。我真想進去轉一次「嘛呢」輪、向十方誦念「唵嘛呢叭彌吽」，可是貿易商翁格迪又露面了，他鎖上門，希望收門票錢，小賺一筆。跟翁格迪同行的是我搭帳篷那個院子的主人，他不打算收我租金，只是到牆壁四周整理祈禱石，冷冷暗示我要對他的牛糞堆客氣一點。糞堆從一扇牆直排到另一扇牆邊，我知道牛糞可能堆了幾百年深，我的帳篷就搭在糞堆裡。屋主指指院落一角凍結在牛糞堆中的硬屎塊，我很尷尬，沒辦法解釋這種牛糞上拉屎的現象只發生過一回，是深夜刻不容緩又酷寒的情況下，一時情急發生的。不，真的，我氣得要死，沒有凡間物可以出氣，這黑鴉鴉的一團屎跟高山上透明的國度有什麼關連呢？

陌生人與我肩並肩站著，在輕風中默默往下看，妙法「金剛鑽」彷彿橫在我們面前，準備傳達密宗的教旨：行道所見，應無取捨。一切識覺，上自證覺者完全開朗之心識，下至極微生物之自然感覺功能，皆為同一本原。曾有大覺聽自身糞便濺水聲而悟道。若執於空，空亦為障。於「水晶山」亦不應執——

夠了！我走得不夠遠，還無法從我自己的糞便——你的也許可以，我的不行——理解那「道」。禪學說，屎就是屎，或者叫它「屎」！我把自己匆匆排泄的痕跡踢出院落，然後謝謝那人的款待，給他看一個含有美麗化石的岩塊，但他不懂我要他做什麼，對我的致謝和那塊岩石一點興趣都沒有。

1 喬治．B．夏勒進行中的手稿。

*

我慢慢沿著祈禱石場走到「水晶寺」如詩如畫的矮門，兩側的廟牆上裝有舊祈禱輪，一為銅製，一為木製。門上是一尊磨損的石佛，漆上天與地的藍色和紅色。除非桐都今天下午帶鑰匙來，否則我一輩子沒機會穿過這道小門進入斯雅精舍了。見過入口的浮屠和土普朱克喇嘛的札康小精舍，我已略微猜得出寺廟內部的情景，明天如果運氣好一點，我會去探訪那木犖寺，翻過東山走五個鐘頭就到了，那也是一座卡瑪噶舉派的寺廟。然而，大老遠來到這個目的地，卻沒看「水晶寺」內部，似乎很可惜。

（我離開後不久，桐都的太太拿著寺廟鑰匙露面，索價一百盧比才肯開門，GS不理她，他臨走前夕，她只收五盧比就放他進去了。依據他的筆記和平面圖，斯雅精舍藏有許多精美的銅佛像、掛鼓、老劍和盜匪時代留下來的前鏜砲，以及印製土普朱克喇嘛送我的那些「風畫」所使用的重字模板。除此之外，這座寺廟跟區內的其他精舍相比，只是規模大些罷了。不過有一個小地方很奇怪，難以解釋，牆上掛的布畫除了一隻狼、幾隻西藏野驢和夜梟，居然還有雌性雪人的圖像。

「水晶寺」這幅畫愈想愈稀奇。有人報導過偏遠的喇嘛寺偶爾有雪人像存在，但實際上極為罕見，我只聽過尼泊爾另有一幅，是在聖母峰下的藤波契廟發現的。這兒離以前據稱雪人出沒的地方偏西這麼遠，居然有雪人像存在；蘇里河森林中那個晴朗早晨跳到圓石背的古怪黑影，想來就更費解了。）

我爬到常去的瞭望台，依稀直覺這些山是我的家，悲喜交集。可是「所有一切眾生不覺往返為在何處，唯應度者乃能見之[2]」我聽不見前世的耳語。我一定把「家」跟童年混為一談，把有旗幟、野生動物和冰雪城寨的「斯雅」跟童話故事中氣氛神祕、日子顯得很悲壯的黑暗時代地點混為一談了。

驅使人上路的渴望含有鄉愁，而我這次來喜馬拉雅可以說已踏上返家之路。歸鄉是我修禪的目標，也是山居打坐和黎明誦經的目標，更是禪學「公案」的目標：群峰盡覆雪——因何此山獨禿？要解答這個不合邏輯的問題，就得把一切先入為主的見解和實證打破放開。但我還沒準備要放手，所以我將不解「公案」，不見雪豹——也就是「洞察」牠。因為還沒準備好，所以不看。

四周的山都白茫茫罩著冰雪，只有這一座山光禿禿的，我在這兒最後一次打坐冥思。與禪學「公案」中的禿峰一樣，這座山跟我自己並無違隔。我知此山，因我就是此山，此刻我感覺它正吐納氣息，草尖挨著雪飄動。萬一雪豹從上方的岩石跳下來，在我面前現身——嘍！——那我在驚恐的一刻嚇得發瘋，也許會真的洞察牠、理解牠，而得到真自由。

---

2 印度教經典《摩訶婆羅多》中的〈薄伽梵歌〉（Bhagavad-Gita）。

歸鄉路

噢，僕人，你在何處尋找？
瞧！我在你身畔。
我不在廟宇，不在回寺；
　不在儀典中，不在縟節中；
　不在瑜伽中，不在苦修中。
你若是真尋者，霎時便得見我。
你馬上會與我相逢。

泰戈爾《未然之歌》（Songs of Kabir.）

久習摸象，勿怪真龍。

道元禪師《普勸坐禪儀》（Dogen Zenji. *Fukanzazenji.*）

十一月十八日　酒酣舞熱

破曉時分我跟土克丹和達瓦上溯「白河」，面對著陽光前進。GS要去勘察藍羊。他陪我們走到東邊的隘口，揚布和吉亞參要去撒爾當買一頭山羊，也順道同行。GS沒拍到雪豹的照片，決定用活餌引誘牠，就算沒有收穫，至少營地裡的人有羊肉可吃。萬一狼群出現，山羊就不擺出去，否則狼會吃得精光，一點都不留。

（我走後一個禮拜，兩隻雪豹一起經過斯雅精舍外圍。GS叫人把山羊擺出去碰運氣，自己在附近睡了兩個晚上，可是雪豹從那個地區消失，山羊被他們宰來吃了。他們把一隻羊腿和蒲澤林的一件褲子獻給土普朱克喇嘛。揚布想獻出他的皮靴，GS還得翻山越嶺往外走，他不准揚布這麼做。）

蒲澤林要留在斯雅，我會想念他。昨天傍晚他拿出一綑生動的圖畫——有飛機、女孩子的頭像、奇特的歐洲場景等等——我們大吃一驚，其中有一張被房東翁格迪偷走，一定是打算拿去賣或換別的東西。今天早上我向蒲澤林告別，問他萬一我去探訪尼泊爾東部的喇嘛寺，能不能到庫木布去找他，這位好朋友兼廚師跟我一樣離情依依，他大聲嚷道：「謝謝你！」

村外不足百碼的地方有三組新鮮的狼腳印，牠們在下弦月的月光下繞著結冰的住宅走。頭頂的斜坡上，蘇木多藍羊群的大公羊背對著雪線一動也不動站著。我倒退走一小段路，望著「水晶寺」透明的旗幟慢慢隱入蘇木多山……唵！我理好背包，邁步前行。在一條冰冷的小溪裡，有塊形狀像山的深灰色石頭嵌有一叢蜘蛛之類櫛狀組織的化石紋。那塊石頭美極了，扇形的稜線隨著白霜閃爍。我把它放回溪流，繼續趕路。

有一處小土岡的祈禱牆時有狼群出沒，四周雪地上到處是新鮮的狼腳印和黃色污斑。小徑向北拐，爬上一條支流的岩石溪床，到了一段長長的緩升坡頂部，白白的岩壁間出現一方藍天。我們漸漸走近，這些入口又移了位置或沉落不見了，原來不是山口而是錯覺。反之，深雪堆間有一段滑溜溜的陡冰坡和碎石坡要爬。空氣稀薄，我每走一會兒就停下來休息，瀏覽純白的世界，上面沒有動物的形跡、沒有任何動靜，連路過的飛鳥都沒有。

海拔一萬六千九百呎的東山頂端，一座大祈禱石堆巍巍聳立，是幾百年來無數旅人用一粒粒石頭堆成的。前面寬闊乾燥不毛、黃褐色的月世界風光一直伸展到西藏。這片高山荒漠在雲霧頂上，卻如此枯乾貧瘠，只有幾座峰頭覆蓋著白雪。喜馬拉雅的尖峰和深澗慢慢變圓，形成山丘和河谷，群山以東就是浩大的木斯塘地區，亦即古代的洛國。

不久，土克丹和達瓦從雪岸露面，把行李放在祈禱石堆上，接著揚布和吉亞參孩童樣的腦瓜也出現了。雪巴嚮導們看到浩瀚的地平線呈一望無際的大圓弧，非常感動，盯著瞧了好幾分鐘，說不出話來。在我們原先待的地方，喜馬拉雅拱壁北面（西方人不常見到）聳起晶瑩的冰塔，那種地方也能住人，簡直不可思議，可是我們知道——或自以為知道——斯雅精舍就在「水晶山」下那些看不見的幽谷中。

該走了。GS跟土克丹和達瓦不會再碰面，他伸手跟他們握別。四位雪巴人動身走下北坡，呈一縱列穿過雪原。

我逗留了一會兒。寂靜無風，GS突然說：「我看你走，難過得要命。」我說我要走也難過得要命；兩人握手，我試圖表達難以言詮的感激。「我曾非常非常感動……」我說到一半打住了。這種口齒不清的嚅嚅之言，實在表達不出我心裡的意思。我跨出先前置身的地方，永遠不可能回頭了。

這次遠征一切順利，我們都為彼此高興。兩個人走的是不同的路，而且大抵單獨工作，雙方都覺得這樣最好，連傍晚都很少交談。我從未向GS傾訴我腦中思緒的變化，怕他以為我發瘋——誰知道他腦子裡又在想些什麼！可是每天工作結束後，我們總慶幸能碰個面，兩個月來被迫同甘共苦，這樣已經夠了。

我們不知道該說什麼，就再握一次手，心知下次在二十世紀的場景中重逢，現代生活的屏風又已形成，我們會像先前一樣受到文明的保護，不復坦誠相見。接著我拔腿越過北面的雪地。當我回頭揮別，已看不清他藍色的羊毛罩衫和褐色的面孔，只見豔陽下有個暗暗的人影，恍如在夢中，那個身影慢慢舉起右臂。我再度北行，跟前的雪地裡出現新的狼蹤。我再回頭吆喝，想告訴他狼的事情，可是天際空空如也，只有白雪在金光下繞著古祈禱石堆飛揚。

*

山徑斜斜通下灰色的石頭峽谷。我的枴杖留在隘口沒帶下來，折回去又太遠了。雪巴人早就走得無影無蹤，不過土克丹在第一個可能轉錯彎的地方等我，他沒有特意強調他的體貼，只是站在那兒。他對很多事有興趣，等待期間他又發現了一些狼的足跡，指出有一組比另一組小得多——應該是幼狼。我們在下方遇到兩個牧人，他們說這兒有很多狼，也有雪豹，會攻擊家畜和藍羊；雖然狼比豹更會捕食牲口，昨夜叨走山羊的卻是雪豹。午後藍羊出現了，一共二十幾隻，顯然是被那木鞏上方的綿羊群和山羊群引來的。有兩個獵人專門打那木鞏的藍羊為生，羊群不堪其擾。這一帶只有斯雅沒人狩獵，多虧了土普朱克喇嘛。

那木鞏村海拔高過斯雅，可能接近一萬六千呎。那木鞏精舍是一棟紅色的石屋，貼著峽谷北壁建造；那木鞏小溪向下流進那木康河谷，村民在湍流兩岸闢出了一塊塊梯田。其他的人留在山路上，我和揚布下坡到峽谷的第一棟房舍，結果被一隻套著細長鎖鍊的惡獒犬趕回來。此地一棵樹都沒有，我真後悔失落了形影不離的枴杖。屋主在屋頂上露面，多疑地俯視著我們，他不叫狂嚎的狗安靜，只管用一根小掃把樣的怪梳子刷理一頭未紮起的長髮。不過這人擁有峽谷壁下「那木鞏精舍」的鑰匙。四周一片荒瘠，精舍和浮屠的紅白兩色成了附近僅有的色彩。

精舍有一道圓木梯通到三樓的小房間，屋裡只有一個小窗口透進灰濛濛的光線。房間內亂糟糟擺著舊布幔、皮箱、皮鼓、大銅鍋、海螺殼法器、漆彩木箱、木製封面的書和卡瑪巴、釋迦牟尼及凸眼蓮華生大師……等陶土像。房間中央的一個高台上有一尊壯觀的「金剛大持」銅像，似乎在灰濛濛的光線中顫抖，我一直等著銅像開口說話，幾乎無法背對著它。

我看這邊年久失修沒人理，忍不住問那木犟精舍有沒有喇嘛。守廟人聽了，自稱是「喇嘛」，但我想這種喇嘛和真正的喇嘛比起來只能算聖器管理員，跟斯雅喇嘛那樣的活佛更不用比了。揚布跟我說他父親也是「喇嘛」，大概是指這一類的俗家居士吧！那人點了兩盞酥油燈，展示他主持教儀的權利，但他承認精舍不受重視，比較有價值的「唐卡」布畫都被搬走了。我們辭別後，他又梳起那一頭長髮來。

小徑繞過一個又一個山頭，迢迢往撒爾當緩降而下。第二群藍羊約有三十幾隻，站在河谷對岸的巉巖上。揚布和吉亞參放下行李，把佛教箴言抛到腦後，扔石頭去趕一群西藏雪雞，結果沒追上，於是我們繼續前進。土克丹背食物和炊具，達瓦替我扛背包，吉亞參拿著GS的舊提袋之類的東西，打算換一隻公羊當誘餌，揚布則背一綑柏樹，因為這片高山荒漠燃料十分稀罕。我自己除了帳篷和寢具，還硬拖著滿滿一背包的書本和化石。我們辛苦跋涉九個鐘頭，日暮時分，撒爾當終於在那木康河上方的高原上出現了。

揚布上次來撒爾當，曾交了幾個朋友，他直接到一戶人家，我們受到熱烈的款待。這棟房子樓上有儲藏室，也當祈禱室使用，面積跟那木犟精舍差不多，卻比較整潔。裡面沒有佛像，只有兩三張炫麗的現代風格「唐卡」布畫，可是整列酥油燈和裝祭品的銅碗、精美的皮鼓和其他器具證明這家人信仰很虔誠。女主人琪爾金和她的老母親把這個房間借給我過夜，等於將她們寶貴的冬糧託付給我了。客人來的時候，老太太用一根原始的鐵鎖將儲藏室的門牢牢鎖住，傍晚她讓我回房，用樹枝打開門鎖，好方便。

儲藏室中央有一根看來很野蠻的長矛，琪爾金說是撒爾當本地製造的，歷史不超過三十年，當時西藏流寇降臨這個地區，殺人搶劫，村民終於拿起武器逼退他們。

土克丹把茶端到露天屋頂給我喝，薄暮時分我隔著那木康河谷遠眺西藏，這邊的人稱那邊為「比陽」，就是北方的意思。沖蝕形成的山水被山羊和綿羊的利蹄踏成粉末，成為殘破的山岡和憔悴的深溝，地面一年有八個月呈黃漠色，就算沒有雪、沒有雨，由於溫差太大，地面不斷結冰和融解、爆破和默默碎裂，侵蝕依舊持續著。過去幾百年，南面的烏雲不再飄來；土壤貧瘠，生長季很短，加上印度來的便宜貨往北傳送，連運鹽和羊毛到喜馬拉雅南邊的古老商旅貿易也漸漸沒落了。到頭來這個村鎮會像藏西的古城一樣，整個被沙漠占領。

*

我叫揚布去買肉，由女主人燉了一鍋羊肉加馬鈴薯和蘿蔔，配上米飯，我們喝了好多杯大麥釀的「嗆」酒佐餐，從九月起我們就沒吃過這麼美味的餐食。揚布是我的酒伴，達瓦和吉亞參不喝酒，土克丹雖有好酒之名，卻不怎麼熱中，但也喝了一、兩杯。樓下沒有窗戶的大房間燃著牛糞和枯枝，煙霧彌漫，大家就著爐火吃喝，接著俏姑娘琪爾金端上熱烘烘的小麥麵包、鹽和一團奶油。吃著吃著，愈來愈多村民走進來，火光中映出一圈生動活潑的面孔，有老有少。我想我大概沒見過這麼多討人喜歡的面孔圍成一圈。覺得肚子暖洋洋的，就先告退上床。不久因為有人帶來一把細緻優美、柄部刻成天鵝長頸狀的「丹宴」琵琶，揚布又叫我下樓。人人都在跳舞。陸續有村民來湊熱鬧，煙濛濛的房間充滿友善的人體油脂味和粗菸草味，老婦人把發酵的大麥擺在簍子裡壓搾過濾，又製出一壺「嗆」酒。有一個很面熟的圓臉俏姑娘帶了一個圓臉嬰兒來，嬰兒名叫琪琳拉莫，小媽媽跳舞，老婦人就把娃兒抱在膝蓋上。嬰兒和老人身上都綴有密密的珠子，小娃兒還掛個銅項鍊盒和一串貝殼錢；布滿皺紋的老臉和珍珠般光潤的童顏都睜大了眼睛，露出一模一樣純真的驚喜，老人的下巴擱在娃兒頭上，因此更加感人。嬰兒潔淨的面孔幾近透明，老人面孔有一股肅穆的靈氣，也因年老而轉為透明。過一會兒琪琳拉莫站起身，在泥地上灑尿，好奇地俯視自己肥敦敦的溼腿。

娃兒的媽媽朗笑著，跟貓臉少女琪爾金手牽著手跳舞。彈琵琶的漢子活潑英俊，身穿短罩衫和皮靴，誠心誠意對我露出歡迎的笑容，把我當作好朋友。不久又有人來，其中有個男人好像正在追琪爾金。揚布吹口琴，達瓦和吉亞參看到誰都一視同仁大笑，不過斯雅一行人只有土克丹肯跳舞——雪巴人土克丹，廚子兼挑夫、偷竊嫌疑犯、惡酒鬼、廓爾喀老兵……也是個舞者，他一面跳舞一面微笑著、微笑著。他們跳的是節奏分明的小步舞，很適合小空間，而且很像愛斯基摩人的冰屋舞，連漆黑的髮辮、紅棕色的面孔和軟寒靴的緩步挪移都像極了。不久，跳舞的人開始唱歌，土克丹一起唱，達瓦嗓子極佳，卻害羞不肯唱。歌曲和諧悅耳，啟人憂思，我像上回在多帕坦一樣，又想起安地斯山脈的印第安哀歌。有一首佛教歌曲歌名很摩登，叫做「送花給喇嘛」，還有一首幾百年前的老歌，叫「最高的山」：「山再高，我都要到努布身畔！」這是揚布翻譯給我聽的，他說話時特意看我會不會嘲笑他們對古神的思慕。

揚布和我又喝了一些「嗆」酒。他一面喝、一面告訴我，久木拉回程中土克丹的少數財物在林莫村被人偷光了。土克丹本人從未提過這件事。揚布又說，有一支日本登山隊的隊員邀請他到日本研究農業，他頗為動心。這位會吹口琴、手戴大戒指、滿面春風的美少年，精明幹練，不甘於一輩子陪人遠征，只是他很擅長當嚮導隊長，脾氣好、適應力強又伶俐過人，必要時夠強硬，可以說服挑夫──唯有那群本教教徒嚇倒過他。反正他喜歡流浪的生活、喜歡「嗆」酒和燒酒，永遠不會去日本才對。

我坐在這兒平靜如一尊佛像，土克丹在火爐對面微微笑著，彷彿我正手拈蓮花。舞跳完了，這位迦葉菩薩轉世的野僧緊挨著眼珠子發亮的老太太靜坐，睡眼惺松的小女娃兒爬到他膝上，他一面哄小娃娃、一面說些他特有的笑話逗老人家。此人心中無疆界，他對我們大家一視同仁，充滿愛心。

十一月十九日　與微笑擦肩而過

天還沒亮我就醒了，幸福洋溢，在琪爾金的小禮拜室誦早經，直到陽光軟化了山背的天空，土克丹自動端茶給我。稍頃揚布戴著戒指，吉亞參穿著學生燈籠短褲來道別。我特別謝謝揚布欣然代我問了喇嘛許多蠢問題，又跟吉亞參提起我的皮靴，最後一次取笑他。接著我辭別琪爾金和她母親，說我能睡在佛教精舍何其榮幸。老太太含著眼淚，抓起我的手，腦袋撞我的胸脯表示祝福，說了發音類似「土奇丘洛奇」之類的話，意思好像是「多謝你」，也許說的是「塔西秀克！」——意為「願你得福佑！」——或者甚至（但願不是）「塔戛契克」，一枚硬幣的意思。於是我動身去探勘撒爾當。

撒爾當村海拔雖和林莫村差不多，大約一萬兩千呎左右，面貌卻完全不同。林莫是森林線以下的喜馬拉雅村莊，撒爾當則屬於西藏高原的無樹荒漠。村舍散列在那木康河谷兩側的山坡上，地勢向河邊斜，屋子跟土地一樣呈沙漠的灰棕色，發芽般一間間冒起。乾旱加侵蝕使土壤變成硬餅屑狀，可是斜坡已闢成一塊塊梯田，種些起碼的作物，靠春夏融雪灌溉；融雪也使屋旁種活了一小叢一小叢的樺樹和柳樹，用石牆圍起，免得牲口餓了把它吃掉。據說樹枝都砍下來當秣料，不過這種用途一定很有限；我們覺得村民引進樹木，是想點綴一下酷烈的山水。十一月底撒爾當居民很少，可見環境艱困；每一家至少有一個人到南邊或東邊找工作去了，通常一家還不只走一個人，由於缺乏青草或秣料，牲口也走了（昔時牲畜群一定曾在西藏各平原過冬，現在則必須翻山越嶺趕到南部）。一片荒瘠中，房屋、牆壁和田地整整潔潔，可以看出村民堅強的性格，他們造長矛趕盜匪，糧食都快沒有了還能高高興興跳舞；為數眾多的厚祈禱牆、每座禿岡上像碉樓般聳起的浮屠、一排排墓碑般直立的石板——名叫「歐柏」，為藏北和蒙古所特有——在在顯示出村民的宗教熱忱。

風景很神祕，對比鮮明。清明的強光下，一動也不動的馬兒影子簡直像惡兆一般。遲早人類會心灰意冷，不想在這寒冷的高原繼續掙扎度日，古西藏文化的最後餘緒終將湮滅在亂石廢墟中。

我順著小丘逛到下面的撒爾當精舍，喇嘛到另一個村子去了，所以精舍上了鎖，可是毗連的一棟黃色建築卻掛著兩個巨大的圓柱形祈禱輪，直徑約四呎，高約十呎，以豔彩繪上忘憂輪、法螺、大悲寶球、蟒蛇、花、大麥供品、「唵嘛呢叭彌吽」經咒等等。撒爾當是薩迦教派的精舍，崇奉文殊菩薩和「大悲神主」，還有歷史佛釋迦牟尼和未來佛彌勒佛。牆上有燦爛的壁畫，無所不在的蓮華生尊者在畫中手持一把「丹宴」琵琶，跟昨夜撒爾當那位樂師彈奏的琵琶非常類似；蓮華生尊者正跟一位全身發藍的死神慶祝天上的盛事；而這位死神有一天會手持明鏡，教我們無所遁形，並衡量末日天平上白卵石和黑卵石的重量。

土克丹買到幾件補給品，早上十點左右他和達瓦在精舍跟我碰頭。英俊的琵琶手也跟他們同行，打算到加德滿都去找出路，他願當挑夫兼嚮導，陪我們走到木瓦村。這人名叫卡馬，今天似乎不像昨天晚上在爐邊喝「嗆」酒時那麼自然，倒想跟人搭訕討好人家。他的西藏小嬌妻，也就是昨夜暢舞的姑娘，笑得天真無邪，嬰兒琪琳拉莫坐在她的行李頂上，更像笑面佛似的，卡馬的魅力因此加強了幾分——有琪琳拉莫結伴同行，多麼幸運！俏姑娘除了帶嬰兒，還得扛一家人的財物，卡馬則分擔兩位雪巴嚮導的擔子，尤其是達瓦的。達瓦雖然高興走上歸程，卻好像有點心不在焉，暗示他患了不明的疾病。

*

山路沿河岸上升，來到一串合名「那木多」的幾個小聚落。此區的廟宇和村莊入口都有浮屠，塔身的壁畫和壇場十分精美，而且維修甚佳。還有壯觀的祈禱牆，上刻經文和法輪符咒，土克丹稱之為「淩波」。過了那木多，河邊有一座孤零零的巨岩，岩上是一棟寧瑪派的寺廟，名叫沙爾精舍，打坐冥想的房間棒極了，四面的走廊有屋頂，房間本身卻面向天空完全展開。沙爾精舍由一位威風凜凜的老婦人管理，她覺得沒必要自稱為「喇嘛」；寺裡備有法螺，等撒爾當喇嘛來暫住時使用。這種舊教派廟宇的雕像普普通通，鮮豔的「唐卡」卻畫得很精緻，可能是我們此行所見最棒的「唐卡」，我們恭喜管理人把沙爾精舍維護得這麼好，與那木犖精舍有天淵之別。

我們繼續上溯那木康河西岸，又經過兩座精舍，一座在河對面，似乎已成空屋。河邊小徑的祈禱牆常有狼隻出沒，但沒有藍羊或豹的足跡。到了其中一座祈禱牆邊，俏姑娘坐在陽光下餵琪琳拉莫吃奶，一群歐石松雞由聖石上啪啪飛入山溝，咕咕地為他們唱著小夜曲伴奏。俏姑娘頭戴紅羊毛盔，我望著她紅通通的臉頰和亮麗的笑容，突然認出她就是上回在斯雅送我四粒馬鈴薯的譚蒂沙木努，那回她也戴這頂紅羊毛盔，而卡馬當然就是羊毛商翁格迪的兒子卡馬多耶囉！我以為他虛假獻媚，其實他是急著跟我相認。他們那天在斯雅沒帶嬰兒，為了保暖渾身裹了一大堆衣物，難怪我認不出來。不過我還是遺憾沒在譚蒂戴紅羊毛盔之前認出他們倆，昨夜他們在爐火邊那麼友善，我的反應也該熱烈一些才對。過了一會兒，樂天的譚蒂站起身來，肩帶上和西藏已婚女子穿的豔彩條紋圍裙上掛了許多小鈴鐺，叮叮噹噹晃動著；卡馬輕快踏步前進，美麗的天鵝頭琵琶用帶子綑在背包上，他好像看到什麼都能笑臉相迎。他跟許多木斯塘或多爾泊的布特人一樣，喜歡自稱「古龍人」，他堅持說自己是「古龍人卡馬多耶」。統治尼泊爾的印度裔部族瞧不起布特人，所以很多年輕的布特人特意以這種說法提高社會地位，不過他們和古龍人沒有血緣關係，古龍人的村莊在安娜普納峰南坡，我們九月曾經走過。

我們走到名叫札村的小聚落，停下來過夜休息。起先我反對，因為時間很充裕，還來得及趕到拉卡村——此地到木瓦之間有兩個高山隘口，拉卡是隘口前最後一個有人住的地方。可是卡馬說拉卡村民是敵意很重的卡密族，土克丹支持他的說法，我只好讓步。上次在多帕坦和雅馬卡村之間跟「卡密」打交道的滋味記憶猶新，羅哈岡的「卡密」更別提了。

札村在窄峽谷裡，已經見不到陽光，整個地方陰森森的，村民都躲著我們。小村子位在一條分支山澗口上，河對岸小丘上有一間赫拉普精舍，已空無一人。牲口隊帶來七十頭犛牛，在赫拉普精舍四周吃草，牧人們是尼沙爾來的，要南行到羅哈岡找牧草地。此刻烏雲出現在峽谷壁上空，籠罩整片山區，我為ＧＳ擔心害怕——他要在斯雅待到十二月初，可能會碰見真正的嚴冬氣候。

十一月二十日　樂天的一家人

昨晚那木康峽谷吹起了夜風，我的帳篷像一片胡桃枯葉嘎嘎作響。不過今天早晨風倒不大，牆壁頂上露出的一方藍黑色楔形天空滿是星辰，我天未亮就出發，想暖暖身子。峽谷冷得要命，寒冬彷彿一整年被封在這個四面都是峭壁的黑石冰牢裡；好像比斯雅最冷的黎明還要冷得多，氣溫遠低於冰點，而且太陽不到早晨十點左右不大可能出來。札村上方的峽谷轉彎處有幾頂北方游牧民族的方形重帳篷。我沒帶枴杖，這片林木不生的大地也找不到樹枝當枴杖，幸虧凍結的沙地上腳步聲傳不到湍流對岸，否則碰到他們的惡犬躲都沒地方躲。

碎石灘上有一座獻給水魔「克魯」的枯瘦石堆，土克丹說水魔受冷落會報復的。幾個人影在岩石間走動，體型像小精靈——有一位個子小小的老太太，年紀很大，帶兩個渾身裹緊衣物的小孩，照年齡看不可能是他們的母親。冬景蕭瑟，光線灰濛濛，這一小隊人馬彷彿是中世紀歌德語神話中飄出來的人物。顫抖的小男孩不超過十歲，扛的行李看來比我的還要重；裹著羊毛的女娃兒還在學走路，穿越幽谷東壁像冰舌般伸出的結冰溪流時，要靠人抱或背過去。老婦人扛著一大包羊皮，彎腰駝背，她南行賣這些東西，所得有限，簡直不值得這麼辛苦走一遭。她將粗糙的手指舉到唇邊，可是我沒帶吃的東西，我打手勢叫她等雪巴人來了再向他們要食物。他們勉強對我笑一笑。也許這兩個快活的孩子是勇敢的孤兒，也許他們一大早出來是怕沒燃料會凍死。我繼續往拉卡進發，拚命走，以此暖身。

幾個孩子趕著一群犛牛下山，來到拉卡的小茅舍。有座石頭畜欄裡關了一百多頭犛牛，要載一堆堆打包的羊毛和鹽巴到南部；幾隻大頭獒犬負責看守包裹，牠們靜靜躺著，眼睛凝視最近的一隻狗。幾個長髮男人配戴短劍，身披條紋斗篷和束腰短上衣，羊毛靴在膝蓋下紮得很緊，正坐在火邊抽菸。他們北部人大膽又活潑，可是卡馬多耶說拉卡村民是強盜、是「壞蛋」，終年住在這黑暗的峽谷，彷彿見不得陽光。他們像囚犯般苦著臉看我們走過。

拉卡上方的峽谷愈來愈窄，變成咽喉絕壁，湍流從一邊的谷壁轉到另一邊。拉卡居民和游牧民族都懶得造橋，不過整個月沒下雨，這個時節水位很低，為了不沾溼鞋子，我們想扔石頭到淺灘當踏腳石，但大石頭硬幫幫凍結在碎石灘上拿不動，小石頭拿起來堆到高出水面的程度，很快又罩上一層滑溜溜的冰。我們在石頭上灑沙子，攤開雙手躍過去。驚險橫越三次後，我們放棄了這個辦法，太累人，而且太花時間。我們乾脆脫下鞋襪，盡量把衣服捲高，一路突破溪流兩側的薄冰赤腳走過去。反覆渡河害我雙腳凍得像石頭，我詛咒卡馬，若是昨天下午經過拉卡村，趁白天暖和的時候渡河，在對岸絕壁變成寬河谷的地方紮營，一切都簡單多了。結果我們昨天在札村白白浪費三個鐘頭的好光陰，今天才會跋涉一整天之後還得在傍晚爬過高隘口。可是譚蒂從頭到尾談笑風生，她昂揚的精神減輕了我對她丈夫的不滿，她丈夫雖然沒有她動人，卻也同樣輕鬆。他帶頭鋪橋試走，難免滑跤，渾身衣服溼透了，還哈哈大笑，畢竟是豪勇的吟遊歌手。土克丹也是輕快又足智多謀，達瓦卻像大笨牛呆立在那兒，我一再叫他，他才過來幫忙。他好像失了魂似的，笨手笨腳又冷淡。有一次他把行李滑過溼溼的冰層，居然蓋子朝上，我的睡袋在底下露出來，整個溼透了。最近這種出錯的本能屢試不爽，怎麼告誡都沒有用。

拉卡窄峽谷對岸，冷冷的陽光由東山澗冒出來，土克丹說有一條山澗通到塔腊普。北坡綠油油長著帶刺的植物，不過這邊沒有斷崖，也沒有藍羊的蹤影。春天山澗一定白浪濤天，很湍急，因為峽谷上游是開闊的河谷，寬寬的黑碎石河床由雪地通下來，飽受狂風吹襲，沒有動物也沒有植物。我們在這兒朝南拐彎，向喜馬拉雅山走去。

這段路很好走，譚蒂接過卡馬的重擔，脫下靴子打赤腳，把琪琳拉莫交給丈夫照顧。到了河流轉向的地方，卡馬停下來生火。他說那木多山隘雖然「非常陡」，但從河床爬上去只要一個鐘頭，我不相信，逕自脫下皮靴涉過一條支流，繼續往前走，希望他看我堅決前進，中餐能吃快一點。

溪流對岸有一座大浮屠，浮屠附近有一座禱告石堆，旗子破破爛爛，「嘛呢」石非常粗糙。石頭間摻雜著一堆亂糟糟的大角羱羊頭，其中一個羊頭看來相當新鮮。羱羊腿長跑得快，不靠附近的斷崖避險。下半天我一直掃瞄荊棘叢生的山麓，希望能找到羱羊。

前面有兩個牧人在荊棘間放牧十二頭犛牛。他們今天不想過隘口，有一位正在撿灌木當柴燒，另一位守著洞穴邊的一包包物品。前方不遠處，犛牛小徑拐離河床，開始向雪地陡升。已經下午了，我連續步行七個鐘頭，一天下來疲累不堪，實在不宜辛苦爬到拉卡山口。可是由另一方面來說，我們若每天這麼早紮營，三天一定到不了木瓦，得五天才走得到。我繼續前進，希望土克丹能說動其他的人跟上來。

十月暴風雪過後不知是誰先打通這條山路，那人一定亟需向南走；從足跡看來，可憐的牲口一再突破結冰層走進深雪堆，自行脫隊走開，再掙扎回來歸隊，劃出許多漫無目標的畦痕。不過後來有不少牲口隊穿過隘口。黃坑纍纍的寬徑到處是牛糞，凍結的糞餅成為冰上的立足點。除了露岩與露岩間的田鼠路，看不見野生動物的蹤跡，只有一群淺色的金翅鳥由高空往南飛，顯出一點生趣。

小徑通向三座雪峰，落日低垂。太陽默默往山上退，我拚命爬，想追上陽光，於是我一路到山巔都覺得很暖和，太陽終於沉入峰與峰之間的新月形地帶。風從陡壁颳起陣陣雪花，禿岩的黑翅影在白色冰原上飛翔。天空閃爍著，僵硬的峰頭回聲隆隆。那木多山隘之美令人茅塞頓開，這是喜馬拉雅真正的大門，旅人等於從一個世界走進另一個世界。我對名字沒什麼概念，不過這個地方名實相符，那木多是「天石」的意思。

到了祈禱石堆，我回頭往後看，整個北半球一望無際，正是西藏高原的黃褐色荒漠，眾峽谷的暗影中沒有一點點人類生活的形跡（十二月的第一個禮拜，GS在這處山頂石堆碰上暴風雪，後來他描述道：雪花紛飛旋轉，一位犛牛牧人赤身露體在石堆上插了一根禱告幡旗。照GS的高度計看來，石堆海拔一萬七千五百呎）。

太陽不見了。下方遠處傳來琪琳拉莫的哭聲，她那童稚的嗓音是白色雪原上唯一的生機。想想昨天的雲和昨夜的風，今天仍是晴天，算我們走運。達瓦的腦袋終於出現了，我向他揮揮手，然後快步翻越山嶺鞍部，因為天色已黑。下面有個積雪大盆地，寬一哩多，盆地再過去就是河谷頂端，谷壁向一片山坡斜下去，我們可以在山坡上紮營。

我匆匆走過山下冷颼颼的暗影地帶。說也奇怪，走著走著竟走到陽光下了——這座長形河谷向西傾斜，又通出來面對天空，太陽正要下山，染得山麓一片光明聖潔。

不久達瓦來了，我們在凍原山脊上紮營。接著譚蒂趕到，形容憔悴卻笑咪咪的。她在寒冷的暮色中走來走去，一面哼歌哄琪琳拉莫，一面撿乾犛牛糞當燃料。

十一月二十一日　路迢迢

營地海拔比那木多低不到一千呎，今天早晨寒得徹骨，凍凍的太陽出現在東邊，沒帶來一絲暖意。這座寬峽谷到了末端就變成亂糟糟的幾條又窄又深的山澗，然後露出來成為我們十月二十五日見到的伏克蘇木多湖的東岔灣，因為藏有大魔女，碧湖的峰頂之間現出一道空寂的光暈。

天氣這麼冷，譚蒂和琪琳拉莫卻幾近全裸坐在一張羊皮上烤火，娃兒的腦袋跟串珠、護身符和冷冷的銀飾一起貼在譚蒂圓潤的褐色胸脯上。今天早晨達瓦生病了，他透過土克丹告訴我，離開斯雅之前他已患了赤痢和內出血。內出血令人擔心，說不定會惡化，也許他該休息，可是我們不能逗留在兩座高隘口之間的荒野地帶。他跟我們出來純屬運氣，要不是吉亞參怕土克丹，達瓦可能會留在斯雅，連說都沒說出口就死在那兒。與其說他是堅毅，不如說是農民的冷漠和宿命觀，外人往往誤會他們是愚蠢呢！

我給他一點治痢疾的藥，說不定反而害他送命也未可知。達瓦體力漸弱，渴望人家照顧，我提醒他要帶防雪面罩，免得又害雪盲，使病情更複雜，他聽了很高興。他穿著及膝的馬褲站在我面前，大腦袋低垂著，活像個不聽話的巨型寶寶。

犛牛小徑通入沒有陽光的暗處，越過峽谷冰川，又來到向陽的山坡上。陽光和陰影接壤處，一群喜馬拉雅雪雞順著陡峭的山巒飛走。峽谷對岸的北方和西方，荊棘叢生的山坡有斷崖穿過，不久就看到了藍羊，遠遠的兩群，色澤泛白，一群有九隻，另一群有二十六隻。我搜尋雪豹的蹤跡，結果沒看到什麼。

一處山溝裡有支犛牛隊伍準備出發，兩個人正把最後幾件貨物綑在倔強的牲口背上。不久又出現另一支牲口隊，正往北走，他們卸掉了鹽巴和羊毛，載著穀子、木材和雜貨返家。犛牛長途跋涉，主人特地在包裹上掛些紅色的大流蘇，牛耳中也掛上橘色的小流蘇，慰勞牠們。游牧民族黑黑的身影掛著亮燦燦的珠子和耳環、護身符和銀匕首，活脫脫就是兩千年前韃靼羌人的面貌。沙啞的吆喝，尖銳的哨音，野性漢子赤裸裸置身在骯髒的獸皮下，對粗魯的畜生大呼小叫，他們最適宜住這種暗矇矇的峽谷。很難想像他們住在別的地方。這些「紅面魔」好管閒事，上下打量我之後，才像進香客一般開口交談。

「你打哪兒來？」

「斯雅精舍。」

「啊！你要上哪兒？」

「貝利河。」

「啊！」

像機警的老狗錯肩而過，我們點個頭、扮個鬼臉，就各自走上不同的命運、奔赴不同的墳塋。

*

一座座巍峨的高岩塊陡落入一道道深淵，小路在岩石間蜿蜒，漫無章法四面八方亂繞。冰雪閃著寒光，高山隘口間的這片荒野真是大自然盲目沖蝕的領域。迷宮美極了，我心中卻感到害怕。我繼續趕路。後來懸岩小徑變直，朝著南方，我在中午之前來到通往隘口的最後一段陡坡底下。小岡頭有一堵祈禱牆，還有一個畜欄可收容天黑來不及爬坡的旅客。儘管卡馬信誓旦旦，我們顯然無法在天黑前抵達木瓦村了。我們必須拚命趕，才能越過隘口，下坡到雪線下找薪柴取暖。我的肺不宜高山，到比較陡的地方速度會放慢，於是不等他們跟上來，自己先往上爬。

爬著爬著，我不時回頭看一眼，發現卡馬到了祈禱牆邊，攤出一塊羊毛躺下休息，譚蒂、達瓦和土克丹坐在岩石上。卡馬一定會在這兒生火吃一頓長餐，耽誤大家的時間，害自己和妻兒辛苦跋涉一整天後，還得摸黑冒著寒冷紮營，他這人不但無憂無慮而且沒頭沒腦，也不考慮天黑後的事。他笑口常開，提供的消息每一則都是錯的——通往這道隘口的上坡路明明比前一道山隘更陡，路程也更長，誰都看得出來嘛！

寒風中，路面連中午都冷冰冰的，走到邊緣會踩到結冰層。規則的慢步最適宜走陡坡，在這兒卻使不上力，我一路滑跤和爬行。上方有一列犛牛在晶瑩的冰雪地排出黑黝黝的弧線。不久，另一群牲口追上了我，穿草鞋的牧人雙手緊背在後面走上冰雪陡坡，不時向喘息的牲口咕噥幾聲或吹吹口哨。接著黑山羊噼噼啪啪走上光滑的冰層，直接向著正午的天空爬上去，羊角在藍色的天際泛著銀光。豔陽高照，弄得人頭暈眼花，白色山峰彷彿在旋轉。山羊牧人從頭到腳裹著血紅色的羊毛，連靴子都不例外，他扔雪球，叫牲畜不要出列。雪球由太陽下飛過，化為一團白火。最後終於來到山巔下的雪原地帶，我已筋疲力盡。一隻胡兀鷹飛過白茫茫的世界，在雪地上映出一道長影。翅膀的影子將我拉緊，往上拖。我吃力走了兩個多鐘頭，不斷喘氣、攀爬、滑跤、攀爬又喘氣，像畜生般遲鈍，而高高的上方，禱告幡旗在西斜的陽光下飛舞，夕陽把冷冷的岩石照成火紅色，天空則是一片白光。旗影在雪堆的白壁上舞動，我一面喘氣、一面苦熬，走到山峰陰影下的一條冰雪坑道中，目光傻傻瞪著雪景。不久我再度來到陽光下，腳踩著最後一個高隘口，脫下羊毛帽，讓風吹醒我的腦袋。我累極跪倒在兩個世界之間的窄山脊上，心情好興奮。

往西面和南面看去，偉大的坎吉羅巴雪山氤靄騰騰，在雪光和夕陽下泛著白熱，宛如隨時要消失的神祕山峰。牲口隊已走到地下。後面下方我剛才走過的荒原上，同伴們的身影像雪上的幾點小黑點。我仍上氣不接下氣，聆聽自己的呼吸、懾人的寂靜、如火的雪光和參天巨岩的風息，破舊透明的禱告幡旗更無情地啪啪響，向北面的藍天招展著旗子上的「風畫」。

宇宙由我一個人獨享，我也只屬於宇宙。

時間更始，心情就變了。我扛著背包，汗流浹背，強風吹得我發抖。我還沒充分休息，便被寒意驅趕下山峰，曲曲折折爬下掩在雪粒和滑冰下的熔岩腫瘤，背包的重量推著我前進，我兩腿發軟，摔了好幾跤。下坡一千呎後，斜墜的岩面不見了，冰溪邊出現一條陡陡的吹雪小徑。黃昏我仍吃力前行，衣衫單薄穿膠底鞋的土克丹趕上來了。土克丹不畏寒、不怕苦並非麻木或苦修，看來是冷靜接受各種順境和逆境，而他能心平氣和，具有教人難忘的氣勢，便基於這種精神。他也認為趕到木瓦是不可能了，便輕快往下走，去找燃料，找一塊平坦的地面紮營。

隘口下面的陡山澗最後通到一處沙質山坡，再下去就是木瓦河的上峽谷了。夜暮低垂，我遠遠避開兩個牧人的營火，怕大狗衝出來。再走一段路，天已經黑了，我叫道：「土克丹，土——克——丹。」可是沒有回音。後來我看見他在下面生火，這個靈感豐富的漢子已經在瀑布旁邊找到一個石棚。

一個鐘頭後達瓦露面了，他躺在石棚裡沒吃晚餐。我們每隔一會兒就呼叫卡馬一家人，可是又過了一個鐘頭，星星出來了，還是不見他們的人影。今天早晨卡馬哈欠連連不願起床，說我們下午就可以走到木瓦。一定是他告訴揚布，揚布才會轉告我「辛苦一天、輕鬆一天」便可由撒爾當抵達木瓦。我們已經辛苦走兩天、輕鬆走一天，還沒到目的地。揚布曾輕鬆斷言一天可過兩個隘口，他聽說沒有一個關卡像斯雅山隘那麼高、那麼吃力，更甭說岡恩隘口了。我雖然暗想道，果真如此，撒爾當來的羊毛商為什麼寧願走斯雅山隘和岡恩山隘到「水晶寺」呢？但我認識不足，沒跟他爭辯。今天晚上我總算明白了。由於岡恩山隘的北冰壁太陡，犛牛過不去，旅人必須在雪中自行開路，不然那條路其實沒有斯雅至木瓦這條路難走，這邊要過三個隘口哩！若有積雪，從第三個隘口下坡並不比爬陡坡輕鬆。冰天雪地只有星光，譚蒂瘦小疲憊的肩頭背著琪琳拉莫，搖搖晃晃走過巉崖絕壁，那樣的鏡頭我真不敢想像。沒有月光，懸岩小徑實在不該在夜間行走。

不過我太累，沒法做什麼，甚至無法思考。我已經躺在睡袋裡，天真的一家三口才由黑暗中浮現，我聽見土克丹的聲音，把這篇日記寫完就睡了。

十一月二十二日　擔心未來卻剝奪了現在

昨夜我八點睡覺，一直熟睡到四點，醒來充滿幸福的暖意；我在冬天來臨前越過高山隘口，如今正要返鄉。說來很難理解，心情一高興，對家人和朋友也感激起來，想想黛博拉垂危的日子，他們好慷慨——許多悲傷和快樂的回憶霎時湧上心頭，我躺在又黑又冷的地方，心裡卻暖洋洋的。

黛博拉彌留時刻，榮道禪師來了。他剃了頭。我握著黛博拉的右手，禪師握她的左手，我們一再誦讀佛教的誓言。午夜稍過，黛博拉毫不費勁地走了。

我在天亮前離開醫院。下雪了。我穿過寂靜的街道，想起黛博拉心愛的禪機語——「沒有一片雪花下錯了地方。」就連陰森森的冬日黎明，萬事也各如其分，雪花輕輕鬆鬆落下，一切安祥又清爽。她曾在作品中說：

花開實踐了它的內涵、它隱含的智慧。
凡事有定規。
花兒生長無誤。

人必須自行成長，終至了解花兒的智慧。

只當你一無所知，甚至不知自己的年齡、性別、外貌。只當你身若游絲……是穿透又被穿透再恢復原形的薄霧。失去形體，仍然存在。終於融化，分子散在陽光中[1]。

土克丹把茶和粥端到帳篷給我吃。我動身下河谷的時候，他叫其他人起床。達瓦蹣蹣跚跚，但他不是裝病偷懶的人，萬一他倒下，可就非常嚴重了，山區沒有醫生，我們又不能把他一個人丟在木瓦。我們希望大家能協助他一路撐到久木拉，於是分攤了他的擔子，卡馬答應以挑夫的身分繼續西行、南行到貝利河流域的提布里科特。幸虧我們的補給品已經減少了，我每天丟掉一些東西——兩袖清風抵達久木拉最合我意。

上木瓦是一個寬寬的峽谷，滿是柏樹和罩著黑地衣的花崗岩，像紀念碑散列在一大階一大階往下降的天然草場上，河水順著峽谷東壁切割出一道咽喉狀的窄幽谷。

天色還暗暗的，太陽遠在天邊。南面谷壁輻合的地方有一道楔形的亮光，黎明已來到坎吉羅巴山的粉紅色山尖。峽谷對岸高處傳來叮叮噹噹的犛牛鈴聲，花岡岩冒起鬼魅般的炊煙，兩個牧人把貨袋堆起來擋風，像石人般縮在火邊，他們背後的一塊巨型圓石上刻了很大很大的「唵嘛呢叭彌吽」字樣。

我想起離家前收到一位朋友的字條——「我難以想像你會見到哪些奇異和美妙的畫面」——不禁莞爾。昨天下午日落時分，頭頂高處有一座巨岩在高牆上映出巨大的黑影，很像我側面的影子。今天早晨，我發現一個圓形大岩石像蘋果般清清楚楚裂成兩半，一粒石球就停在裂口，宛如擺在聖壇一樣，顯然是自然力和劇變造成的，看來十全十美，我忍不住在路上佇足，敬畏大地狂野、凶殘又壯觀的力量。

我過了一座橋，橋下的湍流從東壁轉向西壁，把石頭沖蝕得更深，形成絕壁峽谷，然後夾著感激和嬉鬧的白浪繼續奔流下山。我的人生和工作、我的兒女、愛情和友誼、過去和現在——一切似乎不可思議，充滿奇蹟。

昨天在隘口雪坡見到的犛牛群正站在河邊斷崖頂端的絕壁上。這個地方下面可以看見森林，每棵樺樹和樅樹都看得清清楚楚。峽谷展開後，路面依然陡陡往下降，森林線的西洋杉和樅樹換成針樅和松樹，最後木瓦村終於在望了——深深躲在晨間的山影下。

---

1 黛博拉・樂芙《安納夫金》（Deborah Love. *Annaghkeen*. New York: Random House, 1970.）

木瓦海拔比斯雅低四千呎，渡鴉不見了，烏鴉取而代之。風光如畫，跟我回憶中差不多，攔住伏克蘇木多湖的西北大山壁下有一片開闊的斜坡，石牆內的農莊在山坡上錯落有致排列著，山坡到河邊斷崖戛然而止，木瓦溪就在崖下跟伏克蘇木多湖下方的瀑布群相接。

達瓦生病，四天來我們連過三個高山隘口，全身痠痛又疲勞，決定下半天待在木瓦村，找了針樅林下的一間廢棄農舍旁紮營。附近的畜欄裡有日本登山隊礙眼的彩色帳篷，他們剛爬完坎吉羅巴山回來。那些帳篷勾起了我侷促不安的心境——重返二十世紀未免來得太快了。不過遠征隊隊長是醫生，日本隊在這兒真不錯。若非有這段不可置信的奇遇，達瓦抵達久木拉之前不可能得到救治。他不明白自己多麼幸運，土克丹卻明白。土克丹聳聳肩苦笑說：「尼泊爾醫生啊！」好的尼泊爾醫生都出國了。好心的恩公為達瓦徹底檢查，給他鮮藍色的藥丸，吩咐達瓦無論如何得接受督促每天服四次。醫生認為他患了赤痢，傳染性很高，硬給我們大家打預防針，而且不收分文。先前我們紮營食宿都很隨便，怎麼沒被達瓦傳染，真不可思議。我早就不去看食物處理的方式，以及摸食物的手了，反正我自己的手也乾淨不到哪兒去。說來真諷刺，在他士氣瓦解之前，達瓦是雪巴嚮導中最愛乾淨的，我只見過他洗澡，別人從來沒洗過。

從登山隊的地圖和他們的高山嚮導隊長阿努（土克丹的鄰居兼朋友，是那木契市集附近的庫木布河谷人）那兒，我得知坎吉羅巴山那座冰河面宛如大冰瀑的峰頭名叫康吉拉巴，就是「吉拉巴之雪」的意思，「坎吉羅巴」也是同樣的意思——我從洞窟營瞻仰過它，後來又在斯雅後面的蘇木多山巔看到它，其實真正的坎吉羅巴主峰遠在西面的伏克蘇木多河上游。雖然以前也有人攀登過海拔兩萬三千呎以上的坎吉羅巴山，但他們走的是新登山路線，自稱征服這座山也不為過。

至於我們走過的地點和山隘，地圖記載得很模糊。應該是「那木多山隘」的地方畫了一個名叫朗慕斯雅的隘口，亦即「斯雅地區的長隘口」之意——形容斯雅和撒爾當之間的隘口倒挺傳神的。昨天的隘口在地圖上位置倒很正確，名叫布姑喇，高約一萬六千五百七十五呎。照雪巴人阿努的說法，「布姑」意指一位山神——說不定是努布？——和一個想殺他的惡魔之間的鬥爭：山神在木瓦村殲滅了惡魔，惡魔死在瀑布下的急流裡。

我感激這隊登山客，但鮮豔的帳篷和異國面孔就像斯雅的郵件，顯得好唐突，到上木瓦溪的高昂興致漸漸消失。陽光要到近午時分才會出現，不一會兒就沒有了，世界一片漆黑。我等太陽出來，天氣暖些好盥洗，太陽卻照不到這座帳篷，兩個鐘頭前我可能還會覺得很奇妙，如今卻為此而生氣，更氣自己愚蠢——我什麼教訓都沒學到嗎？土克丹泰然自若觀察我，我冷冷瞪著他。我奔下高山，高興得要命，得意忘我，自以為可以跳出臭皮囊，掙脫地心引力——我最近常做這種夢——難道只是過完最後一個高隘口，舒了一口氣而已？果真如此，慶祝「水晶山」珍貴的日子結束就未免太悲哀了。也許我走得太早，也許我浪費了大好良機；我若在斯雅待到十二月，雪豹說不定遲早會現身的。這些疑慮害我心灰意冷。我擔心未來，卻剝奪了現在；我逃走，卻把真自由遺落了。

我一心想迴避人類，就帶著這本筆記和幾張粗麵薄餅，到村子下方蘇里河斷崖上的一處冬青樹叢去。其實這段日子我並沒說多少話，一行人中只有土克丹會說一點英語，而話題早就談完了;土克丹和我不說話反而更能溝通。日本人中有一位也會說一點英語,但我們都不想加以利用。登山客在陌生的國度碰上外國人,遺憾可能不下於我。

沉重的水流聲、山峰、協調一致的舊石棕色聚落教人感到安慰,我坐在背風向陽的地衣上,心情好多了。瀑布上空,包住「林邊湖」的石壁堵住了天空。一個月前,有位少女曾在上面高處給我木瓶裝的乳酪,幾個銀鞍騎士慢慢跑過,曾大叫說雪太深,不宜過岡恩隘口。

下午太陽在西邊被雪峰隔成兩半,我渾身僵硬站起來,走回營地。天氣很冷。田裡只剩殘株,人們縮成一團站在路上,等待冬天。冷風颳起陣陣沙塵,好猛好嗆人,我只得把帳篷搬進廢棄農莊下的空棚子裡。接著有北方來的陌生人走下布姑隘口,他們侵入屋內,將犏牛趕進我營帳後面的畜棚,連帳篷的支柱也被他們順勢拔起。我把帳篷恢復原狀,大半夜失眠,心想那隻牲口不知道在嚼什麼反芻的食料。

現在木瓦村民正在指責所謂的「老虎」,昨夜在村子上方弄死一隻犛牛。明天我要離開雪峰爬下蘇里河谷,看見雪豹的最後機會也消失了。

十一月二十三日 「爛眼」夫婦

我精神抖擻醒來，躺了一會兒，聆聽瀑布的奔流聲。達瓦已經好多了，我聽見他唱歌。天亮我離營的時候，卡馬送我一根他昨天砍的針樅木枴杖，讓我又驚又喜。他為自己的慷慨而興奮，我也感染到他的心情，忍不住笑出聲。譚蒂在火邊替琪琳拉莫烘暖小屁股，土克丹正在烹煮從新交的朋友那兒弄到的一截被雪豹弄死的犛牛脖子。這次遠征，土克丹幹過廚師也包辦過各種雜差，回程我將付他雪巴嚮導隊長的酬勞，只是不能向達瓦提起。

到了木瓦浮屠邊，我一時衝動，不願把我收藏的祈禱石碎片帶出多爾泊，就將它擱在牆上。由官方觀點看來，整個蘇里河河谷位在多爾泊地區；由地緣政治看來，多爾泊位在尼泊爾國境。但我在此處河流的源頭，雪峰和魔湖流出的瀑布底下，卻自覺從一個世界走入另一個世界。

雖然我還在這兒，但此處似乎已遙不可及。往南的下一個村莊羅哈岡沒有祈禱牆，山神馬士塔取代了努布；羅哈岡以下便是貝利河谷的村莊。大恆河帶著相熊古國的呢喃奔流入海，而恆河平原出產的印度花油的香味也開始聞得到了。

*

冬天的蘇里河峽谷已跟上次大不相同。原先草莓光豔照人的河岸，如今只剩下小紅葉黏著灌木枯枝；石頭上的綠色地衣轉成金黃。月熊窩被人扯下來，也許是要當燃料，樹葉落盡使得被火燃黑的峽谷壁光禿禿露出來。

秋情鬱鬱，我想起多年前住在法國跟第一任妻子仍然相愛的時光。有一天在巴黎，我遇見了十年後成為我妻的黛博拉・樂芙。如今兩個可人兒都已不在我身邊。我趕快渡河。

我一生都在山壁間趕時間，太陽高高穿過我頭頂，人聲被綠色洪流的嘈雜聲淹沒。流水、逝去的生命、毒辣的日頭——我趕個什麼勁兒？

太陽從一座幽谷中露面。我在冷冰冰的溪流裡洗去木瓦村的塵垢、刷牙，用路上撿到的一根岩鴿羽毛裝飾我的帽子。下面的蘇里咽喉峽既深且暗；這個季節，谷裡一定有部分地方永遠見不到陽光。

快中午了，小徑由窄峽谷通上山坡。十月我從雪峰回頭望，覺得這裡風光宜人，此生罕見，以為回程慢慢下河谷，一定更能好好欣賞，沒想到此時卻有被驅迫的感覺，步履很急；走在狹窄的山路，我的腳程也沒有放慢，如今我朗硬多了，再難走的路段都不放在眼裡。走著走著，景觀迅速由近冬轉成晚秋，順著山麓望去，河邊出現了新鮮的綠竹。

到了綠溪上方的草坡瞭望台，我吃下土克丹做的一個淺黑「麵包」，繼續向前走。最好等等土克丹，但我不能。我繼續前進，吸了低海拔地區的氧氣，神魂顛倒，上上下下石頭路，一會兒陡降至河邊，一會兒又攀上陡峭的谷壁，然後再往下走。風洞過去了，橫七豎八的瀑布也過去了，但是石魔——一定是在布姑隘口跟山神大戰而敗北、被丟進蘇里河幽谷的那一位——已在變幻莫測的水光中滅頂。我以為我記得位置，可是那塊石頭不見了。

河谷有樹林供牧人棲身生火，小屋附近則有個大畜欄可容納犛牛、狗、山羊和赤身露體梳辮子的人類。空氣冷颼颼，每個營區都堆了半圈條紋羊毛袋，皮膚黑黑的北方人打赤膊坐在袋子堆裡。有一個人猛打手勢，他認得我，指著我叫道：「斯雅精舍！」他叫我留下來，於是我逗留一個多鐘頭，好奇地在營區附近閒逛，並避開半瘋的狼眼狗。晌午剛過，這邊的太陽已經不見了，土克丹等人既然遲遲不來，待在牧人這邊似乎合情合理。但我閒不下來，山路上還有陽光，要我在絕壁峽谷中乾等，我實在辦不到。我猝然起立，在冷漠的韃靼面孔注視下，沒說再見就往南走。

乾坡上僅有的小溪邊有一片小草地，地面相當平，可以搭營帳；下午我走到那個地方之前，土克丹一定可以趕上我。結果他沒露面，而草地上擠滿了人畜；我到溪邊汲冷水喝，又匆匆上路。現在我確定土克丹不會來了，心想不知出了什麼事，感到很不安——是達瓦病情太重走不動了？是琪琳拉莫跌進火堆？是土克丹終於本性流露，帶著我的裝備潛逃到印度去了？我隨身帶了筆記本、雙筒望遠鏡、睡袋和換洗的衣服；其他的東西他儘管帶走沒關係。

可是天色漸晚，沒有食物也沒有燃料，又沒有平地可生火，只有這條陡坡上的狹路，根本不能擋風。儘管天黑前到不了羅哈岡，我還是非去那兒不可。昨天一時興起亂丟東西，我把私藏的大麻菸扔掉了；打從在雅馬卡採摘大麻以來，今天我第一次想要抽——在蘇里河陡岸上走了十個鐘頭，筋疲力盡，實在沒勇氣面對羅哈岡的居民和惡犬。我剛想起大麻，路旁就出現一株枯萎的小品種。我當場嚼一口，精神大振，繼續前行。過了一個鐘頭，獻給山神馬士塔的祈禱石堆在山區一角浮現，我準備就緒，踏入飽受惡犬侵擾的鬼地方。一路用針樅木新椺杖敲地面，對人畜置之不理。

結果狗還拴著鐵鍊，我想過夜的校舍卻被一位羊毛商占去了，他似乎不太歡迎我作伴。鬱悶的鎮民聚在上面的屋頂上。羅哈岡的兒童都靜下來，狗也靜下來了。全都從上面的牆壁往下看，似乎正要執行什麼可怕的判決。這個不帶挑夫從黑暗中走出來的高個兒外國佬是誰呀？一片漆黑，他們認不出我就是上個月來過的人。我嚷著「阿羅，阿羅！」擺出肚子餓的怪姿勢，彷彿想證明自己是人類。過了一會兒他們弄清我要說的是「馬鈴薯！」不過這兒好像沒有「阿羅」，只有瘦雞生的小「安達」（雞蛋）。有一個眼睛化膿、渾身髒兮兮的男人用長柄淺鍋煮蛋給我吃，煮前他太太先用襤褸的黑衣抹了抹鍋子。我想起好心的日本醫生曾提醒我們任何食物和飲料都要煮沸，只能暗暗希望自己體內細菌已經夠多，有了免疫力。另一位居民慫恿我到他的樓下房間，勸我買一杯酒，外觀和氣味像粉紅色石油似的，我心想這玩意兒也許可以給雞蛋消消毒。屋主是學校的老師，他叫我「親愛的弟兄」——是在低地養成的印度習慣——另外還試講了幾句英語。我想借用他的床鋪，猛誇他英語說得好。避開了惡犬和深夜的酷寒，肚子又因雞蛋、大麻和粉紅色烈酒吃飽喝足了，我幸福洋溢地躺下去——何必辛辛苦苦打坐冥思？有人說上帝讓人在安寧和真理間任擇其一，不能兩者都擁有。我正要決定安寧一輩子，村犬突然大吵大鬧，人人都跑到夜色中。

忠心耿耿的土克丹從漆黑的暗處抵達，他走的小徑我連白天都不太敢走。他說達瓦等人不久一定會露面，果然不錯，他們都來了，琪琳拉莫哭哭啼啼的。土克丹安排過夜的屋頂、薪柴和用水等事宜，還在「爛眼」家的爐灶邊給我弄了個地方。我看過「爛眼」夫婦用那麼簡單的方法煮東西，動作又那麼明確，如今我坐在羊皮上不禁目瞪口呆，氣都喘不過來。現在由黑衣女人掌廚，「爛眼」蹙額躺在牆邊；女人靈巧地慢慢放柴枝，將糌巴和南瓜乾擺在火盆上煮，做麵包，喃喃低語，將食物和愛心傳給孩子們，不多費唇舌也沒有多餘的動作，對生病的丈夫柔情款款，完全符合聖餐禮的步調和尊嚴。先前「爛眼」為了做給村人看，莫名其妙對妻子狂吼，把我的盧比鈔票對著她扔過去。如今在自己家的爐灶邊騙不了誰，他變得輕聲細語、卑微又一身病痛，好女人和孩子們讓他貼牆睡好，給他蓋上毯子，將嬰兒擺在他身邊。她一身黑色破衣，髒兮兮的，耳上戴了河谷風行的銅耳環，其實年紀相當輕，我還以為她是乾乾癟癟的老太婆呢！現在她吃孩子們的剩菜——沒吃別的——嘆口氣，打了一聲哈欠，在丈夫旁邊鋪一塊墊子睡下。說來真不可思議，我雖像一尊佛陀坐在爐灶邊，他們卻好像我這外人根本不存在似的。好一會兒我完全靜止不動，孩子們對我也視而不見，好奇怪，也許我終於變成隱形人了。

十一月二十四日　存在自身裡的鴻溝

昨夜我在「爛眼」房門口墊著柔軟的半吋厚土灰鋪睡了一夜。羅哈岡的瘋狗拴在外頭，整夜狂吠，可是我太累了，根本不怕牠吵。只有上半夜第一次被牠吵醒的時候，拿棍子出去嚇牠，牠氣得喉嚨嗚嗚響，差一點扯斷裝在牆上的鍊條。我喝醉酒，一時高興，對著牠撒尿，報十月那天和今天的一箭之仇。月光朦朧，我幹了這種懦夫勾當之後，就心滿意足進去安歇了。

破曉時分家人嘆氣發牢騷的聲音隔著土牆傳過來，接著一家之主蹣蹣跚跚走到戶外，大聲清喉嚨、小便和吐痰。不久，他老婆繞過山背去提水，說不定蹲在路邊南眺貝利河對岸遠處的雪峰，心頭不知閃過什麼落寞的思緒。

日出前空氣已暖多了，山風裡我幾乎看不到自己呼吸的水氣。一群岩鴿由羅哈岡下方山澗的鳥巢飛出來，藍銀色的翅膀猛然一撲，飛到河谷上空的朝陽裡。

我經過上回譚莽人敲小胡桃的地方，然後穿過野胡桃林，如今樹木光禿禿、空落落的。黃色不見了，濃烈的腐植土味兒也不見了，涓涓流過樹林的小溪，上個月因為落葉太厚而喑啞無聲，如今流得好急，順著陡峭的山坡匆匆奔向蘇里河。四周只見灰色的樹幹、顏色變暗的苔蘚、殘株和飄零的樹葉，靜悄悄的，小冬鳥咕咕私語。可是河谷下游的村莊在初秋經過時門戶空洞、寂靜無聲，如今卻是人聲、狗聲和公雞聲沸騰，生機勃勃，因為那兒的山坡正是北方犛牛群過冬的牧草場。

一條南行小徑從村子岔出主道路，穿過岩石和發亮的橄欖樹林，通到碧綠河面的一座小橋。小橋門柱上刻有紅黃兩色的怪圖像。大中午我站在熱烘烘的橋板上等其他的人，一股絕望含含糊糊升起。這條河含有岡恩隘口經過伏克蘇木多河與大湖流下來的河水，還有布姑隘口下來的急流，以及本教聚落彭莫村流下的溪泉支脈。蘇里河可以說帶著伏克蘇木多的綠松石和岡恩隘口的鑽石藍水晶呢！

又過了一個鐘頭，還沒有人來。我急得發瘋，繼續過橋爬上懸崖絕壁。下面半哩處，雪峰的碧綠流水溶進貝利河的灰色濁流中，往南流向低地的泥河。

山徑沿著貝利河往西慢慢向地平線爬升，來到一個林下村莊。羅曼村的杉林裡，輕風陣陣拍打著聖龕上的布條，村泉邊的紅色塑像伸出一個個陽具噴口，村子西面立著亂糟糟的祈禱石堆和高高的紅竿子。一群捲尾猴從下面的田地往上瞧，腦袋瓜被夕陽映得像著火似的。不久太陽就下山了。

我頭疼，感覺很奇怪。同伴們比我落後兩個鐘頭過橋，我氣他們慢吞吞，所以整天心緒不寧——我在木瓦村已經莫名其妙生過氣，怪空氣太凍，害我不能洗澡，罵太陽躲著我的帳篷，如今餘怒又起。我似乎已失去一切適應力，更別提幽默感了——會不會是怕回復低地的生活？

下午我沿著貝利丘陵行走，想起人靜默修禪一星期後，或者危顫顫從迷幻藥的恍惚狀態醒來之後，不能多言，不能妄動，亟需像蝴蝶般慢慢由蛹中出來，在陽光下曬乾新翅膀，避免突然折損士氣。這回我曾靜默良久，內在也經歷過迷幻的旅程，如今又從高處驟降下來。無論什麼原因，反正我下山太快了——就什麼而言嫌太快？既然我下山太快，又何必趕路呢？我不但沒慶祝自己偉大的旅程，反而有被截肢的感覺，恨不得殺人！我內心洶湧著邪惡的精力，根本控制不住暴烈的脾氣。

一位羅曼村的印度人推開幼童，把結痂的腦袋伸進我帳內，半信半疑愣愣張望，爛唇的臭嘴巴對我吼出不完整的字句，我終於忍無可忍，一拳把他推出我的視線之外，自己猛打帳篷褶門，含含糊糊自語道：我沒有他要的那種藥，反正他是沒救了，我也沒救了。可憐的渾球，他哪知道我討厭的不是他的無禮、他的膿瘡和口臭——不，是他的肉身，跟我自己毫無差別的肉身。他缺東缺西，把我拉回到彼此共有的困境、拉回到我無法跳脫只好再陷進去的欲望深淵。

我出發那天，榮道禪師曾警告我：「別指望什麼。」我原打算輕輕鬆鬆走進喜馬拉雅山的光明和寂靜中，不寄望達到什麼成果。現在我筋疲力盡。我氣喘吁吁走過的路徑已消失在石頭間；懷著性靈的野心，我冷落了自己的孩子，也傷害了自己，已無法挽回了。什麼都沒改變，我依然被舊欲、自我和情緒、無盡煩人的瑣事和苦惱所包圍——我的知識和我的本性之間有一道鴻溝，困擾著我。我已失落了萬事的流向，走上了歧途，像一根彎掉的彈簧伸出沒上緊的人生螺紋圈。儘管「水晶山」之旅動人、壯觀又「成功」，但我錯過了大好機會，仍算失敗。我願實踐父職、工作、友誼、修禪等目標，但一切希望、一切舉動和旅程的種種都糟蹋掉了。我一點指望都沒有。

十一月二十五日　就在此時此刻

今天卡馬一家走到提布里科特，就要轉彎沿貝利商旅道路往南走。卡馬在山麓矮丘的薄霧裡歌唱；昨天晚上他從這座屋頂眺望貝利河谷，自撒爾當舞會以來第一次彈琵琶。日出時，我向這位活潑的吟遊歌手告別，也向譚蒂告別，譚蒂、琪琳拉莫母女倆共臥，沒穿衣服懶洋洋窩在溫暖的羊皮中，露出膀子揮揮手，模樣兒好可愛。

拉卡是寒冬景色，木瓦接近冬天，羅哈岡則是深秋；通往提布里科特的河谷內，胡桃樹還有葉子，水道邊綠色和紅棕色的蕨類混合生長，我遇見一隻戴勝鳥，此外還有燕子和蝴蝶飛過暖洋洋的天空。光線宛如殘夏，我跟時間逆向旅行。

土克丹和達瓦用不著等卡馬一家人，腳程加快，我還沒走到提布里科特，他們已追上我。提布里科特位在塔拉科和久木拉之間的東西向要道上，是本區有名的大貿易中心。印度的婆羅門階級和契屈族常常上溯貝利河來到山中這處大轉彎口，所以河上的小山崙有一座紅色的印度教大廟宇，兩間毗連的印度小舖是我離開博卡拉以來第一次見到商店。我們買了幾件重要的補給品——鹽、糖、火柴、肥皂——但是兩家店都不賣蠟燭、煤油和手電筒電池，我們晚上還是得摸黑，沒有亮光。米和麵粉也沒有，所以我們得繼續吃扁豆度日，有機會再找一點「阿羅」或「安達」。

提布里科特能買的東西實在有限，所謂大貿易中心我們幾分鐘就逛完了，於是順著雪峰下的緩升坡上溯巴蘭蘇洛河朝西走。這邊到久木拉必須穿越兩個隘口，土克丹說兩座山口都不高，預料不會有麻煩。北面有一條路翻山通往伏克蘇木多湖上方的本教聚落彭莫村，但今冬已被雪封死。

今天是感恩節嗎？

想起我第一次由塔拉科下行到貝利河谷，心情很沮喪，我告訴自己高度陡降是我心緒改變的主因。我正經歷一種改變、一種痛苦的成長，像蛇蛻皮一樣——遲鈍、暴躁、沒胃口，拖著前階段人生的舊皮，新眼睛上的死鱗片幾乎堵住視線，看不見東西。因為我不知是誰在調整，所以很難調整；我不再是舊日的我，卻不是新的我。

不前瞻、不抱希望的態度已漸漸產生一股微妙的吸引力，我彷彿瞥見了此山的奧祕，卻仍一知半解。過去煙消雲散，未來還沒有目標，一切期望都已磨損，我開始體驗大師們所說的「現在」。

現代聖經中，軟心腸的耶穌對十字架上頗有悔意的盜賊提供天堂的希望：「今日汝當與我同赴樂園。」宋淵禪師指出，在比較舊的譯本中並沒有「今日」，沒有未來的暗示。例如，俄文譯本的意思是「就在此時此地」。耶穌宣布，「你此刻正在天國樂園」——真是生動多了！「希望」不在別的時空，就在此時此刻，在每個人用生命所立下的因果宿緣條件裡。今天正是涅槃的一面，跟輪迴沒什麼區隔，卻是微妙的煉丹術，能把污泥化為純淨潔白的蓮花。

「我當然喜歡今生！太妙了！何況我別無選擇！」

也許土克丹就是明白這一點——一步一步、一天一天走下去的多爾泊之旅，正是「蓮心的珠寶」、正是「道」，但卻不比家常小事更近佛緣和道心。土普朱克喇嘛藉岩石背偷窺的雪豹和天空飄浮的「水晶山」所給予我們的教誨，也許不只是我所以為的個人覺修大智，而是全人類神性的表現哩！

*

我們往天空爬升，每走一步我的精神便昂揚幾分。走著走著，棍杖敲擊地面，我拋開了悲劇感，深覺自己愚昧，誠心接受此行的失敗和此行的驚喜，接受路上可能遇到的一切，臉上開始泛出笑容。我知道這樣的超脫瞬間即逝，但未消失前我像脫韁的馬兒一路蹦蹦跳跳，自覺好輕好輕，幾乎可以回到天上的雪花中。

沒有煙霧沒有聲響，喜馬拉雅清新寂靜的光線更加強了幾分。無數高峰刺穿大氣層，瀉下一道天堂的光明——石上清光使得那些石頭震人耳目，陽光嘶吼著，地衣和烏鴉翅膀泛著銀光，馬鈴叮噹響，白雪泛清香，都銀晃晃的。

世界轉變了，銀光漸漸帶有一層令人憎惡的瑩亮。亮光照見山坡高處的小人影——亙古常存的老農夫不斷驅策拖著木犁耕田的牛馬，那身影有如兩腳芻像。耶——嗚啊！男人一面咕噥和悶吼、一面驅動帶著鼻環的畜生，再回頭，再轉身，再回頭，沉重的腳步拖著犁耙穿過石頭地，百千年永續不絕。大塊頭女人在前面彎腰低頭，用簡陋的鶴腳鋤猛敲石子——踏，鋤，踏，鋤，踏，鋤——嗶！每當樹枝打在牲口體側，她身子就縮了一下。嗶！耶——嗚啊！

嗶！

路軌下有個穿黑色破衣的老婦人，在自家平頂上用連枷打大麥堆；她直起身子一揮，木刃便把山區的天空劃為兩半。「吊人樹」胡桃樹下有隻黑牛正等待天黑，牛鈴靜悄悄沒有響。

*

山路穿過窄峽谷到卡利崩村，土克丹告訴我卡利崩遠在許多許多年前「尼泊爾和西藏未分家」前，就已被康巴人占領了。說來這也是實情，土克丹式的真理，而土克丹所謂「康巴人」不是指康巴游牧民族游擊隊，而是比雪巴人晚到尼泊爾因此被認為低一級的藏東康巴族。印度村莊的康巴人對當地惡魔不敢掉以輕心，這邊也是一樣，他們特地將村口的浮屠裝飾成祈禱石堆祭祀山神馬士塔。他們是好客的民族，熱心助人，土克丹弄到一些剝殼的野胡桃、青稞和馬鈴薯，我則在陽光下洗浴喝茶，由村童領路快快樂樂閒逛到東山脊。暖暖的夕陽下可以看見道拉吉里峰——上回繞過它的外緣，沒見到這一面。土克丹來了，他得意洋洋指著楚連山和道拉吉里大山，也就是登山客口中的「道拉吉里一號峰」，說他陪遠征隊去過。北風越過群山飄來，夾帶著大朵大朵的雪花雲，山巔活像著火冒煙似的。從卡利崩幾乎看得見讓恩隘口地區——現在回想起來那段日子好遙遠，恍如隔世！

十一月二十六日　一個體貼的身影

昨晚沒有月亮。我把頭伸出帳外，躺著看星星，星子在藍黑色的天空裡不時晃一晃、不時飄動一下。我雖足足睡了八個鐘頭，今天早上卻很累。通常睡六個鐘頭就夠了，可是天亮時達瓦端茶給我，我再度打起瞌睡來，起床還全身痠痛，感覺沉甸甸的。

現在達瓦漸漸康復，他一直享受特殊待遇，好像有點被寵壞了，他利用土克丹不願計較，頭一次偷懶不幹活兒。現在卡馬走了，我的用具大部分自己背，土克丹接下了重擔。他個子比我們倆瘦小得多，卻不肯分一點擔子給我，也不叫達瓦幫忙。這位豹眼聖僧從開始就比我們會幹活、會走路，我沒見過他無精打采或露出倦容，最近我脾氣不好，他也沒對我板臉或失禮過。在最陡的山坡上，他停下來休息，隨緣跟旁邊的人談笑，柔軟低沉的嗓音像南風一般和煦，彌漫在四周。一切動物和行人都是土克丹的朋友，仔細聽他說話，但他總是人家先開口他才回應，而且從不多言。他不強出頭，在每個場合反成中心人物，自然而然到哪裡都隨遇而安。

太陽在貝利河谷灑下一道金霧，我由山徑穿過杜鵑林和橡樹林往上爬，背脊曬得暖洋洋的。一位戴天藍色小帽的少年由後面趕上來又走遠了，空中留下奇怪的暗影。他叫我戰慄；我不希望他回頭。我從來沒戴過天藍色小帽，也沒見過他的面孔，可是這位消失在林間的少年跟我彷彿一模一樣。

隘口不過一萬三千呎，積雪不多。我一邊的膝蓋很疼，走路拐呀拐的，特別照顧這個地方嘛別的地方又痛起來，所以我慶幸隘口另一側的下降坡度十分平緩，繞著四座河谷的森林外緣，來到一座豬背拱山脊——打從我們來到尼泊爾，就以這條路坡度最小。然後路面從山脊陡直下降，通到河邊一個有舊祈禱牆的漂亮村莊。暖秋是夢幻的季節，不太像我所見識過的秋天。我聞到風中吹來小河流的新蛙泥味兒、向陽堆肥香香的雞糞味，以及燒木頭的煙味和腐葉味——那是觸動我心弦的童年早晨的氣味啊！

過橋之後，西行的道路順著一個長河谷漸漸攀升，走近一看，丘陵間的低隘口盛滿了夕陽。我走路微跛，土克丹和達瓦趕在我前面，他們那被擔子壓彎的身影在火紅的夕陽下黑黝黝浮現，對比好鮮明，兩人像天堂門口的朝聖者，在光環中出現、焚燒，然後消失了。

我拄著枴杖，轉身凝視西邊，看道拉吉里大山和貝利河最後一眼，也許此生不會再見面了。接著我越過分水嶺，慢慢走向矮山間的幽谷。

河谷對岸的松里科村有鼓聲傳來。我一拐一拐要天黑才到得了那兒，不過這條山路常有人走，又平又寬，星光下走起來很輕鬆。路面沿著開闊的山邊伸展，下坡通到一條幽暗的小溪，又爬坡上行。

幾間沒有燈的村舍快要到了，我隨時準備對付村犬。可是土克丹的身影出現在那兒，我好感動。他眼看我越過河谷走來，遂站在路上等候，假裝正在吹晚風。

我走近時，他呢喃道：「晚安，先生。」並接過我的背包，領我上坡進村子，我的帳篷已經在一處屋頂上搭好了。他們把在木瓦村被雪豹咬死的那隻犛牛最後一截韌韌的脖子肉煮熟，跟本地產的蘿蔔一起端出來，女主人還用鮮豔的銅缽盛來新鮮的發酵乳。

我們在松里科就和羅曼村一樣，營釘打在黏土屋頂上，四周曝曬著禱告幡旗、南瓜子、燃料、秣料、狗糞和紅辣椒，氣氛友善又不拘禮。不過這裡不像羅曼村，對陌生人是很歡迎的。依照土克丹的說法，此地有很多北方來的過客，他們或放牧牲口、或在久木拉貿易通道上出租犛牛當馱獸。這是我們見到的最後一個佛教村子，不過信仰已漸漸衰微，祈禱牆很舊，已多年沒人添上新石頭。因為這是「卡里猶加」，也就是黑暗時代，人類一切偉大的信仰都衰微了。

十一月二十七日　雪人(Ⅲ)咖—咖—咖—凱—唉

今天我的皮靴盡量踩安穩的立足點，避開鬆脫滑動的石頭，沒為跌倒浪費時間。我膝蓋已經好多了，輕輕挪動，爬越橡樹和杜鵑林，不久便來到一處西邊視野甚佳的高山脊。這道山口跟昨天那個差不多，高度大約低於一萬三千呎——人類沒來破壞前，久木拉線的山口都在森林線以內——但是風很冷，北側的道路結冰又陡峭，彎彎曲曲通入深邃的處女林。大冬青樹林滿是濃烈的樹脂和針葉香，還有黑黑的腐植土泛出礦物質的氣味。

前面有條小溪給密林帶來一線光明，兩位雪巴嚮導在那兒指指點點。水光映照下，一隻狼獾般大小的皮毛動物，不慌不忙踩著倒地的樅樹上冰綠的苔蘚，穿過陽光而去。他們好高興，熱切得像小男孩似的，我也笑起來。紅貓熊——這一隻呈亮亮的紅黑兩色——大概是喜馬拉雅山區最可愛的森林動物；我們已走出蘇里峽谷的大片野地，我早就死心不敢奢望看到牠。雪巴人見了貓熊這麼開心，我感到欣慰；從撒爾當舞會至今，達瓦第一次露出笑容。

難得的經驗拉近了我們的距離，三個人說說笑笑，停在溪邊的陽光下共享一塊麵包，我們似乎立刻想到，在一起的日子快要結束了。最後一個山口已在後頭，緩緩下坡一天半就可以走到久木拉。

*

峽谷壁太陡，無法在河岸紮營，今天晚上我們把營帳釘在祖瓦河心的一個樺樹小島上，空氣溼又冷，急流轟隆轟隆吵得人受不了，人聲都被淹沒沖走了。稍早土克丹建議我們在後面幾哩的一處河谷紮營，我沒答應。這條河叫我坐立不安，我回嘴說：假如晌午一過就紮營休息，明天天黑前一定到不了久木拉（前幾天我們沒在光線尚佳時抵達，只好天黑才紮營，無法梳洗，我曾發過牢騷；可憐的他一定以為我瘋了）。可是薄暮時分，我們已看出今天趕不到祖瓦峽谷另一頭的木尼村舍了，一路行來，峽谷愈來愈深，天色愈來愈黑，只能沿著倒地的大樹走到河中的小島棲身。

火沒升起以前，我們走動暖身，從結冰的地面用力拉出薪柴。我心裡很難過，尤其兩位雪巴人的衣服都不夠，土克丹尤然，他從久木拉回斯雅的時候，僅有的衣物在林莫村被偷竊一空。他從未開口要求，不過我給他什麼他就高高興興穿什麼。土克丹好像不知痛苦為何物——真是白布僧。我在火邊對他特別友善，承認自己愚蠢，不聽他的判斷——畢竟他這個月才走過同一條路啊！可是這一套對土克丹毫無意義，他根本沒有怨懟，又怎麼談原諒不原諒呢？

晚餐時我們談到雪人。達瓦仍受世故的揚布影響，一談雪人就窘得咯咯傻笑，年紀較長的土克丹兩腳動來動去看著他。土克丹靜靜說：「我聽過雪人的聲音，」然後突然叫道：「咖——咖——咖——凱——唉！」——放蕩的笑嚷異於我聽過的任何聲音，怪里怪氣由峽谷壁迴蕩開來。

土克丹攪著餘火，好一會兒不說話。達瓦瞪著他，比我更驚駭。照土丹的說法，雪人是動物，但卻「屬於人獸而不屬於猴獸」。他沒見過雪人，萬一見到了，他會馬上轉身假裝沒看見——雪人不攻擊人類，但見到雪人會倒楣。庫木布地區一度有雪人，可是到他祖父的時代，人們放出下毒的大麥，阻止雪人侵害作物，把牠們都殺光了。土克丹的祖父說，當時到處是雪人的屍體[2]。

他抬頭安安靜靜隔著火光凝視我，然後說出很奇怪的話：「我想雪人信佛教。」我問他是不是指聖人、隱士、古僧，他只聳聳肩，固執地不肯多解釋。

西藏人自稱是「大悲神主」轉世的猴神傳下來的；他娶了熱戀他的羅剎女，生下六個長毛、長尾巴的子女。不過他餵子女吃聖穀，他們身上的毛和尾巴愈來愈短，最後終於掉光了。依據編年紀事[3]，有些具有父親的美德，有些承襲了母親的邪惡，「但身體都很強壯，勇氣十足。」跟今天的西藏人一樣。雪巴版的說法是，有一隻猴子皈依了佛教，住在山中當隱士，被一位魔女看上，結為夫妻，他們的後代也生有長毛和尾巴，就是「雪人獸」——雪人。

雪巴人還說[4]，雪人是「大悲神主」的女身多爾瑪（又名多羅）的「護法」。很多「護法」代表佛教之前的泛靈論神祇，也許有「一種偉大的宗教傳說，以虛空藏的奧妙為焦點；比喇嘛教更古老，執迷於人類靈魂轉生為類人猿的說法。信徒對『可惡的雪人』十分敬重，已故雪人的頭、手、腳都被放進教儀中。此一泛靈教義對西藏佛教的影響不可低估……也促使當地人保護雪人，不讓歐洲人前來探索[5]。」

我望著土克丹，希望他再說下去，但他一聲不響，眼睛在火光下閃閃發亮。空氣中有一股力量，達瓦也感覺到了。達瓦和我互相使了個眼色，心裡很不安。有位巫師坐在祖瓦峽谷這堆夜火對面呢！我叫土克丹再學雪人叫，他照辦了，眼睛一直盯著我的眼睛，沒什麼笑容。

「咖——咖——咖——凱——唉！」

2 這個故事是土克丹那個地區傳統說法的變奏。

3 查爾士・貝爾爵士《西藏今昔》（Sir Charles Bell. *Tibet: Past and Present.* London: Oxford University Press, 1969.）所引的《西藏王統記》（*Pawo Tsuk-lar-re Cho-chung* III.）

4《孟買博物學會會刊》（*Journal of the Bombay Natural History Society*）一九五六年第五十四期真喜主大師（Swami Pranavananda）之言。

5 I・山德森《可惡的雪人》（I. Sanderson. *The Abminable Snowan.* Radnor, Pa.: Chilton, 1961.）四百五十八頁引述約拿・N・伊本亞哈隆（Yonah N. ibn Aharaon）的話。他可能把「虛空藏」（Sangbai-Dagpo）和「地藏」（Sa-bdag-po）搞混了。不過就我所知，「地藏」跟雪人也沒有什麼關係。「虛空藏」是顯宗對卡瑪—噶舉派原始佛「金剛大持」的叫法。請看L・奧斯丁・瓦德爾《西藏佛教》。

十一月二十八日　在文明之檻前流連

破曉時分天色灰暗，祖瓦峽谷有一隻馱東西的小馬跟主人走散了。牠像夢魘中的馬兒，目光炯炯，野性大發，在祖瓦溪漫到兩岸的冰層上亂蹦亂舞。冰層不結實，我幾乎站不直，所以沒辦法幫牠，甚至連走近牠都不可能。可憐牠幾次跌下去，又踢又掙的，瘦腿在空中亂划，最後總算踏上了乾地層，一拐一拐走進森林。我心裡不太舒服，繼續趕路。

順著冷冷的窄谷下行一個鐘頭，我來到木尼警方檢查哨，從這邊進去就是我們兩個月前在博卡拉捨棄的低地世界了。雪巴嚮導來了以後，衛兵板著臉翻遍我們的東西，連捲起來的帳篷都打開來搜，說是要找失竊的宗教寶物；換了西藏人或布特人，不管對方是不是合法的物主，他們一定會將寶物沒收的。連一位旁觀者都對我的財物翻翻撿撿，我搶回他手上的東西，還當著大家的面高聲咒罵他，土克丹聽了直搖頭警告我。他騎馬走了以後，土克丹解釋說這位多管閒事的傢伙是警官（後來同一位警官在靠近久木拉的下一處檢查哨露面，代表曾在木尼村對他失禮的西方人出頭，叫親信們立刻放我們過關。很難適應印度人錯綜複雜的敵意加敬意，他們很多人——包括小孩子——似乎都皺著眉頭）。

冰上那匹嚇得發狂的小馬真是不祥之兆，從檢查哨的干擾開始，接近文明的跡象——契屈族的村莊、無所不在的警察、家犬、人屎、電晶體收音機的咆哮——迅速一一出現，最後終於來到久木拉；往昔這邊曾是尼泊爾西北部的大王國，如今只是一個邊境城鎮，村舍亂糟糟散列在河對岸飽受侵蝕的山丘上。

除了在木瓦休息半日，我們足足走了十一天。我累壞了，全身空前污穢，由這一點就可以看出情況有多慘。雖然晌午剛過，河流南側的這些村子已經浸在山影下，一片朦朧，我們必須到對岸的陽光下紮營，可以好好洗個澡慶祝一下。可是達瓦跟不上我們，他已沒有體力，土克丹舉止也怪怪的，無緣無故亂耽擱，提出些看來愚蠢其實不愚的建議，我沒看出他想幹什麼。這個人顯然不急著趕到久木拉。

既然我們要在這邊等好幾天才有飛機可乘，我也不想進久木拉，不如在污濁的小城外面找個好地點紮營。我們沒有目的地，隨意往前逛，土克丹建議一個又一個很差的營址——他從來沒有這麼陰沉過——最後我們來到蒂拉河和祖瓦河交會口的一座橋邊。尖岬上有一個漂亮的村莊，名叫丹桑戈，因為西山的鞍部很矮，我看出小村莊的太陽直到黃昏才會下山。久木拉機場東端就在蒂拉河對岸的巉崖上，從丹桑戈走到鎮上要不了一個鐘頭。

我們在水邊一座奇特的白廟邊紮營，廟院背風，兩位雪巴人在院子裡升火。燒水期間，我拆閱前一陣子土克丹帶到斯雅的郵件；沒有壞消息，我很高興自己拖到現在才看信。我洗好澡，在帳門口的夕陽下喝茶，看小河飲下陽光，流水繞著下游一塊黑色石頭打轉。草地上有馬兒吃草，落日照著牠們肚子四周粗粗的長毛，光彩奪目。背著重物的人影黑黝黝走過河對岸，一道道夕陽光映在他們肩上，使他們看來不像凡人倒像神仙。水色轉黑了，陽光退出河谷，水珠子跳起來捕捉餘光。然後太陽下山，一天的行程結束。新月升起了。

十一月二十九日　靜靜的餞別

達瓦留下來守營地，土克丹和我爬到蒂拉河對岸的高台，走最後幾哩路到久木拉，一路穿過田地，下坡走過髒兮兮、灰撲撲的郊區，進入泥濘、五味雜陳、垃圾遍地的城裡。幸虧我們不必在這邊久留，明天中午有一班飛機載郵件和貨物過來，要載工人到印度邊界的尼泊爾干吉路，然後折回這裡，再飛往拜拉瓦和加德滿都。

我們再度向警察說明原委，接著到銀行換錢，上茶館喝茶，買些羊肉、米、蛋、乾癟癟的橘子、蘋果和私釀的米酒，準備今晚開個小慶祝會。土克丹上次來顯然交了不少朋友，才會知道什麼地方買得到米酒，我們到一家民宅用沾了泥的容器把酒裝回來。

一早上好多人來找土克丹敘舊，熱情又畢恭畢敬叫喚他，我簡直大吃一驚，他從來不特意跟人碰頭，人家打招呼他雖然高興，但對方的敬意他只是微表驚喜，單純又大方地接受。

我想不通土克丹昨天下午不太肯來久木拉，為什麼今天早晨毫不猶豫就來了。我問起吉亞參對他的指控——說他上回在久木拉，曾計畫帶著我們的郵件開溜。他不理會這個問題，只說他從來不講吉亞參的壞話，任由吉亞參提出他的片面之言。他聳聳肩，除了在林莫村打一架，沒發生過什麼了不得的大事。土克丹微微含笑：「吉亞參先打我。」他沒有興趣進一步為自己辯護，我也只好算了。

坎吉羅巴大山的白頭在東北方蒂拉河谷上游高高聳起，海拔兩萬三千呎，是眼前看得見的雪峰，日本人爬的就是這一座。此外，四周的山丘都低矮而殘破，多年克難耕種，腐蝕得可悲，而久木拉城空有二十世紀的缺點卻沒有二十世紀的好處，令人沮喪。我很高興回到丹桑戈。達瓦半裸著身子，洗好他所有的衣物，正在陽光下一面唱歌、一面踱步，艱苦的旅程已近尾聲，他總算放心了。

我在河流尖岬的白廟附近打坐冥思了一下午，讓思緒融進兩河交會的紛擾中。天黑後我跟土克丹和達瓦聚在火邊，靜靜喝米酒，很少說話，感覺鈍鈍的，但心滿意足。我心想土克丹不知道會不會痛飲一番，結果沒有。

我打量這位老兵左顴骨上的半月形刀疤、悲哀的眼神和落拓不羈的笑容，他笑起來一張臉像古老的蒙古面具似的。離開了別的雪巴嚮導，土克丹和達瓦處得非常融洽，他們同睡一個小帳篷，我沒聽他們吵過嘴。達瓦尊敬土克丹，這是應該的，達瓦生病和裝病期間，土克丹發揮了真菩薩的精神，對他就像對我一樣殷勤、一樣溫厚。

*

往下墜，往下墜——夢見自己乘一架失控的飛機往下墜。我深呼吸，克制心頭的恐慌，甚至祝同機乘客好運。正要墜毀的一刻，突然傳來和諧的鳴聲，潺潺流水使我平靜下來，心想我是不是已經死了；只覺得自己一半在體內、一半在體外，掙扎求自由，卻還沒打算放手。

十一月三十日　分道揚鑣

我們一早就到機場，全身乾乾淨淨，彼此見面有點害羞。土克丹已扔掉帽子和破衣，穿著我剩下的一件運動衫，看來精神抖擻。到了加德滿都我要把他推薦給一位旅行用品商當工頭或雪巴嚮導隊長。我叫土克丹向達瓦說明每一筆帳的時間、地點和理由，然後付工資給他們，感謝他們兩個月來忠誠的服務。然後我把土克丹拉到一邊，付給他事先說好的獎金。他們怕失禮，不願詢問也不願數錢，兩人都高高興興收下小費。我拿收據給達瓦簽，他這輩子頭一次畫自己的名字，特別愉快；想起來就笑得前仰後合。至於土克丹嘛，我覺得他有資格當雪巴嚮導隊長，他似乎很高興，樂意在加德滿都接受面談——我覺得他未必想高升，只是我一心為他好，盛情難卻罷了。

一位土克丹的朋友騎馬送來米酒餞別。近午時分，馬達聲由坎吉羅巴天際傳來，飛機繞著新月形飛，鎮民都跑向機場。飛機著陸時，馬兒驚跳，小孩子在機尾的沙塵間狂奔，跑道附近兩個被遺忘的身影正用簡陋的耙子掘地，他們一步一步跑過來。接著飛機轟隆隆駛入南方，激動的烏鴉在河谷上空盤旋。

警方的檢查非常迅速，原來巡官也是土克丹的朋友。等飛機回頭，我們就從久木拉升空，被載往東部。艱苦跋涉好幾個禮拜的黑暗峽谷和雪白山坡，搭飛機幾個鐘頭就掠過了。穿越雪峰間的高隘口時，正駕駛一面跟副駕駛談笑、一面在離地十五呎的低空飛行，一側的翼尖離皓皓冰雪只有幾碼的距離，每個人都被這種白痴把戲嚇壞了，只有雪巴人達瓦一點都不怕，充滿敬畏露出靦腆的笑容。

飛機離開了雪峰群，平平靜靜往東南飛，掠過雪白的道拉吉里斷層塊，經過安納普魯山和馬卡普恰爾孤峰，南經拜拉瓦的山麓矮丘——卡里干達基河在拜拉瓦附近由山區流下來，進入印度。飛機盤旋的時候，影子落在日本送給佛教徒的一條越嶺新路盡頭，那一定就是古代的嵐毘尼聖林了，我叫土克丹把釋迦牟尼的出生地指給達瓦看。達瓦嘆了一口氣。

恆河平原上的「拜拉瓦」是毀滅之神濕婆的另一個名子。這個地方比海平面高不了多少，我們在高海拔地區待了兩個月，來到又溼又熱的地方，氣都喘不過來。後來飛機再度起飛，往東北走，整個喜馬拉雅白色壁壘橫陳在腳下，一峰連著一峰。飛機在加德滿都上空繞圈子的時候，土克丹指著東邊遠處的一座峰頭，說是聖母峰，也就是密勒日巴尊者去世的「納溪大雪山」，不過我覺得土克丹弄錯了。「納溪大雪山」太遠，應該看不見才對。

*

我們到旅行用具公司還炊具和帳篷，不管我怎麼讚美土克丹都沒有用，經理知道他的壞名聲，不想跟他有任何瓜葛。他說土克丹是獨行俠，跟其他的雪巴團體處不來，而雪巴團體是最佳的遠征隊。他跟大多數雪巴人不同，性好酗酒，說一口軍中粗話，會得罪雪巴人；他確實聰明能幹，逐日看來他確實很傑出，但遲早有一天——經理嚴厲指指門口，而我的朋友就在門外等候——那傢伙會在你最需要他的時候拋下你不管。

其實土克丹早就知道答案，他之所以同意我的計畫只是不想失禮，我走出門的時候，他笑咪咪的——不是故作不在乎，也不是為了保全面子，而是要安慰我。土克丹說：「差事多得很，先生。」他接受自己的人生，會繼續飄泊到終點。

突然已是黃昏，我們要分道揚鑣了。害羞的達瓦滿面笑容，高高興興地帶著兩個月工資安全返家；他在稀薄的空氣中飛行過，興奮得很，鼓起勇氣說了一句英語，還盯著我的眼睛：「再見，洋大人！」土克丹堅持要送我到旅社門口，我不肯讓他出計程車錢，他很難過。他希望我三天後在四哩外的菩提納什大浮屠那兒跟他碰面，他會在姑姑家住一段時間，重新當個好佛教徒，再回那木契市集附近的庫木布過冬。

旅社職員在我身邊噓個不停，我在門廊下跟土克丹握手，突然想請他進來吃晚餐。我知道這未免太感情用事，自己展現民主原則卻害他「犧牲」，因為他是雪巴人，一身泥濘，穿著過大的運動衫，階級觀很強的職員一定會整他，害他坐立難安。就算他們為小費忍著不發作，我和土克丹在高山陽光下培養的友誼也可能會毀在旅社刺眼的燈光下。一點不假，一點不假，我實在太累，無法超越這些難關，心裡卻非常難過。我讓他走了。

在計程車的後窗裡，土克丹恍如鬼魅，我目送他消失在暮色中。說這人和我是朋友，還不如說彼此間有一線相牽，像黑色的神經線似的；前緣未了，他也知道。我從未說出口，但我們對人生的看法是一樣的，也可以說我是以土克丹的生活方式來看待人生。土克丹活在眼前，不依戀任何東西，每天過得單單純純，這些方面他一再教導了我，他正是我希望找的良師：我曾當作本能的笑話對自己這麼說過，但我現在心想可能真是如此喔！佛教徒說：「你準備就緒了，良師自會出現。」他那樣望著我，他那樣含笑，在在都是等待我；我若已準備就緒，他說不定已領著我走上「看見雪豹」的道路。

為表示敬意，我站著目送土克丹遠去。印度人拎起我的背包、睡袋和帆包走開了，我一時孤零零站在旅社台階上。北面烏雲籠罩著黑矇矇的山區；下雪了。不知道GS是否已離開「水晶山」。我身在此處，走完一趟遠比希望或想像中更美麗、更奇特的旅程，越過重重高峰平安歸來——但平安歸來怎麼竟叫我抱憾良深？

我十一月的信件全部誤寄到久木拉去了，今天早晨在機場我就站在郵件旁邊啊！印度航空公司的人員罷工，沒人知道什麼時候有飛機可離開尼泊爾。我住進期待了兩個月的衛浴套房，房間風很大，浴室沒熱水，我站在髒兮兮的長形廁所裡生氣，不稱職的員工群進進出出達一個鐘頭。最後有四、五個人排隊領小費，熱水照樣沒有，才知道水電工——不知道是其中哪一個——走了，明天才會來。我撞開隔壁房間的門去使用浴室，剛抹肥皂熱水就沒了。我頓足回自己房間，發現熱水竟奇蹟般自動來了。我自覺好愚蠢，而且突然好疲乏，坐在床上笑，心裡其實想哭。鏡中出現一張憔悴的褐色容顏——我自九月底以來沒照過鏡子——和尚頭嵌著一雙藍眼睛，眸子清澈得古怪，卻是我自己也不認識的一張臉。

十二月一日　訪友未遇

自十一月初以來，這一天斯雅上空頭一回烏雲密布，「陰風」慘慘。（十二月三日揚布和兩個撒爾當人帶著GS的大部分裝備前往那木多。十二月五日，霜白色的狼和三隻伴侶出現在蘇木多山上，彷彿要為GS送行。次日GS和蒲澤林越過斯雅隘口往外走到那木犖精舍，轉往那木多，沒經過撒爾當。揚布跟挑夫們在那木多等他們，一行人從那兒上溯那木康河，經過札村和拉卡村，直走到那木多山口下的大羱羊頭骨石堆。挑夫們本來答應那天過隘口，臨場卻堅持次日早晨再走。早上六點鐘開始下雪。下面是GS夾在信件中由加德滿都寄來的一九七三年十二月八日和九日的筆記：

十二月八日——積雪三吋，早晨六點還在下雪。挑夫們當然溜回家了。碰到一個傢伙說要帶我們到隘口，沒有選擇餘地，只好前進。我們扔掉大部分食物、一切多餘的炊具和我的部分標本……等等，可是擔子仍重得嚇人。嚮導一個鐘頭後就開溜了。天氣愈來愈差，不久下起暴風雪，我們看不到一百呎外的東西，狂風怒嚎，雪花橫飛，四周全結起硬冰層。後來天色稍開，一支五十頭犛牛的牲口隊呈縱列下坡向我們走來，在白茫茫的大地黑黝黝挪動。我此生沒見過這麼戲劇化的景觀。他們留下一段足跡讓我們踩著走。接著有一支跟我們同方向的隊伍走上來，帶著六頭犛牛，接下我的背包，真幸運。我們在暴風雪中翻過隘口（海拔一萬七千五百呎），一個鐘頭後風雪稍歇。我們繼續走到天黑，然後停在一個小洞口。

十二月九日——犛牛隊的主人說他要等犛牛覓食一、兩天才繼續前進。路上積了六到八吋的新雪。我們若預付六十盧比，他願替我們扛一包東西到下一個隘口。我半信半疑，卻也沒有別的辦法。離開營地一個鐘頭後，他故意跌倒，說他傷到腿了；錢擺在營帳內他的朋友那兒。今天天晴，我們必須趕路，揚布氣得痛打那傢伙一頓。

這一來腿傷倒好了，但他不肯到隘口，他建議順著河谷走到湖邊，我知道峽谷的情況，不贊成，但雪巴嚮導們想走那條路——我發現吉亞參沒用我們付的皮靴款買皮靴穿。他穿膠底運動鞋，天氣非常冷，我可不希望他兩腿凍壞，害我良心不安。我們強迫犛牛朋友把行李載下峽谷，下午兩點他逃掉了。不過工資已值回大半。煉獄般的一段旅程。冰瀑難行，岩石覆蓋著滑溜溜的冰雪，懸岩上只有六吋寬的積雪小路，上面下面都是斷崖。我們反覆過溪流，由於我最重，人人都覺得應當由我先走，試試冰橋會不會塌掉。很合邏輯卻不見得愉快，我掉下去一回，胸部以下全溼透了，腳則溼過好幾回。傍晚時分已過了大半峽谷。至少我們升的火很旺。

十二月十日，他們一行人出了峽谷，走上我們十月二十五日見過的伏克蘇木多湖東岔灣的平地。就在那兒，一隻雪豹跳到GS前面斑駁的雪地上——此次遠征就只目睹過這麼一隻——附近還發現另一隻雪豹的腳印。GS估計整個「斯雅—撒爾當—伏克蘇木多地區」可能有六隻[1]。我想有兩隻大概正在孕育下一代，心裡很高興。

那天GS一行人繞過陡峭的湖泊北端，走到我們伏克蘇木多河邊的銀樺林老營地。揚布和吉亞參留下來帶裝備慢慢走，GS和蒲澤林第二天早上動身疾行到久木拉，十二月十五日抵達，兩天後搭飛機到加德滿都。一切都白費心血，GS家人無法照預定計畫來加德滿都，而航空公司罷工加上其他種種不幸，他直到耶誕節過三天才回到巴基斯坦的家。過後不久，他得到尼泊爾傳來的消息：由於康巴游擊隊和尼泊爾軍隊在斯雅以北的藏尼邊界發生血腥衝突，「多爾泊國度」再度封鎖，不准外人進去。

---

1 夏勒博士向尼泊爾政府推薦，結果產生了一百六十平方哩的「斯雅野生動物保護區」，還沒正式升格為國家公園（譯註：該區已在一九八四年成立「斯雅——蘇木多國家公園」）。實在很可惜，因為很多證據顯示尼泊爾的雪豹很快就會絕跡了。野生動物生態學家羅德尼．傑克森（Rodney Jackson）告訴我：尼泊爾境內的雪豹不到一百二十隻，大部分集中在喜馬拉雅以北的西區。一九七六—一九七七年，他指揮一個雪豹勘察隊前往多爾泊以西的蘭固（Langu）和木古（Mugu）地區（多爾泊在一九七四年初對外國人關閉，他未獲准進入多爾泊）。他雖沒見過雪豹，卻在兩百平方哩左右的調查區找到五隻雪豹的證據。此區很少動物吃草，所以沒有豹子獵食牲口的問題；加上國際進出口禁令生效，豹皮對獵人的價值已降到十美元左右。但木古地區的狩獵傳統勝過示微的佛教，所以動物仍被嚴重獵殺，麝香鹿夾大抵在久木拉販賣，是當地重要的收入來源。不管獵鹿或獵豹都是在可能的地段設置抹了毒藥的尖矛——若要獵流浪的豹，就插在牠巡行慣走的小路上。麝香鹿和雪豹雖受法律保護，但未強制執行。傑克森停留期間，三隻雪豹死了兩隻、傷了一隻；當地獵人抱怨說兩年前他們還殺過六、七隻呢！

＊

我有時走路、有時騎車，到河對岸逛帕坦古城，很多西藏難民在那兒製造藏地古物的複製品。我參觀河谷的浮屠、寺廟和寶塔，爬三百三十級階梯到據說佛陀曾跟獼猴同棲的室瓦顏布納什松林。在阿山市集上我留心找貿易商翁格迪，沒想到卻碰見達瓦穿一件新的塑膠紅夾克，怯生生露面。我從一位小偷那兒買到一尊觀自在菩薩的漆泥古塑像，菩薩有十一張臉，頭部裂開，正為人類的卑微處境苦惱呢！我還遇見上回帶著山羊肉和「嗆」酒蹦蹦跳跳走進伏克蘇木多湖松林中的皮林姆和圖洛坎沙，這兩位譚莽青年跟我打招呼，臉上掛著清新狂放的笑容，對自己貧乏的生活依舊心滿意足。我們被山區下來的北布特群眾擠來擠去，呆站在那兒咧著嘴傻笑，彼此驚呼，找不到其他的溝通辦法，只好互相拍肩頭。這時候皮林姆的英文全忘光了，我們又互相拍肩咧咧嘴，就這樣突然相逢又突然分開。

＊

到了約定要見土克丹的日子，我騎車穿過加德滿都河谷的晚秋景色，來到菩提納什古剎。浮屠白塔上的彩繪眼睛隔著棕色的屋頂凝視我到來。傳言菩提納什寺的誕生曾受觀自在菩薩庇佑，廟裡且藏有拈花微笑如土克丹的迦葉菩薩的遺物。前幾年西藏的進香客大量湧到這座廟宇，七彩浮屠四周有個廣場，住家和小店林立，店裡賣些銅佛、小聖像、骨灰罈、教儀匕首，以及骨頭、石頭、木頭和綠松石串珠、薰香、祈禱法輪、鐃鈸、鼓和鐘鈴。

土克丹說他會跟他姑姑暫居在某一間房子裡。我跟居民搭訕，叫喚他的名字，騎腳踏車一再繞行廣場，頭上有彩畫巨眼，有形狀像大問號的鼻梁和迎風招展的小旗子——土克丹？土克丹？沒有回音，沒人認識雪巴人土克丹。我在佛眼下重新登上腳踏車，沿著十二月灰撲撲的道路騎回加德滿都。

謝詞

首先我要特別感謝喬治・夏勒邀請我同赴多爾泊，感謝他結伴同行的優越表現，感謝他後來的協助和諍言。夏勒博士不但提供了書本（編按：英文版）封面和首頁插圖上的出色照片，還好心校閱原稿中重點和事例的錯誤。我也感謝唐納・霍爾在亟需坦白意見的初期階段，慷慨、細心提出極富啟示的評語；感謝瑪麗亞・艾克哈特先後對幾份草稿提出明智有益的建言；感謝「維京出版社」編輯伊麗莎白・席夫頓在後來的階段一心一意頑強捍衛本書，抗拒作者的干涉，這一點非常重要。

我們出色的雪巴嚮導兼好朋友揚布、土克丹、蒲澤林、達瓦和吉亞參以及年輕的譚莽挑夫們永遠和氣、忠貞、康慨大度，使得艱辛的旅程快樂圓滿——這項任務並不輕鬆。對於土克丹嚮導我負歉尤深，此點書中已做了更意味深長的表達。

老羅勃・佛萊明博士在加德滿都殷切款待，並協助辨認鳥兒，在鳴聲方面指點迷津。尼泊爾議會的阿修克・庫爾納・哈瑪爾在杜納希好心催辦各項手續，「北里喜馬拉雅遠征隊」的河村榮二博士在我們回程中慷慨救治達瓦嚮導。耶魯大學史特林圖書館的約翰・哈里遜大度協助我找研究資料，約翰・布羅爾（尼泊爾政府的F・A・O・野生動物顧問）、小羅勃・佛萊明、麥克・

錢尼、裘爾・錫斯金和羅德尼・傑克遜都奉獻了寶貴的資訊。

三位本書所提獻的日本禪師的耐心指引，以及西藏學者高聞達喇嘛、大衛・史奈爾葛羅夫、約翰・布羅菲爾和已故的W・Y・伊文斯溫茲博士的作品，我曾毫無限制加以引用。我不是佛教權威，我要感激高聞達喇嘛和徹玄先生（以及前角大山禪師）對原稿大大方方提出有用的評語，感激丘顏尊巴喇嘛的學生羅賓・科恩曼檢查原稿看技術上有無違失——如微妙的教義條目、梵文和藏文名辭的音譯，以及學者們意見完全相左的地方……等等。書中一定還有許多矛盾存在，但對於了解此書因何寫作的人而言，我想這些小節並不重要。

最後我要感謝許多有助於我理解判斷的作家、詩人和心靈探險家，無論此處或註解上有沒有提到他們，我一併致謝。

彼得・馬修森（Peter Matthiessen）

一九七八年冬於紐約薩加彭納克

國家圖書館出版品預行編目（CIP）資料

雪豹：穿越喜馬拉雅山的性靈探索之旅／彼得．馬修森（Peter Matthiessen）作；宋碧雲譯. -- 初版. -- 臺北市：馬可孛羅文化出版：英屬蓋曼群島商家庭傳媒股份有限公司城邦分公司發行，2023.05
面；　公分. --（當代名家旅行文學；MM1116X）
譯自：The snow leopard.
ISBN 978-626-7156-85-8（平裝）

1. CST: 自然史　2. CST: 遊記　3. CST: 尼泊爾
4. CST: 喜馬拉雅山脈

737.49　　112005776

當代名家旅行文學
MM1116X

雪豹：穿越喜馬拉雅山的性靈探索之旅

The Snow Leopard

作　　者❖彼得．馬修森（Peter Matthiessen）
譯　　者❖宋碧雲
封面設計❖莊謹銘
內頁排版❖張彩梅
總 策 劃❖詹宏志
總 編 輯❖郭寶秀
責任編輯❖洪郁萱
行　　銷❖許弼善

發 行 人❖凃玉雲
出　　版❖馬可孛羅文化
104臺北市中山區民生東路二段141號5樓
電話：(886) 2-25007696
發　　行❖英屬蓋曼群島商家庭傳媒股份有限公司城邦分公司
臺北市中山區民生東路二段141號11樓
客服服務專線：(886) 2-25007718；25007719
24小時傳真專線：(886) 2-25001990；25001991
服務時間：週一至週五9:00～12:00；13:00～17:00
劃撥帳號：19863813　戶名：書虫股份有限公司
讀者服務信箱：service@readingclub.com.tw
香港發行所❖城邦（香港）出版集團有限公司
香港灣仔駱克道193號東超商業中心1樓
電話：(852) 25086231　傳真：(852) 25789337
E-mail：hkcite@biznetvigator.com
馬新發行所❖城邦（馬新）出版集團【Cite (M) Sdn. Bhd. (458372U)】
41, Jalan Radin Anum, Bandar Baru Seri Petaling,
57000 Kuala Lumpur, Malaysia
電話：(603) 90563833　傳真：(603) 90576622
E-mail：services@cite.com.my
輸出印刷❖中原造像股份有限公司
初版一刷❖2023年5月
定　　價❖480元（紙書）
定　　價❖336元（電子書）

ISBN：（平裝）9786267156858
ISBN：（EPUB）9786267156889
城邦讀書花園
www.cite.com.tw